ROSWITHA GOST
DIE GESCHICHTE DES HAREMS

ROSWITHA GOST

DIE GESCHICHTE DES HAREMS

ALBATROS

Titel der Erstausgabe: *Der Harem*
1993 DuMont Buchverlag, Köln

Die Deutsche Bibliothek – CIP-Einheitsaufnahme
Ein Titeldatensatz für diese Publikation ist bei
Der Deutschen Bibliothek erhältlich.

ISBN 3-491-96044-4

Inhalt

Vorwort

Kaum eine Einrichtung des Orients hat die abendländischen Gemüter so erhitzt und zugleich soviel Abscheu und Faszination hervorgerufen wie die Massenharems islamischer Herrscher. Gerade der Umstand, daß man so wenig Konkretes über diese von hohen Mauern umgebenen Einrichtungen wußte, gab Anlaß zu abenteuerlichen Spekulationen. Seit seinem Bekanntwerden wurden mit dem Harem Vorstellungen von zügelloser Sinnlichkeit und Sexualität verbunden, und noch heute wird das Haremssujet unter den Vorzeichen ›Erotik und Sinnlichkeit‹ in den Massenmedien, im Film, in der Belletristik und in der Werbung ausgebeutet – Jahrzehnte nach der Auflösung des letzten Herrscherharems und über ein Jahrhundert, nachdem differenziertere Informationen über das Haremsleben nach Europa gedrungen sind.

Der Bilderfundus, aus dem die kommerzielle Verwertung dieses Themas heute noch schöpft, stammt vorwiegend aus dem 19. Jh. Damals verspürten die Intellektuellen der Romantik eine starke Sehnsucht nach Mythologischem, nach in geheimnisvolles Licht getauchten Welten. Sie fanden sie in Indealvorstellungen des europäischen Mittelalters und außereuropäischer Kulturen, allen voran des Vorderen Orients. Während die Politiker darangingen, eben jene Region strategischen und ökonomischen Interessen zu unterwerfen, erfanden Künstler den ursprünglichen und sinnlichen Orient und gaben ihm in Wort und Bild Gestalt.

Für unseren Kontext ist die Bebilderung des imaginierten Orients im 19. Jh. von größter Bedeutung, denn längst sind die Phantasieprodukte orientalistischer Literatur und Malerei ins Unterbewußtsein unserer Kultur eingedrungen und fester Bestandteil des europäischen ›Wissens‹ vom Orient geworden. Diese ›Wissen‹ erzeugt eine Erwartungshaltung, mit der sich eine Arbeit über islamische Herrscherharems auseinandersetzen muß, will sie nicht selbst dieser Perspektive übermäßig anheimfallen. Deshalb geht die Beschäftigung mit der einseitigen Wahrnehmung des islamischen Orients durch den Okzident mit einer fast 1000jährigen Geschichte der Stereotypisierung des Orients als dem der eigenen Kultur diametral Entgegengesetzten der Auseinandersetzung mit dem eigentlichen Thema voraus.

Im Anschluß werden die kulturgeschichtlichen Hintergründe der Haremisierung der islamischen Frauen beleuchtet. Auch die Geschlechtertrennung, die die Frau auf den häuslichen Bereich beschränkt, verdankt sich nicht unwesentlich einem interessengeleiteten Imaginationsprozeß: der im islamischen Kulturraum ausgeprägten Vorstellung von der unwiderstehlichen Anziehungskraft der Frau. Anders als im Christentum wird die Sexualität im Islam als eine der legitimen Freuden des irdischen Lebens betrachtet. Islamische Theologen allerdings konstruierten einen Konflikt zwischen der Bejahung der Sexualität und der öffentlichen Ordnung. Ganz im Sinn patriarchalischer Interessen leiteten sie daraus die Forderung nach der Abschließung der Frau im Harem ab. 150 Jahre nach Mohammed war sie durchgesetzt. Wie jeder Haushalt in der Oberschicht hatte nun jeder Herrscherpalast einen Harem, dessen Strukturen in diesem Buch vor allem analysiert werden.

Die Herrscherharems im ausgedehnten islamischen Kulturraum war überall gleich organisiert: Das Gros der Haremsbewohnerinnen bildeten Sklavinnen, die den Herrscher und seine Familie bedienten und unterhielten; außer zu seinen legalen Gattinnen unterhielt der Herrscher sexuelle Kontakte zu einem Teil seiner persönlichen Sklavinnen; die einflußreichste Frau war seine Mutter; mehrere hundert Eunuchen hatten die Aufgabe, den Zugang zu den Frauengemächern zu kontrollieren ... Unterschiede, die sich dem Umstand der Einschmelzung lokaler Traditionen in die islamische Hochkultur verdankten, wiesen die Herrscherharems eher im Detail auf, etwa in bezug auf den Umfang, die Zahl der Konkubinen, das Hofzeremoniell und auf Aspekte der materiellen Kultur.

Der Harem der Osmanensultane bot sich deshalb als konkretes Beispiel an, weil über ihn seit der Öffnung der Archive des Topkapı Sarayı eine Fülle von inzwischen aufbereiteten Informationen vorliegen. Darüber, was die Haremsbewohnerinnen und -bewohner gedacht und gefühlt haben, gibt das Material wenig Auskunft. Aber es lassen sich anhand der sozialen Positionen der Akteuer die Haremshierarchie, die Handlungsspielräume der einzelnen und die Konfliktpotentiale erkennen. Dabei verflüchtigt sich weitgehend die Aura geheimnisvoller Erotik, die das Abendland immer in diese Einrichtung hineininterpretiert hatte. Der Harem wird erkennbar als ein streng hierarchisch geordneter, zeremoniell durchgeregelter Mikrokosmos, in dem die Pflege der Sinnlichkeit des Herrschers nur einen Aspekt unter vielen darstellte.

Am Zustandekommen einiger Facetten des abendländischen Blicks allerdings hatten die islamischen Herrscher selbst Anteil, gaben sie ihren Harems doch so bezeichnende Namen wie »Haus der Glückseligkeit« (Harem des Topkapı Sarayı). Was auch immer die Herrscher selbst in ihren Harems sehen wollten: Von der Welt und den politischen Ereignissen abgeschottete Inseln des Friedens sind sie nie gewesen. Die der Strukturanalyse vorgeschalteten Kapitel zur Geschichte des Osmanischen Reichs, zur Brudermordpraxis und der späteren Gefangenhaltung der Prinzen, um Thronwirren zu vermeiden, und zu einzelnen Frauenschicksalen offenbaren, daß die ersten Frauen des Harems zutiefst in politische Machtkämpfe verstrickt waren.

Zum Abschluß der Darstellung sollen einige Facetten aus dem Alltag das Bild vom Harem abrunden: Dort geht es um Kleidung, Schmuck und Kosmetik, das Bad, Essen, Trinken und Rauchen, Alltagsleben, Feste und Ausflüge. Und vielleicht fließt in die Darstellung der lebensweltlichen Aspekte doch wieder viel von dem ein, was ein europäisches Publikum vom Thema Orient erwartet.

Zum Schluß noch einige Bemerkungen eher technischer Natur. Da es sich hier um eine an ein breiteres Publikum gerichtete Darstellung handelt, habe ich auf den Lesefluß unterbrechende Fußnoten verzichtet. Die den Sachaussagen zugrundeliegende Literatur findet sich im Anhang aufgeführt. Bei der Schreibweise türkischer Namen und Einrichtungen entschloß ich mich für die in der modernen Türkei übliche. Bei der Auswahl der Bebilderung habe ich das reichlich zur Verfügung stehende orientalistische Material möglichst nur dort erscheinen lassen, wo es sich im ersten Teil der Abhandlung aus dem Text ergibt. Eine Illustrierung des Hauptteils mit erotischen oder idyllisierenden orientalischen Motiven wäre dem Bemühen um eine sachliche Behandlung des Themas zuwidergelaufen. Nur in wenigen Ausnahmefällen, wo wegen der nur in geringer Zahl existierenden Quellen aus dem islamischen Kulturbereich kein Bildmaterial vorlag, habe ich, wenn auch zögernd, auf orientalistische Darstellungen zurückgegriffen.

Bedanken möchte ich mich bei Hans-Günter Semsek und Frank Rainer Scheck, die das Thema angeregt und meine Vorstellung seiner Aufbereitung mitgetragen haben. Martin Sulzer danke ich herzlich für die sachkundige und zugleich sehr tolerante Durchsicht des Manuskripts und die Vereinheitlichung der Transkription.

R.G.

Michael Pacher, *Der Teufel hält dem hl. Augustinus das Buch der Laster vor*, 1498, München, Alte Pinakothek (Kirchenväteraltar, rechter Flügel, Außenseite, oberes Feld)

Sinnlichkeit und Sexualität
im Christentum und der
abendländische Blick auf den Orient

Von der sündigen Natur des Menschen:
Die augustinische Erbsündelehre und die Folgen

Wenn man sich mit dem Verhältnis des Christentums zu Sinnlichkeit und Sexualität beschäftigt, kommt man um einen Mann und seine Lehre nicht herum: Augustinus von Hippo (354-430), Bischof der christlichen Gemeinde von Hippo Regius in Nordafrika und nach allgemeiner Einschätzung größter und einflußreichster Kirchenlehrer der lateinischen Christenheit.

Im Jahr 397 verfaßte Augustinus einen Text, den Kurt Flasch als »Anfang einer weit über das Theologische hinausgehenden Weltverdüsterung« bezeichnet. »Logik des Schreckens« überschreibt er denn auch etwas reißerisch seinen Kommentar zu dem Text, in dem der Kirchenvater einem Freund aus Mailand, dem Christen und Philosophen Simplician, eine schwierige Paulusstelle zu erklären suchte.

Der Anlaß der Bitte Simplicians um die Erläuterung durch Augustinus war die altorientalische Erzählung von den ungleichen Zwillingen Jakob und Esau aus dem ersten Buch der Bibel, auf die sich Paulus in einem seiner Römerbriefe bezogen hatte. Im Alten Testament erschleicht sich der zweitgeborene Bruder Jakob mit einem Trick das Recht des Erstgeborenen, und der Bibeltext begründet Gottes Billigung dieses Betruges damit, daß Gott Jakob geliebt, Esau aber gehaßt habe, bereits im Mutterleib. Es würde zu weit führen, den komplizierten und gewundenen Argumenten zu folgen, mit denen Augustinus sucht, diese offensichtliche Willkür Gottes zu erklären. Das Resultat seiner Überlegungen aber ist für die Frage nach dem Verhältnis von Christentum und Sinnlichkeit von nicht zu überschätzender Bedeutung.

In der Auslegung des Bibelgleichnisses entwickelt Augustinus erstmals seine Gnaden- und Erbsündelehre, hinter der das Konzept eines nach menschlichen Maßstäben ganz und gar ungerechten und wenig gnädigen Gottes steht. Dieser Doktrin zufolge sind alle Menschen seit dem Sündenfall Adams eine einzige Sündenmasse, ein »Knetteig der Verlorenheit«. Denn Adam hat nach ihr nicht nur als Einzelmensch gesündigt – durch ihn ist die gesamte menschliche Natur in Sünde gefallen. So haben alle Menschen vor Gott die ewige Verdammnis verdient. Kein menschliches Wirken und Wollen kann von sich aus etwas daran ändern.

Augustinus entwirft ein Prädestinationskonzept, nach dem Gott vorherbestimmt, wer aus der Masse der Todeswürdigen zum Heil und wer zur Verdammnis bestimmt ist. Allerdings sind nur wenige der zum Heil Berufenen auch auserwählt, das Heil tatsächlich zu erlangen. Daß Gott sich dieser Sünder annimmt, darin besteht – so Augustinus – seine Gnade. Dieser Lehre zufolge mußten selbst gläubige Christen in existentieller Ungewißheit ausharren, denn Taufe und ein gottesfürchtiger Lebenswandel sind nach ihr zwar notwendige, aber keineswegs hinreichende Bedingungen der Errettung. Angst mußte für jeden einzelnen Gläubigen der ganz normale Seinszustand sein, da es individuelle Heilsgewißheit nach dieser Lehre nicht geben kann.

Die augustinische Theodizee – sein Versuch, die Allmacht und Gnade Gottes mit den Übeln der Welt in Einklang zu bringen – führte zu einer radikalen Entwertung und Entheiligung des irdischen Seins. Was ist danach das Sein des Menschen auf Erden? Augustinus' Erbsündelehre hält den Gläubigen den alttestamentarischen Fluch Gottes in steter Erinnerung, daß die Erde ein Ort der Verbannung und der Mühsal, ein Ort der Strafe für die Ursünde sei.

Das augustinische Menschenkonzept ist das des Sünders. Der Mensch kann nicht in Sünde fallen, er ist durch seine Existenz immer schon in ihr. Die allseits sichtbare Folge der Ursünde im Menschengeschlecht ist die Fortdauer der Begierde. Augustinus selbst dazu: »Die fleischliche Begierde, die als Sündenstrafe zur Herrschaft gekommen ist, hat das ganze Menschengeschlecht wie zu einem einzigen Lehmklumpen zusammengemengt – aufgrund der ursprünglichen Schuld, die alles durchdringt.«

Der hier hergestellte Zusammenhang von Sinnlichkeit, Sexualität und Schuld sollte in der Folge die christlich-abendländische Einstellung zum Menschen, seinem Körper und seiner Sexualität entscheidend prägen. Die Sünde, die Abkehr von Gott, ist im Fleisch selbst, in der Mitte des menschlichen Seins, in seiner Materialität. Über das Fleisch hat das Böse Zugang zur Seele. In der Folge entwickelte das Christentum eine diffamierende Metaphorik des Fleisches: die ›Fleischeslust‹, das ›sündige Fleisch‹, die ›Versuchungen des Fleisches‹. Das Fleisch ist Metapher für die materielle Natur des Menschen, zu deren Erhalt die Befriedigung gewisser Bedürfnisse unerläßlich ist. Daß er aus der Befriedigung seiner Bedürfnisse auch großen Lustgewinn ziehen kann, darin bestehen die Versuchungen des Fleisches, denn die Lust kann den Menschen vergessen machen, daß die Erde ein Ort der Verbannung und Bewährung vor Gott ist. Die größte Gefahr aber geht von der Lust aus, die der Mensch aus seiner Sexualtät zieht. Die vom Christen geforderte Selbst- und Weltablehnung kulminiert geradezu in der Ablehnung seiner Sexualität.

Die Auffassung von der sündenbeladenen menschlichen Natur führte konsequenterweise zu der Forderung, das Heil in der Überwindung der Sinnlichkeit und des sexuellen Verlangens zu suchen. Das Ideal der völligen sexuellen Enthaltsamkeit, institutionalisiert im Klosterwesen, das sich, vom Vorderen Orient ausgehend, ab dem 4. Jh. allmählich über ganz Europa ausbreitete, konnte allerdings nur der Weg einer Minderheit sein. Abgesehen von den Priestern, denen ab dem 11. Jh. das Zölibat auferlegt war, sollte sich die Sexualität bei den außerhalb der Klostergemeinschaften Lebenden auf die monogame Ehe beschränken und auch dort nur der Zeugung der Nachkommenschaft dienen. Lust sollte dabei nicht empfunden werden.

Die Agenten der Kirche – Missionare, Mönche und Priester – hatten einen Jahrhunderte währenden Kampf zu führen, bis es ihnen schließlich gelang, den Europäern ihre Auffassung vom sündigen Wesen der Sexualität nahezubringen. Insbesondere die Völker Nordeuropas hatten vor ihrer Christianisierung eine recht unbefangene Sexualität gelebt, und lebenslängliche Ehegemeinschaften waren ihnen weitgehend fremd.

Generationen von Kirchendenkern waren damit beschäftigt, die finstere augustinische Doktrin von der verdorbenen Natur des Menschen zu einem ausgeklügelten System von Kirchengeboten und Verhaltensregeln auszuarbeiten. Das wichtigste Instrument im Kampf der Kirche um die Seelen wurde neben den Predigten das Beichtwesen. Mittels eines diffenrenzierten Fragenkatalogs gelang es den Priestern, auch noch die letzten sündigen Regungen des Herzens aufzuspüren.

Die Lehren des Augustinus hatten immer dann Konjunktur, wenn die europäische Gesellschaft des Mittelalters und der Frühen Neuzeit von großen Katastrophen betroffen war, von der Pest und anderen Seuchen, von Hungersnöten und Krieg. Die Menschen suchten dann nach der Ursache dafür, warum der Zorn Gottes sie so getroffen hatte. Und sie fanden sie in ihrer eigenen Schuldigkeit oder in der Schuldigkeit derer, die schon immer des Paktes mit dem Teufel verdächtig waren. Die Angst explodierte in Geißlerprozessionen, in Judenpogromen und Hexenprozessen.In der Blütezeit der Renaissance allerdings waren es gerade die Spitze der Kirche und die Priester, die sich vom Ideal des keuschen, weltablehnenden Christen abwandten. Päpste und Kardinäle waren Mitglieder großer Adelsfamilien, die ihre Ämter eher als Pfründe und Machtbasen denn als Hirtenämter ansahen. Recht weltlich war auch ihr Verhältnis zur eigenen Sexualität. Mätressen und leibliche Kinder waren bis in die Spitze des römischen Klerus keine Seltenheit, und in den Gemeinden verkam das Buß- vielerorts zum Ablaßwesen.

Die kritische Reaktion auf diese Zustände war die Reformation. Die Reformatoren, insbesondere Calvin, verschafften der strengen augustinischen Prädestinations- und Gnadenlehre und der Lehre von der Urschuld des Menschen wieder neue Geltung. Die ihnen eigene Verknüpfung von Sinnlichkeit, Sexualität und Schuld konnte vielleicht erst jetzt nachhaltig und die Alltagspraxis bestimmend dem Bewußtsein der Gläubigen eingepflanzt werden. Daß der Protestantismus das Mönchtum und das zölibatäre Priestertum ablehnte, bedeutete keineswegs, daß er die diesen Institutionen zugrundeliegende asketische und sinnenfeindliche Einstellung aufgegeben hätte. Die Sinnlichkeit im allgemeinen und die Sexualität im besonderen wurden weiterhin als das Tor betrachtet, durch das die Gottvergessenheit in die menschlichen Seelen einfällt. Der einsam vor Gott stehende Mensch war gehalten, durch ständige Selbstkontrolle sein »zügelloses Fleisch« (Calvin) in Schach zu halten. Das Heilmittel, das helfen sollte, dieses anspruchsvolle Ziel zu erreichen, wurde in hartem und unablässigem Arbeiten gesehen. Körper und Geist sollten sich dabei so erschöpfen, daß für unzüchtiges Denken und Handeln keine Energie mehr blieb.

Dem Leitspruch *Ora et labora* waren schon die mittelalterlichen Klostergemeinschaften gefolgt. Ähnlich diesen begannen die protestantischen Gemeinden zu prosperieren, denn der Erlös der Arbeit wurde nicht in Tand und Luxus umgesetzt, sondern in weitere Unternehmungen investiert.

Daß die protestantische Arbeits- und Wirtschaftsethik, die später die Wirtschaftsethik des ganzen Bürgertums prägte, dem Siegeszug des Kapitalismus in Europa zumindest förderlich war, ist seit Max Weber unbestritten.

An dieser Stelle soll die kurze, notgedrungen kursorische und einseitige Behandlung des Themas »Sinnlichkeit und Sexualität im Christentum« abgebrochen werden. Die im Christentum vorgenommene Verknüpfung von Sexualität und Schuld ist der Grund dafür, daß spätestens seit Sigmund Freud die Geschichte der christlich-abendländischen Sexualität als Geschichte der Repression und in der Folge als Geschichte der sexuellen Perversionen, des Sadismus und Masochismus, der Melancholie und der Hysterie geschrieben wird. Der französische Philosoph Michel Foucault hat darauf aufmerksam gemacht, daß die Diffamierung der Sexualität nicht etwa ihr Totschweigen zur Folge hatte. In der Beichte, vor den Tribunalen der Inquisition, in der Strafjustiz wurden die Menschen über ihre intimsten Lüste zum Sprechen gebracht. Und sie reden heute noch in der Psychatrie und Psychotherapie, im Freundeskreis, in Selbsthilfegruppen und in den Massenmedien unablässig über sich und ihre Sexualität. Angefangen von den »Confessiones« des Augustinus bis in die Gegenwart wird so im christlich geprägten Abendland in der Form des Bekenntnisses von sich selbst und der eigenen Sexualität geredet.

Unser leidenschaftliches Interesse an der Sexualität ist ungebrochen. Und das ist vielleicht nicht der geringste Grund für die Neugierde, die die Herrscherharems des islamischen Orients viele Jahrzehnte nach ihrer endgültigen Auflösung noch zu erregen vermögen. Denn anscheinend unausrottbar haftet diesen Einrichtungen die Vorstellung an, Ort ungezügelter Sinnlichkeit und Sexualität gewesen zu sein.

Der abendländische Blick
auf den islamischen Orient

Am 27. November 1095 rief Papst Urban II. im französischen Clermont die abendländische Ritterschaft auf, das Kreuz zu nehmen, die Feinde Gottes zu vernichten und das Heilige Grab aus den Händen der Ungläubigen zu befreien. Die Massen dafür zu begeistern, die Strapazen und Mühen der Kreuzzüge auf sich zu nehmen und dabei Leib und Leben zu riskieren, verlangte nach einem wirklich abscheulichen und verachtungswürdigen Feind. Maxime Rodinson beschrieb in seinem Aufsatz »Die muslimische Welt im Spiegel des Westens«, wie sich lateinische Autoren zwischen 1100 und 1140 darauf konzentrierten, die gegnerische Religion und Kultur abzuwerten, indem sie ihren Begründer diffamierten. Mohammed wurde als Magier dargestellt, der die Kirche in Afrika und im Orient durch Zauberei und Betrug zerstörte und seine Anhänger dadurch an sich band, daß er Vielweiberei und Unzucht erlaubte. Diese mit der ganzen Autorität der Kirche vertretenen Behauptungen wurden mit Legenden aus der Überlieferung, aus byzantinischen Texten über den Islam und aus muslimischen Erzählungen, die von den Ostchristen entstellt worden waren, untermauert. Das publikumswirksame Bild von den sittenlosen, blutrünstigen, götzendienerischen ›Mohammedanern‹ sollte den abendländischen Blick auf den islamischen Orient und seine Bewohner für viele Jahrhunderte bestimmen.

Der islamische Orient war dem christlichen Abendland immer mehr als nur ein gefürchteter religiöser und militärischer Feind. Seit den ersten Kontakten wurde ihm angelastet, genau das zu verkörpern, was jeder gute Christenmensch an sich zu bekämpfen hatte: skrupellose Sexualität, auschweifende Sinnlichkeit und irrationale Grausamkeit aus Mangel an Selbstkontrolle. Der feindliche islamische Orient wurde zur Folie, vor der sich das christliche Abendland als keusch, gesittet und menschlich – christlich eben –

definieren konnte. Daß es sich bei den Kreuzfahrerheeren vorwiegend um Horden von Hasardeuren handelte, die, angelockt durch die Hoffnung auf reiche Beute, mordend, brandschatzend und schändend über das Gelobte Land hereinbrachen, tat dieser Fremd- und Selbststereotypisierung ebensowenig Abbruch wie Sittenlosigkeit und Mord in den eigenen Herrscherhäusern oder die Existenz von Päpsten, die das Gebot der Keuschheit mit Füßen traten. Der Harem erschien im Zuge der Fremdstereotypisierung als die Verkörperung der sinnlichen und ausschweifenden Natur der Orientalen. Die Phantasien, die sich schon immer an dieser geheimnisvollen Einrichtung entzündet hatten, erhielten im 18. Jh. neue Nahrung, als das arabische Erzählwerk »Tausendundeine Nacht« in europäische Sprachen übersetzt wurde. Im 19. Jh. bebilderte die orientalistische Malerei die Haremsphantasien. *Die große Odaliske* von In-

Jean-Auguste-Dominique Ingres, *Die große Odaliske*, Baltimore, The Walters Art Gallery

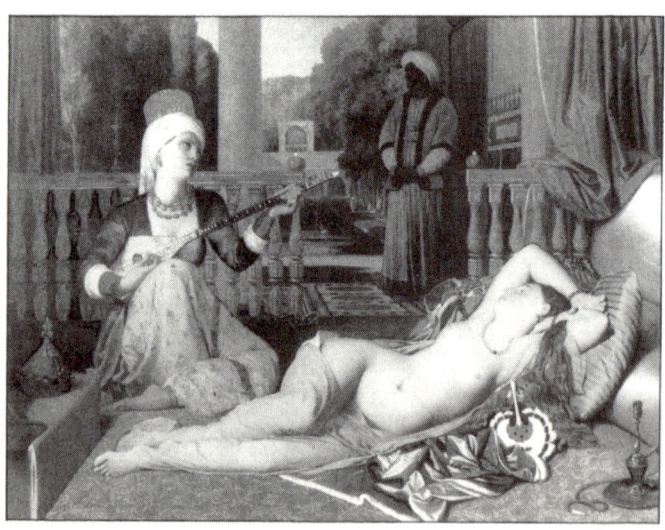

gres, die nackt auf einem Canapé ausgestreckt dem Betrachter einen gelangweilt-lasziven Blick zuwirft, sei hier stellvertretend für eine ganze Flut von Gemälden genannt, die das Thema in ähnlicher Weise behandeln. Diese Bilder haben nachhaltig unsere Vorstellung vom Harem geprägt, und sie leben fort im Film und in der Werbung für schwere Parfums oder teure Dessous.

Die Haremsphantasien des 18. und 19. Jh., aus denen diese Vorstellung erwuchs, hatten sehr wenig mit der Realität im Orient, dafür aber um so mehr mit den zeitgenössischen Verhältnissen in Europa zu tun.

Das 18. Jahrhundert
Europas Höfe im Türkenfieber

Bereits seit dem ausgehenden Mittelalter brachten vereinzelt diplomatische Delegationen, Kaufleute und andere
Reisende differenziertere Kenntnisse über den Orient mit
nach Hause, und die ersten orientinteressierten Forscher
begannen auf der Basis von arabischen Quellen die Lei-
stungen der muslimischen Wissenschaftler und Philosophen
zu erkennen. Aber eine tiefgreifende Korrektur am polemi-
schen christlich-volkstümlichen Orientbild konnte sich erst
durchsetzen, als sich in Europa gegen die christliche Ideologie die rationale, progressive, weltliche Ideologie der
Aufklärung absetzte.

Befreit von den Banden doktrinärer Bevormundung
konnte man sich erst jetzt unvoreingenommen mit der mit
dem Christentum konkurrierenden religiösen Ideologie des
Islam befassen, und man tat es mit zunehmender Sympha-
tie, weil man in ihm mehr oder weniger unbewußt die Werte der eigenen, der aufklärerischen Ideologie suchte. So finden sich seit dem 17. Jh. immer zahlreicher aufklärerisch
gesinnte Wissenschaftler und Intellektuelle, die gegen das
überkommene Islambild ankämpften. Besondere Beachtung fand bei ihnen die Toleranz, die der Islam traditionell
gegenüber andersgläubigen religiösen Minderheiten walten
ließ. Die Aufklärer verwiesen ihre Landesväter auf das Os-

Charles Jervas, *Lady Mary Wortley Montagu in orientalischem Kostüm*, nach 1716, National Gallery of Ireland, Dublin. Die englische Diplomatengattin begleitete ihren Ehemann Anfang des 18. Jh. auf einer Mission ins Osmanische Reich. Ihre sensiblen Beobachtungen in den Harems osmanischer Frauen hielt sie in zahlreichen Briefen fest, die – posthum veröffentlicht – an den Höfen Europas ein breites Lesepublikum fanden.

manische Reich, wohin, »wie bereits zwei Jahrhunderte zuvor die spanischen Juden, nun Calvinisten aus Ungarn und Siebenbürgen, Protestanten aus Schlesien und altgläubige russische Kosaken flüchteten oder bei der Hohen Pforte um Unterstützung nachsuchten, um den Verfolgungen von katholischer oder orthodoxer Seite zu entkommen«. (Maxime Rodinson) Der Islam, der sich in den Quellen präsentierte, war der orthodoxe Schriftislam. Gerade im orthodoxen Islam fanden die Aufklärer viele Parallelen zu ihren eigenen Auffassungen: Er galt als rational, forderte moralische Lebensführung, nahm vernünftige Rücksicht auf die Bedürfnisse des Körpers und brachte die Interessen von Individuum und Gesellschaft miteinander in Einklang.

Während sich die Aufklärer eher für die geistige und politische Kultur des Islam interessierten, ließ sich die feine Gesellschaft an Europas Höfen vom Bild eines islamischen Orients begeistern, in dem dieser als Inbegriff unermeßlichen Reichtums, märchenhafter Prachtentfaltung und lei-

denschaftlicher Sinnlichkeit erschien. Bereits im 16. und
17. Jh. hatten aus Istanbul heimkehrende Gesandtschaften
Merkwürdiges, Faszinierendes von der Kultur und den Sitten am Hof des osmanischen Großherrn zu berichten gewußt. Ihre Reisemitbringsel – kostbare Stoffe und Gewänder, aufwendiges Kunsthandwerk, kleine Mohren, exotische
Blumen und ähnliches – weckten das Interesse an der
fremdartigen Welt der Orientalen. Einen noch stärkeren
Eindruck hinterließen türkische Gesandtschaften, die im
18. Jh. mit großem Gefolge den Hof des französischen Königs besuchten. Die Beschreibungen der spektakulären Ereignisse machten an den Höfen Europas die Runde und
wurden dort begierig aufgenommen.

Orientalisches hatte im 18. Jh. an den Höfen Europas
Hochkonjunktur. Der Orient war seit alters der Lieferant
von Gütern des Luxuskonsums gewesen. Europa hatte aus
dem Orient exotische Gewürze und Duftessenzen bezogen,
Güter, die im Abendland zum Teil mit Gold aufgewogen
wurden, und lernte durch die Türken im 17. Jh. den Genuß
von Kaffee, Tee und Tabak schätzen. Der Orient erschien
auf der Landkarte der Imagination als Heimat märchenhaften Reichtums. Als der französische Gelehrte Jean Antoine
Galland Anfang des 18. Jh. (1704-17) Europa mit dem arabischen Erzählwerk »Tausendundeine Nacht« bekannt
machte, wurde das geheimnisvolle reiche Morgenland für
eine begeisterte höfische Gesellschaft lebendig. Daß der
Orient, der sich den Lesern hier präsentierte, ein Phantasiegebilde darstellte, störte wenig. Diese Leserschaft war
am »wahren« Orient kaum interessiert. Die Märchen und
Erzählungen aus »Tausendundeiner Nacht« trafen den
Nerv einer nach exotischen Gütern und Impressionen gierenden Gesellschaft. Das Güter- und Figurenrepertoire des
prächtigen imaginierten Orients bot einer Gesellschaft, die
den Rang ihrer Mitglieder an deren Fähigkeit zur Prachtentfaltung und Repräsentation maß, willkommene Mittel
und Anregungen der Selbstinszenierung und Distinktion.

Joseph-Marie Vien, *La Sultane grècque*, 1748, Paris, Musée du Petit Palais, eine von zahlreichen Zeichnungen »türkischer« Kostüme und Figuren, die der Künstler anläßlich des berühmten Maskenzuges »La caravane du Sultan à la Mecque« anfertigte. Der Maskenzug wurde von der Französischen Akademie während des römischen Karnevals im Jahr 1748 veranstaltet.

Im 18. Jh. gab es parallel zueinander gleich zwei Strömungen des Exotismus: die Chinoiserie und die Turquerie. Die Begeisterung für Tracht, Architektur, Interieur, Lebensweise und Kultur der Türken fand ihren Niederschlag in der bildenden und angewandten Kunst, in der Literatur und im Theater. Mozarts Singspiel »Die Entführung aus dem Serail« soll hier nur als eines der bekanntesten Beispiele für die Türkenmode in der Kunst genannt werden.

In der feinen Gesellschaft fand man nun auch Gefallen daran, sich in Portraits in türkischen Gewändern malen zu lassen. Selbst Kaiserin Maria Theresia (1740-80) ließ sich gleich mehrfach von Jean-Etienne Liotard, dem »Peintre turc« des 18. Jh., in der Tracht der einstigen Todfeinde des Habsburgerreiches abbilden (s. folgende Seite).

Liotard hatte mehrere Jahre in der Türkei gelebt und bereiste anschließend mit Koffern voll türkischer Gewänder und Accessoires die Höfe in Europas Metropolen, wo er mit seinen Gemälden und zarten Pastellportraits *en sultane* oder *en honnète musulman* Erfolge feierte. Andere taten es ihm gleich: Es galt einen großen Bedarf zu stillen.

Türkisches in der Architektur fand sich in »morgenländischen Bauten« und Lusthäuschen in vielen Parkanlagen europäischer Schlösser. Ornament und Blütendekor im türkischen Stil zierten Stoffe und Porzellan in den Salons, in denen die Damen des Hofs ihren türkischen Kaffee tranken, wobei sie sich, um die Zeremonie besonders authentisch zu gestalten, oft von kleinen Mohren bedienen ließen.

Der Orient war der höfischen Gesellschaft des 18. Jh. eine Requisitenkammer, aus der sie sich nach Belieben bediente, was wahrscheinlich für alle Exotismen zu allen Zeiten gilt. Aber die *Turquerie* beschränkte sich nicht auf Einflüsse auf die Kunst und die materielle Kultur, worin sich viele Exotismen erschöpfen, sondern fand ihren Ausdruck auch in der Inszenierung höfischer Feste und in der Galanterie.

Polygamie und Harems, Aspekte der islamischen Gesellschaften, die im klerikal geprägten Mittelalter nur Abscheu hervorgerufen hatten, stießen zur Zeit des Rokoko auf höchstes Interesse. Die Ehre höfischer Männer und Frauen wurde nicht an Keuschheit und einem asketischen Lebenswandel gemessen, son-

J.E. Liotard,
*Maria Theresia
in türkischer Tracht*,
1745, Wien, Graph.
Samml. Albertina

dern eher in der Umkehr dieser Werte. Der Soziologe Norbert Elias hat in seiner Arbeit über die höfische Gesellschaft Frankreichs zur Zeit des Absolutismus ausgeführt, daß als Maßstab der Ehre galt, inwieweit es den Beteiligten gelang, ihren Status durch eine entsprechend reiche, kostspielige Repräsentation, durch Kleidung, Haushalt und die gesamte Lebensführung ständig in der Öffentlichkeit unter Beweis zu stellen.

Der höfische Alltag bestand aus einer nicht enden wollenden Aneinanderreihung kleiner oder großer Empfänge, Bankette, Maskenbälle, Jagdgesellschaften und Bootspartien. Die jeweiligen Veranstalter dererlei Lustbarkeiten waren sehr darum bemüht, die verwöhnten und übersättigten Gäste zu beeindrucken und ihnen so phantasievoll und originell wie möglich ihre Zeit zu vertreiben. Eine beliebte und effektvolle Methode, das zu erreichen, bestand darin, den jeweiligen Anlaß unter ein historisches oder ein exotisches Motto zu stellen. Dabei verlangte man von allen Beteiligten, in entsprechende Kostüme und Rollen zu schlüpfen. Solche Kostümfeste dienten bei aller Kurzweil aber auch dazu, die höfischen Herrschaftsverhältnisse durchzuspielen. So erfreute sich die Rolle eines despotischen Sultans bei den absolutistischen Fürsten besonderer Beliebtheit. Das Spiel degradierte die

Portrait einer orientalisch gekleideten Dame mit einer Tasse Kaffee, Französische Schule des 18. Jh., Marseille, Musée des Beaux-Arts

Männer zu Sklaven, während die Frauen als Konkubinen um die Gunst des Herrschers buhlten.

Neben den Aspekten Pracht und Herrschaft war es insbesondere die erotische Komponente, die das orientalische Sujet als Motto für Kostümfeste – aber auch für intimere Inszenierungen – so attraktiv erscheinen ließ. Die Sittengeschichte des Rokoko offenbart, daß in der höfischen Gesellschaft in bezug auf die Sexualität überaus große Freiheiten herrschten, ein Umstand, der dieser Epoche den Beinamen *galantes Zeitalter* eintrug. Ehen wurden nicht aus Neigung geschlossen, sondern von den Familien unter ökonomischen und strategischen Gesichtspunkten arrangiert.

Die Liebe konnte sich erst im 19. Jh. unter ganz anderen gesellschaftlichen Bedingungen als legitimer Anlaß einer Eheschließung durchsetzen. Natürlich wollte man in einer so hedonistisch eingestellten Gesellschaft, wie sie die höfische des 18. Jh. darstellte, auf erotische Sensationen und sexuelle Freuden nicht verzichten, und da man sie in den aus Familienraison geschlossenen Ehen kaum fand, suchte und fand man sie anderweitig. Dies traf weitgehend für beide Geschlechter zu. Eheliche Untreue wurde zwar von allen Seiten interessiert verfolgt und kommentiert, aber kaum sanktioniert. Eheleute erfüllten ihre gesellschaftlichen Pflichten vollauf, wenn sie gemeinsam als Repräsentanten ihres Hauses auftraten. Die Könige und Fürsten der Zeit machten es vor: Sie hatten allseits bekannte und oft geachtete Mätressen, die sie im Lauf ihres Lebens auch des öfteren wechselten. Aus diesen offiziellen Verbindungen ging häufig eine Vielzahl außerehelich geborener, aber vom fürstlichen Vater legitimierter Kinder hervor. August der Starke (1694-1733) von Sachsen vollbrachte in dieser Hinsicht Erstaunliches: Die höfische Chronik vermerkt 352 (!) offiziell von August anerkannte Kinder, und damit stellte er alle osmanischen Sultane weit in den Schatten.

Amouröse Abenteuer waren Zeitvertreib, oft Lebensinhalt für Menschen, die auf Kosten der Bevölkerung nur der

Repräsentation ihres Status und ihrem Vergnügen lebten. Sie waren daran gewöhnt, ihre Beziehung zueinander, so auch ihre Liebesbeziehungen, in allegorischen Bildern und Formen auszudrücken. Da wundert es kaum, daß Paare in der intimen Kommunikation, sei es im Liebesspiel, in Briefen, in Gemälden, die man anfertigen ließ und sich schenkte, auf die Sultan-Sultana-Metapher zurückgriffen, um auf den herausgehobenen Status des jeweiligen Liebespartners anzuspielen, oder aber auch, um durch die Assoziation von despotischer Macht und sklavischer Abhängikeit der Beziehung eine pikante Note zu verleihen. Ähnliches mag auch der englische König Georg II. (1727-60) im Sinn gehabt haben, als er bei Hof im heimischen Hannover als Türke verkleidet gleich alle seine dortigen Favoritinnen in Haremsgewändern vor sich erscheinen ließ.

Auch Madame Pompadour, langjährige *Maîtresse en tître* (offizielle Mätresse des Königs mit eigenem Budget) Ludwigs XV. (1723-74) ließ ihr Schloß Bellevue mit einer Serie von Haremsbildern ausstatten. Auf einem davon ist sie als *Sultana* zu bewundern, nach europäischer Auffassung also der Favoritin des Sultans. Maria Elisabeth Pape, die sich ausführlich mit der *Turquerie* der 18. Jh. befaßte, interpretiert dies als Botschaft an den König, für den immer noch Gemächer im Schloß seiner inzwischen abgelegten Mätresse bereitstanden. Der König hatte sich unterdessen tatsächlich einen ›Harem‹ angelegt, den berüchtigten »Hirschpark«, ein Lustschloß im Park von Versailles. Dort wurde er, schenkt man den Sittengeschichten Glauben, von der Pompadour mit jungen, hübschen Mädchen aus Paris versorgt. Die Pompadour hätte, wenn diese Gerüchte stimmen, tatsächlich nach Manier zahlreicher *Sultanas*, der Mütter der osmanischen Sultane, gehandelt: Die besorgten dem Herrscher häufig ungefährliche Gespielinnen, damit keine andere Frau zur ernsthaften Konkurrenz um die Gunst des Sultans werden konnte. Ob aus der Perspektive der vernunftanbetenden Aufklärer oder der der genußsüch-

François Boucher, *Sultan mit zwei Frauen und einer Dienerin*, um 1750, Wien, Graphische Sammlung Albertina. Boucher nimmt hier in Themenwahl und -behandlung bereits die Art und Weise vorweg, in der sich das 19. Jh. mit dem Sujet auseinandersetzen wird.

tigen höfischen Gesellschaft, beide Rezipienten nahmen den Orient aus der Perspektive der Wahlverwandtschaft wahr oder, wie Maxime Rodinson es auf die Aufklärer gemünzt ausdrückt: Das 18. Jh. blickte wahrlich brüderlich und verständnisvoll auf den islamischen Orient.

Allerdings, um es noch einmal zu betonen: Beide Rezipienten sahen nur das im Orient, was sie sehen wollten. Bezogen auf die höfische Vorstellung vom Harem heißt das, daß man sich an Europas Höfen tatsächlich ›orientalischer‹, sprich freier und ungezügelter gebärdete, als es zumindest im Harem der Osmanensultane jemals zuging.

Im 19. Jh. wird eine andere Gesellschaftsschicht und damit eine andere Kultur in Europa den Ton angeben. Mit dem Sieg des Bürgertums rückt der Orient im allgemeinen und der Harem im besonderen unter einer neuen Perspektive in die Wahrnehmung Europas.

Das 19. Jahrhundert
Imperialismus und Männerphantasien

Im November 1869 lud der Khedive Ismail (1863-79) die gekrönten Häupter Europas zu einem großen Fest nach Ägypten: Nach zehnjähriger Bauzeit unter der Leitung von Ferdinand de Lesseps, einem Cousin der französischen Kaiserin Eugénie, wurde der Suezkanal für die Schiffahrt freigegeben. Der Khedive nutzte die Eröffnungsfeierlichkeiten, um vor dem erlauchten Publikum zu demonstrieren, daß Ägypten auf dem Weg war, zu einem Teil der modernen Welt, zu einem Teil Europas zu werden. Er hatte, um seine Gäste zu beeindrucken, innerhalb von nur zwei Jahren in Kairo ein Stadtzentrum aus dem Boden stampfen lassen, das in der Anlage dem neuesten Stand europäischer Stadtarchitektur entsprach.

Die Idee dazu war Ismail beim Besuch der Weltausstellung in Paris 1867 gekommen, wo er auf Einladung Napoleons III. den ägyptischen Beitrag zur Ausstellung eröffnet hatte. Doprt wurde gezeigt, was man in Europa vom Land am Nil zu sehen erwartete: das Modell eines altägyptischen Tempels, einen Basar, eine Karawanserei, ein Beduinenlager und ähnlich Orientalisches mehr. Daß die Zurschaustellung ägyptisch-orientalischer Geschichte und Kultur mit mehreren Auszeichnungen honoriert wurde, rief bei dem Khediven weniger Begeisterung hervor als der Anblick dessen, was Baron Haussmann aus dem alten Zentrum von Paris gemacht hatte: eine moderne Stadtlandschaft mit großzügigen Wohn- und Geschäftshäusern und breiten Boulevards.

Ismail kehrte mit dem Plan zum Bau eines neuen Stadtzentrums nach Kairo zurück. Die glanzvollen Bälle und Opernaufführungen im neuen Teil der Stadt anläßlich der Eröffnung des Suezkanals zwei Jahre später wurden zu seinem persönlichen Triumph.

Kurz darauf sollte Ägypten tatsächlich zu einem Teil Europas werden, freilich ganz anders, als Ismail sich das erträumt hatte. Ein großer Teil des modernen Geschäfts- und Bankenwesens des Landes lag in den Händen von Europäern. Die Modernisierungsanstrengungen, der Bau von Ei-

Paul-Louis Bouchard, *Der Tanz der Almah*, um 1893, Paris, Musée d'Orsay

senbahnlinien und Fabriken sowie die Tilgung der horren-
den Kredite für den Kanal ruinierten die Staatskasse. Die
Briten nahmen den Staatsbankrott und anschließende politische Wirren zum Anlaß, das Land 1882 zum Protektorat
zu erklären.

Ob mit Waffengewalt oder durch Finanzgeschäfte: Gegen
Ende des Jahrhunderts hatten die europäischen Mächte
fast alle nahöstlichen Reiche unter ihre Kontrolle gebracht.
Zur gleichen Zeit, als viele nahöstliche Herrscher nach Europa blickten und so eifrig darum bemüht waren, ihre Länder mittels westlichen Wissens, westlicher Technologie und
westlicher Kredite zu modernisieren, hatte in den französischen Salons die orientalistische Malerei Hochkonjunktur.
Allerdings zeigten die orientalistischen Maler und ihr Publikum ebenso wenig Interesse an den neuen Seiten des
Orients, wie den europäischen Mächten an einer erfolgrei-
chen Modernisierung und Industrialisierung dieser Region
gelegen war.

Im Zeitalter des Imperialismus rückte der Nahen Osten
unter strategischen und ökonomischen Gesichtspunkten ins
Blickfeld der europäischen Mächte. Er war als Rohstofflie-
ferant und als Markt für westliche Kredite und Industrie-
produkte interessant. Dafür, daß die Modernisierung und
Industrialisierung dieser Länder nicht so recht fruchten
wollte, machte man nicht die eigene Politik in der Region
verantwortlich, sondern die so ganz anders geartete Natur
der Orientalen. Oder wie Lord Cromer, von 1883 bis 1907
englischer Generalkonsul in Ägypten, es formulierte: »Ich
begnüge mich damit, die Tatsache anzumerken, daß der
Orientale auf die eine oder andere Weise im allgemeinen
genau entgegengesetzt zum Europäer handelt, spricht und
denkt.« Der Orient als das dem Abendland diametral Ent-
gegengesetzte, als das Andere schlechthin: Diese Denk-
schablone hatte jahrhundertelang die Auseinandersetzung
des Westens mit dem Osten beherrscht. Nun wurde sie auf
der politischen Ebene wiederbelebt, um den westlichen

Eugène Delacroix, *Der Tod des Sardanapal*, 1827/28, Paris, Musée du Louvre

Herrschaftsanspruch über den ›unzivilisierten Orient‹ zu legitimieren.

Der fremde, andere, unzivilisierte Orient war auch das, was die orientalistischen Maler in ihren Bildern darstellten. Die Bilder zeigen Wüste, Karawanen, wilde Kämpfe zu Pferd, Beduinen, Fellachen, schattige Basare, türkische Dampfbäder, Sklavenmärkte, entblößte Frauenkörper im Harem. Sie zeigen Szenen starker Farbigkeit, großer Gefühle, ungezähmter Männlichkeit und lockender Weiblichkeit. Sie zeigen eine Welt, in der Zeit keine Rolle spielt. Egal, welches Thema behandelt wird, immer schwingen Faszination und Sehnsucht nach Ferne mit. Und darin unterschied sich grundlegend der Umgang von Malern und Literaten von dem der Politiker mit dem Orient: Beiden repräsentierte er das Andere, Unzivilisierte, aber den einen war er deshalb Objekt der Beherrschung, während er den anderen zum Ort einer realen oder imaginären Pilgerfahrt wurde.

Trotz der letztlich entgegengesetzten Perspektive auf das Objekt der Begierde war der Orientalismus in der Kunst aufs engste mit der Anfang des 19. Jh. einsetzenden imperialistischen Durchdringung des Nahen Ostens verflochten. Als Napoleon 1798 zu seinem Ägyptenfeldzug aufbrach, ließ er sich von einem Troß von Wissenschaftlern und Künstlern begleiten. Während der Feldzug scheiterte, war die wissenschaftliche und künstlerische Ausbeute enorm und löste in Frankreich eine Welle der Begeisterung für die versunkene Kultur der Alten Ägypter aus. Das Interesse am Alten Orient umfaßte bald auch die beeindruckenden Kulturen Mesopotamiens und das biblische Palästina. Viele, die sich nun aufmachten, an Ort und Stelle dem Geist und der Größe des Alten Orients nachzuspüren, kehrten enttäuscht von ihrer künstlerischen Expedition in den Nahen Osten zurück. Die dort vorgefundene islamisch-arabische Kultur schien so gar nicht dessen Erbe zu verkörpern. Die Begeisterung europäischer Künstler für den islamischen Orient setzte erst Anfang der 1830er Jahre mit der Eroberung Algiers durch die Franzosen ein und hielt sich dann das ganze Jahrhundert hindurch.

Der Umgang mit dem Thema ›Orient‹, sei es in der Malerei oder in der Literatur, ist für das 19. Jh. höchst entlarvend. Die orientalistischen Werke zeigen so gut wie nichts von der sozialen und politischen Realität nahöstlicher Gesellschaften dieser Zeit. Statt dessen geben sie Auskunft über die Kosten, die das neue Zeitalter des Industriekapitalismus den Menschen in Europa abverlangte. Der zeitlose, farbenprächtige und sinnliche Orient, der dem Betrachter der Bilder der Orientalisten entgegentritt, erscheint wie ein Gegenentwurf zum nüchternen Alltagsleben des europäischen Bürgertums. Die Haremsdarstellungen orientalistischer Maler sind ein sehr gutes Beispiel dafür.

Jean-Léon
Gérôme,
*Der Sklaven-
markt,*
undatiert,
Williamstown,
Massachusetts,
Sterling and
Francine Clark
Art Institute

Noch im 18. Jh. hatte man sich dem Thema »Harem«
sehr spielerisch genähert. Der Sultan und seine Favoritin
waren vielbemühte Rollen im Figurenrepertoire der Maskenbälle an den europäischen Höfen. Das Haremssujet war
eine Form erotischer Selbstinszenierung, eine pikante Variante des Spiels der Geschlechter, das zu spielen es viele
Gelegenheiten gab.

Nach erotischen Haremsbildern, die angeblich die Realität abbilden, wie sie im 19. Jh. massenhaft produziert wurden, sucht man in der Kunst des 18. Jh. vergeblich. Da Erotik gelebt werden konnte, bestand kein Bedarf, sie auf Bilder einer fremden Kultur zu projizieren.

Im 19. Jh. löste das Bürgertum den Adel als gesellschaft-
lich führende Schicht ab. Der Alltag des bürgerlichen Mannes
war von Arbeit, Zeitökonomie und straffer Selbstdisziplin
bestimmt. Während der Mann in der von Konkurrenzkampf
bestimmten harten Arbeitswelt um den ökonomischen Aufstieg der Familie focht, hatte die Frau sich um Heim und
Kinder zu kümmern und für die familiäre Wärme und Ge-
borgenheit zu sorgen. Im Vergleich zur bürgerlichen Frau
des 19. Jh. erschien die Aristokratin des 18. Jh. als geradezu
emanzipiert: Sie verfügte über Privatvermögen, teilte das
müßige Leben ihres Gatten oder lebte, abgesehen von der
Wahrnehmung gemeinsamer Repräsentationspflichten, ein
in jeder Hinsicht von ihm unabhängiges Leben. Das bürgerliche 19. Jh. gebar die Idee der Liebesheirat, in der das
Paar in Treue ein Leben lang einander verbunden bleiben
sollte. Aber auch in den aus Liebe geschlossenen Ehen war
nicht viel Platz für prickelnde Erotik. Der bürgerlichen sin-
nenfeindlichen Arbeitsethik entsprach die bürgerliche ero-
tikfeindliche Sexualmoral. Erotische Spannungen im Vor-
feld einer Eheschließung mußten zur Seelenverwandtschaft
sublimiert werden, und auch die verheiratete Frau durfte
ihr sexuelles Verlangen nicht zeigen: Es galt als unschicklich. Männer suchten den ihren Ehen fehlenden sexuellen
Kitzel in den Dachkammern des weiblichen Dienstperso-
nals oder in Bordellen und Amüsierbetrieben, die im prü-
den 19. Jh. wie Pilze aus dem Boden schossen. Es war das
Jahrhundert der Doppelmoral.

Vor diesem Hintergrund wird verständlich, warum die
Orientalisten das Thema »Harem« fast ausschließlich unter
dem Aspekt der Erotik behandeln: Der entsexualisierten
bürgerlichen Europäerin wird die ausschließlich auf ihre
Sexualität reduzierte Orientalin entgegengestellt. Seit der Renaissance hatte man sich in der Malerei des Tricks bedient,
aufreizende weibliche Nacktheit und erotische Szenen in
mythologischem Gewand gesellschaftsfähig zu machen. Im
imperialistischen 19. Jh. diente ein ethnograpischer Vor-

Fernand Cormon, *Eifersucht im Serail*, 1874, Besançon, Musée des Beaux-Arts et d'Archéologie

wand dazu, diese Themen zu behandeln und die Schaulust des Publikums zu befriedigen.

Tatsächlich waren die orientalistischen Maler überhaupt nicht daran interessiert, darzustellen, was hinter den Haremsmauern vor sich ging, obwohl man es im 19. Jh. bereits ziemlich genau wußte. Muslimische Männer sprachen zwar nicht über ihre Frauen, und familienfremden Männern war der Zugang zu den Frauengemächern verwehrt. Aber seit dem 18. Jh. hatten etliche Diplomatengattinnen Gelegenheit gefunden, Harems der nahöstlichen Oberschicht zu besuchen, und sie hatten ihre Beobachtungen publiziert. Ihre Berichte von würdig und souverän auftretenden Gastgeberinnen, von behäbigen Damenrunden, deren Unterhaltungen die Europäerinnen oftmals langweilten, entsprachen in keiner Weise der knisternd-erotischen Atmosphäre, die nach westlichem Vorurteil das Haremsleben beherrschen sollte. In den orientalistischen Haremsdarstellungen aber ging es gerade um eine Bebilderung dieser jahrhundertealten Vorurteile. Unter dem Vorwand, die Realität des Geschlechterverhältnisses im Nahen Osten abzubilden, phantasieren sie von männlicher Allmacht und den vielfältigen Facetten weiblicher Erotik. Männliche Allmacht wird thematisiert in Sklavenmarktszenen, wo nackte, alabasterhäutige Schönheiten wie edle Pferde von kaufinteressierten Arabern auf ihre physische Vollkommenheit hin geprüft werden, oder in Darstellungen dekadenter Herrscher, die sich von leichtbekleideten Sklavinnen unterhalten lassen. Männliche Allmacht wird auch da thematisiert, wo der Mann nicht auf dem Bild anwesend ist, wo Frauen im Bad oder bei der Schönheitspflege gezeigt werden. Denn jedermann in Europa ›wußte‹ ja, daß diese Frauen sich vorbereiten auf den Mann, daß der einzige Daseinszweck der Frauen im Harem die vollkommene Befriedigung ihres Herrn war.

Dennoch strahlen die ruhenden Odalisken, die den Betrachter selbstbewußt-herausfordernd anblicken, oft das

Pierre Auguste Renoir, *Odaliske*, 1870, Washington D.C., National Gallery of Art, Chester Dale Collection

Gegenteil unterwürfiger Willigkeit aus. Sie wirken wie Kurtisanen, die sich ihrer Schönheit und Macht bewußt sind. Der Mann, und damit der männliche Betrachter des Bildes, wird durch sein Begehren zum eigentlich Beherrschten. Die Erotik vieler dieser Odaliskendarstellungen entspringt aus der Spannung, daß die Frau, obwohl formal verfügbar, für den Mann, der sich in ihren Körper verliebt, unerreichbar bleibt. Sie gibt ihren Körper hin, nicht aber ihre Seele und bleibt damit unbeherrschbar. Die Odaliske ist eine *Femme fatale*. Sie ist der Gegenentwurf zur domestizierten und entsexualisierten Frau des europäischen Bürgertums, der mit der herrschende Liebesideologie die Waffen aus der Hand geschlagen worden waren. Die orientalistischen Maler bedienten sich nicht-muslimischer Modelle, um in ihren Ateliers die perfekte Lüge von der Erotik des nahöstlichen Haremslebens zu inszenieren. Sie arikulierten in ihren Bildern von der orientalischen Frau die unterdrückten Sehnsüchte und Ängste europäischer Männer.

Die Männerphantasien des 19. Jh. prägen bis auf den heutigen Tag die westliche Vorstellung vom Leben in den islamischen Herrscherharems der Vergangenheit. Dennoch: obwohl Erotik nur einer von vielen Aspekten war, der das Leben in den Harems bestimmte, waren es ebenfalls Männerphantasien, die islamische Theologen die Abschließung der Frauen in den Harem fordern ließ: die Phantasie von der vollständigen Kontrolle der Frau durch den Mann.

Der kulturgeschichtliche Hintergrund

Die »Haremisierung« der muslimischen Frauen

Der Islam betrachtet sich als Erbe der jüdischen und der christlichen Religion, deren Bücher er achtet und deren Mythen und Propheten er seiner Geschichte einverleibt hat. Mohammed ist nach islamischer Auffassung das »Siegel der Propheten«, der ihm geoffenbarte Koran verkündet die letzte, endgültige Gestalt der Religion.

Mohammed war nicht nur ein Religionsverkünder, er war auch das politische und militärische Oberhaupt der Gemeinde der Gläubigen. Der Koran wiederum enthält nicht nur allgemeine und abstrakte Prinzipien, welche als Richtschnur für ein gottgefälliges Leben dienen sollen, sondern bis ins Detail gehende Anordnungen oder Gesetze, die das Leben der Gläubigen regeln. Wer seinen Glauben an diesen einzigen Gott bekennt und sich seinem Willen in Demut durch die Befolgung der religiösen Gesetze unterwirft, dem winkt als Lohn das Paradies.

Und was ist das für ein Paradies, das den Gläubigen versprochen ist! »Für jene (die glauben und Gutes tun) sind Edens Gärten, durcheilt von Bächen. Geschmückt werden sie darinnen mit Armspangen von Gold und gekleidet in grüne Kleider von Seide und Brokat, sich lehnend darinnen auf Diwanen. Ein herrlicher Lohn und eine schöne Ruhestätte.« (Koran, Sure 18, Vers 30) Von Wein ist die Rede,

Adams und Evas Vertreibung aus dem Paradies, Miniatur aus Fuzuli, *Hadiqat as-Su'ada*, Türkei, Ende 16. Jh., Paris, Bibliothèque nationale

der süß schmeckt und nicht trunken macht, von Fleisch und Früchten, von köstlichen Düften und keuschblickenden Jungfrauen, den schwarzäugigen *Huris*, die weder Mensch noch Dschinn zuvor berührt hat und die den Gläubigen anvermählt werden.

So wunderbar das Paradies ist, so entsetzlich sind die Höllenqualen, die diejenigen erwarten, die sich der Kardinalsünde des Islam, des Unglaubens, strafbar gemacht haben, denn die Sünde des Unglaubens – unter der der Koran den Polytheismus und den Abfall von Gott faßt – ist unverzeihlich; alle anderen Sünden, auch der Mord, können vergeben werden, wenn der Sünder bereut. »Gott ist verzeihend und gnädig«, wie es an vielen Stellen des Korans heißt.

Der Glaube an den einen Gott ist das Zentralthema des Islam. Die Übel der Welt sind eher die Folge der Ungläubigkeit oder des Abfalls vom rechten Glauben, als daß sie einer als lasterhaft definierten Natur des Menschen entsprängen. Gott kennt seine Geschöpfe, denn er hat sie schwach erschaffen, und er will es ihnen leicht machen (Koran, Sure 4, Vers 32), daher eine Rechtleitung, die der menschlichen Natur nichts Unmögliches abverlangt. So sind nicht das Streben nach Macht, Reichtum, Schönheit und sexueller Erfüllung an sich verwerflich, sondern der Mißbrauch der Geschenke Gottes, die Maßlosigkeit und die Begierde, die die Menschen die Gottesfurcht und das Jenseits aus dem Auge verlieren lassen.

Aus dem Koran spricht ein Gott, der zwar unbedingten Gehorsam verlangt und mit drakonischen Höllenstrafen droht, der aber doch sehr ›menschlich‹ und seinen Geschöpfen zugetan anmutet. Die Welt, in der sich seine Schönheit spiegelt, ist dem Menschen zum Nießbrauch anvertraut. Und Gott hat die Anweisungen für den rechten Gebrauch seiner Gaben im Koran mitgeteilt: den Gebrauch von Macht und Reichtum, den Umgang mit den Sklaven, das Verhältnis zu Frauen und Kindern, Erbschaftsregelungen, das Ausleben der Sexualität.

Auch wenn es in der Geschichte islamischer Gesellschaften immer wieder Rechtsgelehrte und religiös-soziale Bewegungen gegeben hat, die sich eine puritanische Interpretation des Islam zu eigen machten – und auch dafür Verse des umfangreichen und oft in seinen Aussagen widersprüchlichen Offenbarungswerks anführen konnten: Der Zug der Selbst- und Weltverachtung des Christentums augustinisch-protestantischer Prägung ist dem Islam weitgehend fremd.

Fremd ist dem Islam auch die im Christentum vorgenommene Verknüpfung von Sexualität und Schuld. Die sexuelle Lust, sowohl die des Mannes als auch die der Frau, gehören – im Rahmen der Ehe – zu den anerkannten Freuden des Erdendaseins. Dennoch sind bis auf den heutigen Tag die meisten Frauen in den islamischen Gesellschaften in einen Normenkäfig aus Scham und Ehre eingesperrt, ist ihre Sexualität, ihre ganze Bewegungsfreiheit strenger männlicher Kontrolle unterworfen. Wie geht das zusammen?

Die leidenschaftliche Liebe der Beduinen:
Die Frau als Idol

Im 6. Jh. berichtet Ammianus Marcellinus von den Bewohnern der arabischen Halbinsel: »Der Bund des Mannes und der Frau ist (für sie) nur ein Mietvertrag; als einziges äußeres Merkmal der Ehe bringt die Gattin, die zu einem bestimmten Preis und beizeiten angelobt wurde, ihrem Manne als Mitgift eine Lanze und ein Zelt, und nach Ablauf der vertraglichen Frist hält sie sich jederzeit bereit, ihn auf den kleinsten Wink zu verlassen. Es ist unbeschreiblich, mit welcher Raserei sich beide Geschlechter in dieser Nation der Liebe hingeben...« Maxime Rodinson, der Marcellinus zitiert, hält die Beschreibung der inferioren sozialen Stellung der Frau für übertrieben. Jedoch in bezug auf die »Raserei der Liebe« spricht die reiche früharabische Dichtung eine ähnliche Sprache.

Der Archetypus der Liebespoesie ist die Geschichte von Laila und Madschnun, deren erste bekannte schriftliche Fixierung in arabischer Sprache aus dem 10. Jh. stammt. Ihr Ursprung ist aber wahrscheinlich viel älter, und sie wurde in der Folge von persischen und türkischen Dichtern immer wieder aufgegriffen. Das Thema war von bleibender Brisanz. Die leidenschaftliche Liebe des Paares findet keine Erfüllung, weil ihre Beziehung gegen die Interessen der Familien verstößt – der arabische Vorläufer des Romeo-und-Julia-Motivs bei Shakespeare. Wie die Geschichte von Romeo und Julia endet auch die von Laila und Madschnun tragisch. Laila stirbt vor Kummer, weil sie zur Heirat mit einem ungeliebten Mann gezwungen wird, und Madschnun, wörtlich »der Verrückte, der Wahnsinnige«, verliert den Verstand, durchirrt halbverhungert die Wüste und bricht schließlich an Lailas Grab tot zusammen.

Die früharabische Dichtung kennt viele dieser Geschichten, die die Sehnsucht nach der geliebten Frau besingen und den Schmerz der erzwungenen Trennung beklagen. Oft sind sie, wie Max Weisweiler es umschreibt, von einem an Masochismus grenzenden Gefühlsüberschwang. Sie zeugen von dem leidenschaftlichen Liebesideal der Beduinen, das in der sagenumwobenen keuschen Liebe des Stammes der Udra auch eine Variante der Erotik der Seelen kannte. Die Gründe, die für den Liebesschmerz angegeben werden, sind vielfältig. Manchmal sind es die Familieninteressen, die dem Glück des Paares im Weg stehen. Manchmal müssen sich die Liebenden trennen, weil die Stämme, denen sie angehören, in unterschiedliche Richtungen ziehen. Oft aber ist es auch die Geliebte, die dem Mann Schmerzen zufügt. Dann handeln die Geschichten von seiner verschmähten Liebe und von der Kaltherzigkeit der begehrten Frau.

Ob nun die Liebesbeziehung den Interessen der Familie entgegenstand oder die Frau sich – aus Gründen, die weiter unten beleuchtet werden – so autonom verhalten konnte, das Werben eines ungeliebten Mannes zurückzuweisen: In der früharabischen Liebespoesie wird die eine Frau, die unerreichbar Begehrte, zum Idol. Diese Idolisierung der Frau fand ihren Nachhall Jahrhunderte später an den mittelalterlichen Höfen Europas im Minnesang. Aber zwischen der

Laila und Madschnun sind aus Liebe ohnmächtig geworden, Miniatur aus Nizami, *Hamsa*, Südiran, Mitte 15. Jh., Staatsbibliothek zu Berlin, Sammlung Preussischer Kulturbesitz, Berlin

Idolisierung der unerreichbar Begehrten zur Dämonisierung der Frau, die die Macht hat, dem Mann die Sinne zu rauben, liegt vielleicht nur ein Schritt. Wir werden sehen, wie unter anderen gesellschaftlichen Bedingungen von islamischen Theologen diese für die Frauen so bedenkliche Konsequenz gezogen wird. An dieser Stelle interessiert nur die Tatsache, daß sich in der Vielfalt der in der früharabischen Poesie thematisierten Gründe für den Liebesschmerz eine Gesellschaft spiegelt, in der es sowohl patrilinear als auch matrilinear organisierte Stämme gab, und daß beide Organisationsformen in bezug auf die Liebe sehr unterschiedliche Konfliktpotentiale enthielten. Konnten bei patrilinearen Stämmen Liebespaare eher wegen der Familieninteressen nicht zueinander finden, war es bei den matrilinearen Stämmen die Autonomie und Stärke der Frau, die Liebeskummer verursachte. Hier war sie so frei, zu lieben und zu verschmähen, wen sie wollte.

Beziehungs- und Eheformen bei den matrilinearen Stämmen Arabiens

Bis zur Islamisierung führten sich viele Stämme Arabiens auf ihre Ahninnen mütterlicherseits zurück. Weibliche Stammesoberhäupter scheinen allerdings mehr symbolische als tatsächliche Macht besessen zu haben, denn die ökonomischen und politischen Geschicke lagen in der Regel in den Händen eines der Brüder oder der Söhne der Stammesmutter. Noch zur Zeit Mohammeds gab es in Mekka und Medina Frauen aus matrilinearen Stämmen, die in ihrem eigenen Namen Handel trieben.

Die Regelung der sexuellen Beziehungen und damit verbunden der Absicherung der Nachkommenschaft wurde offensichtlich bei den matrilinearen Stämmen recht unterschiedlich gehandhabt. Es gab den Fall, wo ein Mann sich mit einer Frau verband und fortan in ihrem Stamm lebte.

Mit der eigenen Familie im Rücken hatte die Frau eine starke Position in der Verbindung. So kennen die Quellen die Sitte des ›Zeltumdrehens‹: War der Mann der Frau als Beischläfer und Lebensgefährte nicht mehr genehm, signalisierte sie ihre Aufkündigung der Beziehung, indem sie den Eingang ihres Zeltes vom Zelt des Mannes wegdrehte.

Wenn das Paar nicht dem gleichen Stamm angehörte, blieb der Mann häufig nach der Aufnahme der sexuellen Beziehung bei seinen Leuten. Die Beziehung beschränkte sich dann auf gelegentliche Besuche des Mannes und wurde zwangsweise unterbrochen, wenn die Stämme des Paares getrennte Wege zogen.

Neben den beiden genannten Beziehungsarten wird auch von Fällen berichtet, in denen eine Frau gleich mehrere ›Besuchsbeziehungen‹ unterhielt. Ging aus einem solchen Arrangement ein Kind hervor, wurde von der Frau anhand der größten Ähnlichkeit des Kindes mit einem der Männer die Vaterschaft bestimmt.

Die aus der Feder späterer arabischer Historiker stammenden Berichte über die sexuellen Beziehungen in den matrilinearen Stämmen lassen viele Fragen offen. In den beschriebenen Formen kann man jedoch eine Gemeinsamkeit erkennen: Die Frauen blieben nach der Aufnahme sexueller Beziehungen im eigenen Stamm, dem sie die für die Absicherung der Existenz notwendigen Nachkommen gebaren. Die Frage nach der Vaterschaft spielte eine untergeordnete Rolle, und damit bestand auch kaum Notwendigkeit, die weibliche Sexualität zu kontrollieren. Zumindest in dieser Hinsicht war die Autonomie der Frauen matrilinearer Stämme bemerkenswert groß.

Das Dasein der Nomaden in den unfruchtbaren Landstrichen der arabischen Halbinsel war hart. Die Stämme lebten von der Zucht von Kamelen, Schafen und Ziegen, manche trieben Handel. Ab und an, wenn durch Trockenheit und Dürre die Not besonders groß geworden war, wurden auch Raubzüge unternommen, um das Überleben des

Stammes zu sichern. Vielleicht erklärt sich daher, daß es häufig zur Tötung von neugeborenen Mädchen kam: Ein Stamm war zu Notzeiten so überlebensfähig, wie er an Kriegern – an Männern – stark war, während viele Frauen die Ökonomie des Stammes belasteten.

Die Zeit des Umbruchs: Mekka vor Mohammed

Ab 400 n.Chr. begannen einige Stämme, denen es gelungen war, sich am transarabischen Handel und durch Raubzüge zu bereichern, sich in Mekka und anderen städtischen Ansiedlungen niederzulassen. Die städtische Lebensform förderte individualistische Tendenzen. Erfolgreiche Kaufleute zogen es nun oft vor, ihr Vermögen an ihre Söhne zu vererben, statt es wie bisher in das Allgemeineigentum ihrer Stämme väterlicher- oder mütterlicherseits zu transferieren. Mit der veränderten Erbpraxis setzte sich in Mekka allmählich die patrilineare Organisation der Familien durch. Und in der patrilinearen Familie wurde die Frage der Sexualität und der Nachkommenschaft völlig anders gehandhabt als bei den matrilinearen Stämmen. Nun wurde die Kontrolle der Frau zu einem zentralen Anliegen, denn kein Familienoberhaupt war daran interessiert, sein Vermögen einem Bastard zu hinterlassen. Die Kontrolle der Frau war aber erst dann gewährleistet, wenn sie dauerhaft unter der Aufsicht der Familie des Mannes stand. Parallel zur allmählichen Übernahme der patrilinearen Erbfolge etablierte sich deshalb der Brauch, die Frau in die Familie des Mannes einzugliedern und die Familie der Frau für die Abtretung der Gebärfähigkeit der Tochter mit einem Brautgeld zu entschädigen. Die Töchter wurden zu einem kostbaren Gut, weil sich durch ihre günstige Verheiratung ökonomische und machtstrategische Vorteile erzielen ließen. Vor diesem Hintergrund erlangte die Jungfräulichkeit der Braut große Bedeutung.

Zur Zeit Mohammeds, um die Wende vom 6. zum 7. Jh., war in Mekka der Übergang von der matrilinearen zur patrilinearen Organisation der Familien und Stämme noch in vollem Gang. Wie oben angedeutet, ging mit der neuen Erbpraxis die Aufweichung des Prinzips der Stammessolidarität einher. Erfolgreiche Familien kümmerten sich nicht mehr um die Not der weniger glücklichen Stammeszweige; sie machten sich im Gegenteil deren Notlage zunutze, indem sie Wuchergeschäfte mit der verarmten Verwandtschaft tätigten. In der Folge kam es zwischen einzelnen Stammesfraktionen zu Spannungen und Konflikten, die sich häufig in blutigen Fehden entluden. In dieser unruhigen Zeit gab es aber noch weitere Mißstände, die dringend einer Regelung bedurften: Das Los der vielen Sklaven in der Stadt war ungeklärt. Bei ihnen handelte es sich oft um Gefangene, die bei Stammesfehden verschleppt worden waren und sich nun der Willkür der Sieger ausgesetzt sahen. Sklavinnen gehörten mit ihrer ganzen Person den neuen Herrn, die junge Frauen ganz selbstverständlich auch sexuell in Anspruch nahmen. Kinder, die aus diesen Beziehungen hervorgingen, wurden als Sklaven geboren.

Ungeklärt war auch das Los der Frauen, die ihren Familien gegen ein Brautgeld abgekauft worden waren und nach dem Tod des Mannes oft wie Gefangene in seiner Familie weiterleben mußten. Es war üblich, die Witwe mit einem Bruder des Mannes oder mit einem anderen Familienmitglied zu verheiraten, um weiter über ihr Vermögen oder ihre Gebärfähigkeit verfügen zu können.

Mohammed war nicht der erste Prophet, der sein Wort gegen den moralischen Niedergang dieser Zeit erhob, aber seine religiöse Botschaft verband sich mit einer großen politischen Vision: der Überwindung der Stammesgrenzen zugunsten der Gemeinschaft der Gläubigen, der *Umma*.

Dieses neue Gemeinwesen konnte sich nicht länger an den überkommenen, sich in Auflösung befindenden Stammestraditionen orientieren. Mohammed empfing Offenbarungen, die zur Basis des islamischen Gesetzes wurden und bis ins Detail das ökonomische, soziale und religiöse Leben der Muslime regeln. Viele Neuerungen bezogen sich unmittelbar auf die oben beschriebenen Mißstände: Sie verbesserten das Los der Sklaven, stellten die Witwen und Waisen unter Rechtsschutz, wandten sich gegen den Zinswucher und institutionalisierten eine Art Sozialabgabe, die Almosensteuer.

Die »Frauenfrage« stellt sich neu: Welchen Rang soll die Frau in der islamischen Ehe einnehmen?

Die Anhänger Mohammeds hatten zunächst Probleme, sich mit göttlichen Anweisungen abzufinden, die ihre Vorrechte beschnitten.

So schildert die marokkanische Soziologin und Feministin Fatema Mernissi in ihrem Buch »Der politische Harem, Mohammed und die Frauen« die inneren Kämpfe und Auseinandersetzungen, die es um die Offenbarungen zu dem besonders sensiblen Bereich der ›Frauenfrage‹ gab. Viele Mekkaner hatten sich daran gewöhnt, ihre Frauen im Rahmen der patriarchalen Familie völlig zu dominieren. Ihnen gingen die Zugeständnisse des islamischen Gesetzes an die Frauen im Ehe- und Erbrecht zu weit.

Letztlich aber konnten die Männer ganz zufrieden sein. Die neuen Ehe- und Erbregelungen garantierten zwar den Frauen einige Rechte, aber es handelte sich lediglich um Rechte, die ihnen im Rahmen der patriarchalen Familienform zugestanden wurden. Die islamischen Gesetze schrieben damit den Vorrang des Mannes in Ehe, Familie und Gesellschaft endgültig fest. Obendrein verliehen sie ihm den Odem des Gottgewollten, denn Mohammed empfing eine Offenbarung, in der es heißt: »Die Männer sind den Weibern überlegen wegen dessen, was Allah den einen vor den anderen gegeben hat und weil sie von ihrem Geld (für

die Weiber) auslegen. Die rechtschaffenen Frauen sind gehorsam und sorgsam in der Abwesenheit (ihrer Gatten), wie Allah für sie sorgt. Diejenigen aber, deren Widerspenstigkeit ihr fürchtet – warnet sie, verbannt sie in ihre Schlafgemächer und schlagt sie. Und so sie euch gehorchen, so sucht keinen Weg wider sie; siehe, Allah ist hoch und groß.« (Koran, Sure 4, Vers 38)

Der natürliche Vorrang der Männer vor den Frauen »durch das, was Allah den einen vor den anderen gegeben hat«, wird durch eine Vielzahl weiterer die Frauen betreffende Offenbarungen bekräftigt und mit Inhalt gefüllt. In der islamischen Familie sollte die Frau entsprechend ihrer biologischen Funktion als Gebärende für das Aufziehen der Kinder und die unmittelbare Überlebensökonomie sorgen, sozusagen für die Bewirtschaftung von Haus, Hütte oder Zelt. Die Männer waren als Krieger, Händler, Bauern oder Hirten für den Unterhalt der Familien zuständig. Ihnen oblag die Versorgung und der Schutz der Frauen und Kinder. Mit der Schutz- und Sorgepflicht für die Familie wurde auch die Bevorzugung der männlichen Familienmitglieder vor den weiblichen im Erbrecht begründet: Der Mann habe ja schließlich die höheren Ausgaben.

Auch in der Behandlung der Sexualität spiegelt sich die in der patriarchalen Familienform angelegte Unterordnug der Frau unter den Mann. Der Islam begreift die Sexualität als menschliches Grundrecht, und er schränkt dieses Recht keineswegs auf die biologische Funktion der Sexualtät als Mittel der Fortpflanzung ein. Die sexuelle Lust wird als eine der großen Freuden des menschlichen Daseins betrachtet und ist dem Herrn wohlgefällig, wie Aussprüche des Propheten belegen. Dies gilt sowohl für den Mann wie für die Frau. Die Überlieferung der Vita des Propheten (*Hadith*) zeigt anschaulich, wie in der frühen Gemeinde um die konkrete Ausgestaltung dieses Bereiches gerungen wurde. Die Gläubigen bestürmten ihn mit Fragen nach dem »mit wem, wann, wo und wie« des Geschlechtsverkehrs. Und es versetzt uns in Erstaunen, wie – laut Überlieferung – unverblümt und unbefangen Mohammed und seine Frauen Auskunft über ihr Sexualleben erteilten.

Eine so emphatische Bejahung der Sexualität verlangte um so mehr eine Kanalisation der heißen Gefühle. Denn nicht Unzucht sollte gepredigt werden, sondern Moral und Ordnung. Der Koran setzt sich in scharfer Form mit der großen sexuellen Freizügikeit auseinander, wie sie insbesondere bei den matrilinearen Stämmen in vorislamischer Zeit geherrscht hatte. Die Sexualität sollte in der neudefinierten Form der islamischen Ehe stattfinden und ausschließlich dort.

Nach islamischem Eherecht kann ein Mann mit bis zu vier Frauen gleichzeitig verheiratet sein, vorausgesetzt, er sieht sich in der Lage, alle Frauen gleich und gerecht zu behandeln. Diese Gebot bezieht sich sowohl auf materielle Güter als auch auf die sexuelle Zuwendung, in deren Genuß jede der Ehefrauen nach einem strengen Rotationsprinzip kommen soll. Hinter dieser Regelung steht die Vorstellung einer sehr triebhaften Sexualität, die, wenn sie nicht befriedigt wird, den Ehepartner zur Untreue verleitet. Daß die emotionale Gleichbehandlung aller Gattinnen in der polygamen Ehe Probleme aufwirft, stellte auch Mohammed resigniert fest – er zog seine junge Frau Aischa den anderen Frauen vor –, und heute beziehen sich die Befürworter der Monogamie in den islamischen Gesellschaften auf die diesbezüglichen Aussprüche des Propheten.

Die Ehe gilt dem Islam nicht als unauflösliche Einrichtung. Bis in jüngste Zeit konnte sie vom Mann ohne großen Aufwand durch das dreimalige Aussprechen der Scheidungsformel vollzogen werden, wohingegen die Frau genau definierte Scheidungsgründe für ihren Wunsch zur Trennung vorweisen mußte. So konnte ein Mann, der sich oft von seinen Frauen scheiden ließ, im Lauf eines Lebens eine Vielzahl von Ehen eingehen. Doch damit nicht genug. An sexuellen Kontakten zu seinen Sklavinnen waren ihm keine Grenzen gesetzt, und es hing von seiner Durchsetzungskraft gegenüber seinen Ehefrauen ab, ob er von diesem Recht auch Gebrauch machen konnte. Damit war das ideologische Fundament für die spätere Ausprägung des Haremswesens gelegt. Die Kinder, die aus den Verbindungen mit Sklavinnen hervorgingen, waren den ehelich gezeugten Kindern nun gleichgestellt.

Die Frau dagegen war zur absoluten Treue ihrem Mann gegenüber verpflichtet. Neue Verbindungen durfte sie erst eingehen, wenn der Ehemann verstorben oder die Scheidung ausgesprochen war.

Die Doppelmoral, nach der der Mann eine nur durch seine materiellen, sozialen und körperlichen Potenzen beschränkte Anzahl von Sexualkontakten pflegen konnte, die die Frau aber auf ihren Ehemann beschränkte, konnte sich also ebenfalls auf den Koran berufen.

Die Keuschheit der Frau vor der Ehe war (und ist häufig noch) ein absolutes Tabu. Ihr Verlust führte im Fall der Entdeckung zur sozialen Ächtung der Frau und schädigte das Ansehen der Familie.

Die folgenreichste Verfehlung in bezug auf die Sexualität aber war der Ehebruch, denn in ihm sah man eine Gefährdung der sozialen Ordnung. Nach einem Ausspruch Mohammeds wiegt keine Sünde, außer neben Gott einen anderen Gott anzunehmen, so schwer wie diese, und er ordnete selbst mehrfach die Steinigung ehebrecherischer Paare an, nachdem sie von vier Zeugen der Tat beschuldigt worden waren.

Die Frauen müssen in den Harem!

Mit dem koranischen Gesetz war das Fundament für eine patriarchale Ordnung des Geschlechterverhältnisses gelegt. Dennoch gelang es den Frauen der arabischen Aristokratie noch für einige Zeit, eine bemerkenswert autonome Stellung in Gesellschaft und Familie einzunehmen.

Das änderte sich grundlegend, als mit dem Sieg der Dynastie der Abbasiden über die Omayyaden persische Einflüsse die arabisch-islamische Kultur nachhaltig zu prägen begannen. Im persischen Reich der Sassaniden unterschied sich der Rechtsstatus der Frauen nur unwesentlich von dem der Sklaven: Sie gehörten zum Eigentum des Mannes und waren in ihrer Bewegungsfreiheit stark eingeschränkt. Unter persischem Einfluß widmeten sich die islamischen Rechtsgelehrten nun verstärkt der Frauenfrage. Sie erinnerten an die Sure 33, Vers 59, wo es heißt: »O Prophet, sprich zu deinen Gattinnen und Töchtern und den Weibern der Gläubigen, daß sie sich in ihren Überwurf verhüllen. So werden sie eher erkannt und werden nicht verletzt. Und Allah ist verzeihend und barmherzig.« Der Prophet hatte die folgenschwere Offenbarung empfangen, nachdem seine Frauen auf der Straße sexuell belästigt worden waren. Man hatte sie angeblich für Sklavinnen gehalten, und Sklavinnen wurden respektlos behandelt. Die Sitte, daß vornehme Frauen sich durch das Tragen eines Schleiers von den

Frauen des einfachen Volkes abhoben, war im nahöstlichen Raum keine Neuerung. Es gab den Schleier für die Frauen in Persien, und auch im Alten Orient, bei den Assyrern und Babyloniern, hatte er Rangunterschiede bezeichnet: Dort war der Schleier den Sklavinnen bei Strafe verboten.

Die Wiederbelebung der Schleierdiskussion bildete den Auftakt für die endgültige Verdrängung der (vornehmen) muslimischen Frauen aus dem öffentlichen Leben. Zunehmend wurde die koranische Definition vom Menschen als einem sexuellen Wesen gegen die Frauen ausgespielt: Generationen von islamischen Rechtsgelehrten erklärten nun die den Frauen zugeschriebene starke sexuelle Ausstrahlung als Bedrohung der öffentlichen Moral. Sie konstruierten einen Konflikt zwischen Erotik und Gesellschaftsordnung, dessen Lösung sie auf Kosten der Bewegungsfreiheit der Frau in der strikten Trennung der Geschlechter suchten, nicht etwa in der Fähigkeit beider Geschlechter zur Selbstdisziplin und Triebbeherrschung. Auf der Basis einer extrem frauenfeindlichen Interpretation des Korans, wobei sie – wie Fatema Mernissi nachzuweisen sucht – selbst vor der Fälschung von Aussprüchen des Propheten nicht zurückschreckten, stellten die Theologen einen äußert strengen Forderungskatalog an die Frauen auf: Sie sollten sich verschleiern und dadurch unsichtbar machen, um die Männer vor der Versuchung, die von ihnen ausgehe, zu schützen. Mehr noch: Selbst verschleiert habe sich die Frau nur ausnahmsweise in der Öffentlichkeit aufzuhalten, denn der ihr vom Islam zugeschriebene Aufgabenbereich sei die Sorge für Familie und Hauswirtschaft. Die Öffentlichkeit, die Sphäre der Ökonomie und der Politik, sei dem Mann vorbehalten.

Da die Frauen fortan keinem familienfremden Mann mehr unter die Augen kommen sollten, hatte sich die Zweiteilung der Welt selbst in den Wohnhäusern fortzusetzen. Der Mann hatte seine Freunde und Geschäftspartner in einem separaten Teil des Hauses zu empfangen. Familien-

Frauen aus dem Fenster ihres Harems in den Palasthof blickend, Miniatur aus einem Album Murats III., Türkei, 16. Jh., Wien, Österreichische Nationalbibliothek

fremden Männern sollte der Zutritt zu den Räumlichkeiten der Frauen des Hauses verwehrt sein, diese waren für sie *haram*, was soviel wie »verboten«, »geschützt« oder »heilig« heißt. Danach wurden die Frauengemächer als Harem bezeichnet.

150 Jahre nach dem Tod des Propheten waren die Vorstellungen der Rechtsgelehrten von der rechten islamischen Ordnung der Geschlechter in der sozialen Praxis durchgesetzt. Während die Frauen des städtischen und ländlichen Unterschicht zu allen Zeiten ihrem Broterwerb in der Öffentlichkeit nachgehen mußten, waren zur Zeit des Abbasi-

denherrschers Harun ar-Raschid die vornehmen Frauen
aus dem Straßenbild verschwunden und verbrachten ihre
Tage, bewacht von Eunuchen, in der Abgeschiedenheit der
Harems.

Der Wunsch nach dem Paradies auf Erden:
Die Harems der Khalifen

Inzwischen hatte der Aufbruch des Islam die Welt verän-
dert. Die islamischen Glaubenskrieger waren bis zum Indi-
schen Subkontinent im Osten und zur Iberischen Halbinsel
im Westen vorgedrungen. Die unterworfenen Völker wurden indes nicht zwangsbekehrt, sondern mußten als Schutz-
befohlene lediglich eine Kopfsteuer entrichten. Diese Steuern verschafften den Khalifen der Omayyaden und denen
der darauffolgenden Dynastie der Abbasiden unermeßlichen Reichtum. Ihre Höfe und Paläste hatten bald nichts
mehr gemein mit der bescheidenen Behausung, die Mohammed in Medina mit seinen Frauen bewohnt hatte.

Als die siegreichen islamischen Heere das Reich der Sassaniden eroberten, waren die Araber vom Glanz der persischen Kultur tief beeindruckt. Die prächtige und ausge-
feilte dortige Hofkultur wurde zum Vorbild der Residenzen
der Nachfahren des Propheten. Mehr noch: Die Beschreibungen des Hoflebens der Khalifen lesen sich, als hätten
die Nachfahren Mohammeds danach getrachtet, in ihren
Palästen das den islamischen Glaubensstreitern verheißene
himmlische Paradies schon auf Erden vorwegzunehmen.
Oder waren vielleicht bereits die koranischen Paradiesbe-
schreibungen von den im vorderorientalischen Raum kur-
sierenden Erzählungen über die sagenhaften Höfe der persischen Großkönige inspiriert?

Es ist sicher kein Zufall, daß der Palast Harun ar-Raschids in Bagdad »Palast der ewigen Seligkeit« genannt
wurde. Ebensowenig, daß im Topkapı Sarayı der Osmanen-

herrscher viele Jahrhunderte später die Privatgemächer und der Harem des Sultans den wohlklingenden Namen »Haus der Glückseligkeit« trugen. Haruns »Palast der ewigen Seligkeit« lag inmitten von Gärten, in denen sich die Schönheit der Gärten der Sassaniden und der Paradiesgärten der Omayyaden vereinigte. André Clot beschreibt sie folgendermaßen:

> »Es gab Bäume, deren Stämme von juwelengeschmückten Edelmetallen umgeben und deren Blätter mit Gold und Silber überzogen waren, Wasserbecken und künstlich angelegte Bäche, kleine, aus exotischen Hölzern gebaute Brücken, Traumpavillons, Eiben und Zypressen, die sich im Wasser spiegelten, auf dem Seerosen die Schriftzeichen eines Verses zum Ruhme des Khalifen formten ... Tabari berichtet, daß es im Inneren des Palastes einen kleinen Garten gab, der vollkommen mit rosablühenden Bäumen bepflanzt war und in dessen Zentrum sich eine mit rosafarbenem Stoff dekorierte Halle befand, in der in gleicher Farbe gekeidete Diener umherhuschten.«

Mehr noch als in den öffentlichen Teilen des Palastes und in den Gärten wollten sich die Khalifen in ihren Privatgemächern dem Paradies nahe wissen. Die islamischen Theologen hatten beharrlich auf die Abschließung der Frauen hingewirkt. So lebten, abgeschirmt von der äußeren Welt durch Eunuchen – mit dieser Einrichtung hatten die Araber sowohl bei den Sassaniden als auch bei den Byzantinern Bekanntschaft gemacht – auch die Frauen des Khalifen mit ihren Kindern im Harem. Nach persischem Vorbild und im Einklang mit dem Islam beherbergte der Harem darüber hinaus Hunderte von Sklavinnen.

Himmlischen Huris gleich waren die schönsten der Sklavinnen zur Bedienung des Khalifen abgestellt. Denn was sollten die Huris des koranischen Paradieses anderes darstellen als Sklavinnen? Keusche Jungfrauen waren den

Bahram Gur bei der Prinzessin des gelben Pavillons, Miniatur von Talib aus Nizami, *Hamsa*, Iran, datiert 1666, London, The British Library

Gläubigen im Paradies versprochen, Jungfrauen, anmutig und erotisch, die nie ihre Unschuld verlieren. Willfährige Geschöpfe, deren Begehren nie geweckt wird und die einzig für das körperliche und seelische Wohl des Mannes geschaffen sind.

Aber die Sklavinnen der Khalifen haben, verständlicherweise, nie dem Ideal der bedürfnislosen Huris entsprochen. Die jungen Frauen, oft schon im Kindesalter von islamischen Eroberern verschleppt, waren von geschäftstüchtigen Sklavenhändlern auf die Bedürfnisse des Hofes hin in Gesang, Tanz, Dichtung und in den Künsten der Verführung ausgebildet worden. Bald hatten dieserart auf den Umgang mit Männern vorbereitete Sklavinnen die freien Araberinnen, die eigensinnigen und in der Liebe spröderen Töchter von Aristokraten, aus den Herzen und aus den Betten der Khalifen verdrängt und gebaren die Thronfolger. Oft erlangten sie großen Einfluß, und die Macht der Mütter der islamischen Herrscher ist sprichwörtlich geworden. So konnten die Khalifen selbst mit einem ganzen Heer von Eunuchen, die die Tore zum Harem bewachten, nicht erreichen, daß die harte Welt der Politik vor den Haremsmauern haltmachte. Die Eunuchen standen an der Nahtstelle zwischen dem Außen und dem Innen und waren prädestiniert, Botendienste für Politiker und Militärführer zu leisten, die sich den Einfluß der dem Herrscher am nächsten stehenden Frauen zunutze machen wollten. So reichten die Fraktionskämpfe der Politik bis tief in den Harem hinein.

Auch die Gattinnen und Konkubinen des Herrschers verfolgten jeweils ihre eigenen Interessen. Alle Mütter potentieller Thronfolger standen in erbitterter Konkurrenz zueinander, und in der langen Geschichte der Harems hat es auch Prinzenmütter gegeben, die im Kampf um ihre Söhne, und damit auch um ihre eigene Zukunft, vor Intrigen und Mordkomplotten nicht zurückschreckten.

So war ihr Harem nie die von der Welt abgeschottete Insel der Glückseligkeit, als den die islamischen Herrscher ihn sicher gern gesehen hätten. Wenn wir uns im folgenden ausführlich mit dem Harem der Osmanensultane beschäftigen, wird dies sehr deutlich werden. Aber wir werden uns auch von der im Okzident gängigen Vorstellung verabschieden müssen, der Harem sei ein Ort zügelloser Ausschweifungen gewesen. Das war er, zumindest in der fast 500jährigen Geschichte der Osmanen, nur in ganz wenigen Ausnahmesituationen.

Das Osmanische Reich

Aufstieg und Niedergang
einer orientalischen Weltmacht

Aufstieg

Die Anfänge des Osmanischen Reichs gehen zurück ins
späte 12. Jh., als Osman, ein Sohn des turkmenischen Stam-
mesfürsten Ertoğul, in Bithynien im nordwestlichen Anatolien die Herrschaft über ein kleines und unbedeutendes
Fürstentum antrat. Osman war ein aktiver islamischer
Glaubenskämpfer (*Gasi*), der mit seinen Kriegern immer
wieder ins benachbarte byzantinische Grenzgebiet einfiel
und dort reiche Beute machte. Aus dem Herrscher eines
unbedeutenden Hirtenstammes wurde bald ein bekannter
militärischer Glaubenskrieger, dem sich – in Hoffnung auf
Beteiligung am Beutegewinn – weitere turkmenische Nomaden anschlossen. Durch diesen Zustrom an Kriegern
wiederum vergrößerte sich das von Osmans Truppen er-
oberte Territorium beständig.

Wahrscheinlich in die Regierungszeit von Osmans Enkel
Murat I. (1361-89) fällt der Aufbau der später so gefürchteten Janitscharentruppe. Die Janitscharen wurden aus jungen, meist christlichen Kriegsgefangenen rekrutiert, die
umerzogen und zum Islam bekehrt wurden. Sobald sie der
türkischen Sprache einigermaßen mächtig waren, teilte
man sie dem Truppendienst zu und unterzog sie dort einer
harten militärischen Ausbildung. Da sie nicht heiraten und
keine zivile Existenz gründen durften, aber andererseits im

osmanischen Heer exzellente Aufstiegsmöglichkeiten fanden, wurde die Kriegsführung zu ihrem eigentlichen Lebenszweck.

Zunächst setzten die Nachfolger Osmans die Expansionspolitik des Dynastiebegründers erfolgreich fort. Die Osmanen galten bald als die bedeutendste Macht im Kampf gegen die ›Ungläubigen‹, so daß das religiöse Oberhaupt der Muslime, der Khalif in Kairo, den osmanischen Herrschern den Titel *Sultan* (Schutzherr des Islam) nicht länger vorenthalten konnte.

Nach einem Jahrhundert des unaufhaltsamen Aufstiegs kam zunächst das jähe Ende: Als die Ostgrenze des Reichs durch Überfälle des legendären Mongolenherrschers Timur Leng (Tamerlan) bedroht wurde, entschloß sich Beyazıt I. (1389-1402) zum Kampf gegen den mächtigen Feind. Der Feldzug geriet zur Katastrophe: Beyazıts Truppen wurden vernichtend geschlagen, er selbst gefangengenommen, und

Die Ausdehnung des Osmanischen Reichs

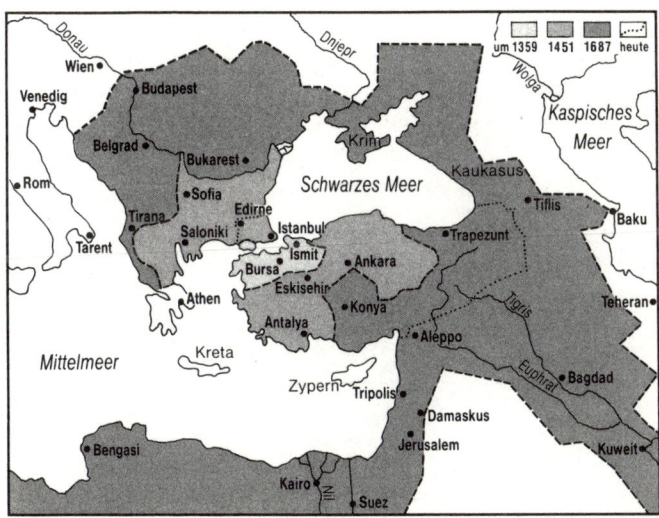

die von den Osmanen zuvor entmachteten Lokalfürsten erhielten ihre Ländereien zurück. Das osmanische Rumpfreich wurde an die drei Söhne Beyazıts aufgeteilt.

Damit begann die Zeit des osmanischen Interregnums (1402-13), in der die Söhne Beyazıts gegeneinander um die alleinige Herrschaft im verbliebenen Osmanli-Reich kämpften. Aus diesem Bruderkrieg ging der Osmanenprinz Mehmet als Sieger hervor.

Es gelang Mehmet I. (1413-21) und seinen Nachfolgern, das Reich zu konsolidieren und dank des forcierten Ausbaus des Militärwesens an die großen Erfolge ihrer Vorgänger anzuknüpfen. Das System der Rekrutierung der Janitscharen war inzwischen dahingehend rationalisiert worden, daß man die sogenannte Knabenlese (*Devşirme*) eingeführt hatte: Die tributpflichtigen Länder auf dem Balkan wurden gezwungen, den Osmanen einen Teil ihrer Kinder – körperlich und geistig besonders gut entwickelte Knaben – als Tribut zu überlassen. Das Gros der Jungen wurde für den Dienst in der Janitscharentruppe ausgebildet. Die talentiertesten der Knaben nahm man in die Palastschule auf, von wo aus sie in höchste Staatsämter gelangen konnten. Bald bildeten die aus dem Devşirme-System hervorgegangenen Führungskräfte im Verbund mit den Janitscharen eine mächtige Interessengruppe, derer sich die Sultane eine Zeitlang erfolgreich bedienten, um die zweite starke Macht im Reich, die osmanische Aristokratie, in Schach zu halten.

Die Blütezeit des Reichs

50 Jahre nach dem ersten Niedergang kontrollierten die Osmanen große Teile Anatoliens und des Balkans. Dem einst so mächtigen Byzantinischen Reich, einem der Hauptgegner der Osmanen im Westen, war nur noch die Hauptstadt Konstantinopel geblieben, eine zunächst uneinnehmbare Festung. Mehmet II. (1451-81) nahm schließlich den

Kampf um den sogenannten »Goldenen Apfel« auf. Die Stadt fiel im Mai 1453.

Mehmet II., der der Einnahme Konstantinopels den Beinamen *Fatih,* »der Eroberer«, verdankt, machte die Stadt unter dem Namen Istanbul zur neuen Hauptstadt, zur osmanischen Metropole, in der sich die Vielfalt der Rassen und Kulturen des Reichs spiegelte.

Die Zeit von Mehmet II. bis Süleyman I. dem Prächtigen (1520-66) gilt als die Blütezeit des osmanischen Vielvölkerstaats. Das Reich erstreckte sich inzwischen über drei Kontinente und reichte einschließlich seiner Vasallenstaaten vom Persischen Golf und der Arabischen Halbinsel im Osten bis nach Ungarn und Algerien im Westen und vom zweiten Katarakt des Nil im Süden bis zur Ukraine und zum Khanat der Krim im Norden. Mit dem Sieg über die Mameluken in Ägypten 1517 war auch der Sitz des Khalifen von Kairo nach Istanbul verlegt worden. Dies zog aus allen Gebieten des Vorderen Orients die besten islamischen Künstler, Gelehrten und Verwaltungsbeamten, aber auch Handwerker in die Hauptstadt, die zum neuen Zentrum der islamischen Welt geworden war. Der nun erstarkende Einfluß der orthodoxen *Ulama* (der islamischen Rechtsge-

Sultan Süleyman I. der Prächtige und sein Heer, Miniatur aus *Geschichte Süleymans I.* von Luqman-i Aşuri, Türkei, 1579, Istanbul, Topkapı Sarayı

*Ein Botschafter
gibt demGroß-
wesir ein Diner
im Palast,*
Stahlstich nach
H. Lalaisse,
um 1840

lehrten) einerseits und die wachsende Bedeutung der Verwaltungselite andererseits verliehen der osmanischen Kultur und Gesellschaft eine außerordentlich formalistische,
primär an Tradition, Ordnung und Rang orientierte Prägung, die von der Organisation des Staats bis in die Privatsphäre hinein alle Gesellschaftsbereiche durchwirkte. Vor
dem Hintergrund des bereits in der zweiten Hälfte des
16. Jh. einsetzenden inneren Verfalls des Osmanischen
Reichs ist es an dieser Stelle sinnvoll, ein paar Worte zu
den Funktionsprinzipien des Staats während seiner höchsten Blüte zu verlieren.

Der osmanische Staat war streng zentralistisch organisiert. An seiner Spitze stand als absoluter Herrscher der

Sultan, der während dieser Zeit noch als aktiver Feldherr agierte. Die täglichen Regierungsgeschäfte lagen weitgehend in der Hand des Großwesirs, dessen Machtfülle von seiner Persönlichkeit und vom jeweiligen Sultan abhing. Der Großwesir wiederum traf seine Entscheidungen in Abstimmung mit dem *Großherrlichen Diwan*, dem Staatsrat, dem die Spitzen des Militärs und der Verwaltung angehörten. Die höchsten Staatsämter wurden vom Sultan nach dem Leistungsprinzip vergeben, und oft fanden sich geeignete Kandidaten unter den Zöglingen der Knabenlese.

In der Verwaltung der Provinzen spielte das *Timar*-System eine zentrale Rolle. Das bedeutete, es wurde Land an verdiente Reitersoldaten, die *Sipahis*, verteilt, die im Gegenzug zum Kriegsdienst zu Pferd verpflichtet waren. In Friedenszeiten erfüllten die Sipahis wichtige Verwaltungsaufgaben. Die Bauern, die das Land bestellten, blieben frei; sie hatten nur genau festgelegte Abgaben an den Pfründeninhaber zu entrichten.

Der Niedergang

Das Militärwesen und der Verwaltungsapparat des Osmanischen Reichs im 15. und 16. Jh. waren den zeitgenössischen christlichen Staaten weit überlegen. Aber gerade aus der allumfassenden Bürokratie und der Macht der Elitetruppen sollten dem Reich unter sich ändernden Bedingungen große Gefahren erwachsen.

Ab dem ausgehenden 16. Jh. geriet das ausgeklügelte und wohlgeordnete System des Osmanischen Staats ins Wanken. Die Ursachen für den inneren Verfall waren vielfältig, und sie potenzierten einander: Mit der Verlagerung der Haupthandelswege vom Mittelmeer zum Atlantik im 16. und 17. Jh. gingen die Zoll- und Steuereinnahmen stark zurück. Sowohl im Osten, wo Persien ein unbezwingbarer Gegner geworden war, als auch im Westen stieß das Reich an die Grenzen seiner Expansionsmöglichkeiten. Da man inzwischen dazu übergegangen war, auch Bedienstete der aufgeblähten Bürokratie mit der Vergabe von Pfründen zu entgelten, stand nicht mehr genügend neuer Boden zu Verfügung, um die Sipahis ausreichend entlohnen zu können. So wurden die Pfründen verkleinert, was die Inhaber dazu veranlaßte, den Bauern höhere Abgaben aufzuerlegen. Schließlich wurde das Land an Steuerpächter vergeben. Die Folge war die Verelendung der bäuerlichen Bevölkerung, die sich den drückenden Steuern oft durch Landflucht zu entziehen suchte. Dies wiederum wirkte sich verheerend auf die Staatseinnahmen aus.

Vor dem Hintergrund der allgemeinen Finanznot wurden selbst die höchsten Staatsämter nicht mehr nach der Qualifikation der Bewerber vergeben, sondern an den Meistbietenden verschachert. Ämterkauf, Korruption und Nepotismus auf allen Ebenen der Bürokratie waren an der Tagesordnung. Auch in der Elitetruppe der Janitscharen, dem militärischen Pfeiler des Reichs, machte sich der Niedergang der Disziplin bemerkbar und schwächte Schlagkraft und Innovationsfähigkeit des Militärs. Viele der Janitscharen hielten sich nicht mehr an das Heiratsverbot, gründeten zivile Existenzen und betrachteten den Militärdienst nur noch als sicheren Nebenerwerb. Da eine Wirtschaftskrise das Reich heimsuchte, die alle Erwerbszweige erfaßte, strömten immer mehr Türken ins Militär. 1650 wurde die Knabenlese wegen des starken Andrangs von Türken in die Elitetruppe ganz aufgegeben.

Melchior Lorch, *Türkischer Janitschar*, Holzstich von 1585

Der schwindenden militärischen Potenz zum Hohn – immer mehr Kriegszüge gingen zu Ungunsten der

Osmanen aus – entwickelten sich die Janitscharen zum Staat im Staat, zum unkontrollierbaren Machtfaktor. Nun waren es oft die Janitscharen und ihre Führer, die die Wahl des neuen Sultans entschieden und mißliebige Sultane und höchste Würdenträger stürzten.

Der Herrscherharem als Machtfaktor: Die Zeit der »Herrschaft der Frauen«

Süleyman der Prächtige gilt als die letzte große Herrscherpersönlichkeit der Osmanendynastie. Sein Sohn Selim II. (1566-74) trug den unehrenhaften Beinamen »der Säufer«, und sein Enkel Murat III. (1574-95) stand ganz unter dem Einfluß seiner Lieblingssklavin Safiye. Seine letzten Lebensjahre hat dieser Sultan nach dem Erlöschen der Leidenschaft zur ehrgeizigen Safiye ganz den Haremsfreuden gewidmet.

Die Zeit von Mehmet III. (1595-1603) bis Ibrahim I. (1640-48) schließlich heißt in der osmanischen Geschichtsschreibung »Herrschaft der Frauen« (*Kadınlar sultanatı*), womit der oben skizzierte Niedergang des Reichs ganz der nun wachsenden politischen Bedeutung des Harems angelastet wird.

Seit Ahmet I. (1603-17), der als 13jähriger zu Sultanswürden kam, wurden die Thronnachfolger nicht mehr praxisnah in der Provinz auf ihr Amt vorbereitet. Die späteren Sultane wuchsen jetzt, abgeschirmt von aller Welt und ohne fundierte Kenntnis von den Angelegenheiten des Reichs, im sogenannten »Prinzenkäfig« im Herrscherpalast auf. Daß damit der bislang obligatorische Brudermord bei der Inthronisierung neuer Sultane ein Ende fand, war der einzig positive Effekt der geänderten Prinzenerziehung.

Die Sultane, die das Reich während der Zeit der ›Herrschaft der Frauen‹ mehr nominell als faktisch regierten, waren teils noch minderjährig, andere neurotisch und lasterhaft oder von unmäßiger Grausamkeit. Einer der Regenten war gar schwachsinnig. Kaum einer dieser Herrscher hatte die Fähigkeit und den Willen, mit den Mißständen im Reich aufzuräumen. Die Schwäche der Sultane provozierte gefährliche Turbulenzen auf der nächsten Ebene der Macht. Der Großwesir, der nach dem Sultan zweitmächtigste Mann im Reich, wurde oft das Opfer von Intrigen und wechselte zeitweise im Jahresrhythmus aus dem Amt.

Die osmanische Aristokratie war bereits im 16. Jh. von den Männern der Devşirme-Partei als politischer Faktor ausgeschaltet worden. Ohne den einigenden innenpolitischen Gegner aber spaltete sich diese Partei bald in kleinere Fraktionen und Cliquen auf. Diese Machtfraktionen wiederum kollaborierten mit den Machtfraktionen des Harems, die sich in der Regel um die Sultaninmutter einerseits und die Erste *Kadın* (die Hauptkonkubine des Sultans) andererseits kristallisierten. Beide Seiten versuchten ihren Einfluß auf den Sultan geltend zu machen und die Gegenpartei aus dem Rennen zu werfen. Als Mittelsmann zwischen dem Harem und der Außenwelt erlangte nun auch der Eunuchen-Ağa (*Kızlar ağa*) eine exponierte Stellung. Niemand aber war ernsthaft daran interessiert, daß die Sultane ihre ganze Energie den Regierungsgeschäften widmeten, denn erst ihre Schwäche, ihre Unfähigkeit oder ihr Rückzug aus der Politik in den Harem eröffnete allen nun am Ränkespiel beteiligten Parteien zuvor nie gekannte Möglichkeiten.

Der »Herrschaft der Frauen« machte schließlich ein fast 80jähriger Greis albanischer Abstammung ein Ende, Mehmet Köprülü, der 1656 das Amt des Großwesirs antrat. Seine 5jährige Amtszeit nutzte er, indem er den Harem und die Janitscharenführer entmachtete, gegen die Verschwendungssucht bei Hofe einschritt und Korruption und Mißwirtschaft der Bürokratie mit brutaler Härte verfolgte. Sein Sohn Ahmet (1661-76), der ihm im Amt des Großwesirs folgte, setzte die Reformpolitik des Vaters fort, und so gelang es für kurze Zeit, dem inneren Verfall des Reichs Einhalt zu gebieten.

Die Niederlage der Osmanen vor Wien

Außenpolitisch aber mußte das Reich jetzt eine katastrophale Niederlage hinnehmen: Der Großwesir Kara Mustafa (1676-83) stand an Ehrgeiz seinen Amtsvorgängern nicht nach und nahm einen Streit mit den Habsburgern in Ungarn zum Anlaß, 1683 mit einem 250 000 Mann starken Heer den Angriff auf Wien zu wagen.

Die Niederlage der Osmanen vor Wien war ein epochales Ereignis. Sie machte den europäischen Gegnern der Osmanen mit einem Schlag klar, daß der islamische Erbfeind im Osten nicht unbesiegbar war. Zugleich war sie der Auftakt zu beiner Vielzahl von weiteren Kriegen an der europäischen Front, die sich über das ganze 18. Jh. hinzogen und fast alle mit territorialen Einbußen der Osmanen endeten, zumal sich zu den alten Gegnern Venedig und Habsburg im Westen mit dem erstarkenden Russischen Reich ein Gegner im Norden hinzugesellte.

Die langen und verlustreichen Kriege beschleunigten die Verfallserscheinungen im Inneren. Es kam zu Revolten, bei denen sich unzufriedene Armee-Einheiten mit notleidenden Bevölkerungsteilen zusammenrotteten und die nur mit brutaler Härte niedergeschlagen werden konnten. Reformen, die in Reaktion auf diese Krisenerscheinungen angestrengt wurden, erschöpften sich in dem Versuch, die alten Zustände wiederherzustellen, indem man die offensichtlichsten Mißstände bekämpfte. An notwendige strukturelle Veränderungen dachten wenige, und zaghafte Schritte in diese Richtung, so der Versuch einer Heeresreform, stießen sofort auf den erbitterten Widerstand der immer noch mächtigen Janitscharen und der orthodoxen islamischen Rechtsgelehrten. Die einen sahen sich, zu Recht, in ihrer

Existenz bedroht, für die anderen war die Übernahme zumal westlicher Methoden und Technologien *bida*, per Religionsgesetz verbotene Neuerungen.

Die Tulpenära

Trotzdem machten sich bereits seit Anfang des 18. Jh. europäische Einflüsse bemerkbar. Gesandtschaften, die in politischer Mission an europäischen Höfen geweilt hatten, begeisterten nach ihrer Rückkehr die Istanbuler Oberschicht mit ihren Schilderungen der prächtigen europäischen höfischen Kultur. Nun wurden neue Paläste und Gärten nach dem Vorbild von Versailles angelegt, und man veranstaltete dort Festlichkeiten und Vergnügungen nach europäischem Muster. Sogar die typisch orientalische Wohnkultur mit vielen weichen Kissen und Diwanen wurde allmählich zugunsten der Möblierung der Wohnräume mit importierten europäischen Stühlen und Sofas aufgegeben.

Ihren ersten Höhepunkt erreichte die Europäisierung des höfischen Lebens während der sogenannten »Tulpenära« unter Ahmet III. (1703-30). In Europa hatte die Einfuhr von Tulpenzwiebeln aus dem Osmanischen Reich einen Spekulationsboom ausgelöst. Während der Regierungszeit des kunstsinnigen Ahmet reimportierte man die Blumen in großem Stil, vor allem aus Holland, und die Tulpenzucht wurde zur Leidenschaft der feinen Istanbuler Gesellschaft.

Die Europäisierung des höfischen Lebens in Istanbul fällt übrigens genau in die Zeit, als die europäische höfische Gesellschaft, ausgehend von Frankreich, von der Begeisterung für die osmanische Kultur ergriffen wurde. Die europäischen Einflüsse aber blieben, bis auf wenige Ausnahmen in anderen Bereichen, so dem Buchdruck, auf die Übernahme von Aspekten der europäischen höfischen Kultur beschränkt.

Das 19. Jh.: Reformen und Krisen

Seit dem Ende des 18. Jh. war die tödliche Krise des Osmanischen Reichs unübersehbar geworden. Sultan Selim III. (1789-1807) und seine Nachfolger unternahmen nun ernsthafte Versuche einer strukturellen Reform der Bürokratie, der Provinzverwaltung, des Heereswesens und des Bildungssystems. So wurde das 19. Jh. trotz schier unüberwindlicher innen- wie außenpolitischer Probleme ein Jahrhundert der Reformen. Die Ausschaltung der ehemaligen Elitetruppe im Janitscharenmassaker von 1826 machte den Weg frei für eine Modernisierung der Armee. Der Europa sehr aufgeschlossene Sultan Mahmut II. (1808-39), Sohn einer von Korsaren entführten und an den herrschaftlichen Harem von Istanbul verkauften französischen Adligen, holte zu diesem Zweck preußische Militärexperten unter dem Kommando des damals noch unbekannten Helmuth von Moltke ins Land.

Ein besonderes Anliegen war Mahmut die Einrichtung von technischen Schulen, in denen nicht nur Offiziere, sondern auch Beamte eines neuen Typs ausgebildet werden sollten, um langfristig die konservativen Beamten vergangener Zeiten abzulösen. In einem säkularen Grundschulsystem sollten die Schüler auf den Besuch der technischen Schulen vorbereitet werden.

Als äußeres Zeichen des Modernisierungswillens erließ Mahmut eine Kleiderverordnung, die das Tragen der traditionellen Pluderhosen und des Turbans verbot. Statt dessen mußten sich die Beamten nun mit einem rockähnlichen schwarzen Mantel, dem *Stambulin*, eng anliegenden schwarzen Hosen und dem roten Fez kleiden.

Mahmuts Versuch, die im Aufbau befindliche neue Armee in der Konfrontation mit dem aufmüpfigen ägyptischen Statthalter Mohammed Ali einzusetzen, führte 1839 in der Schlacht von Nisip zum militärischen Desaster. Nur das Eingreifen der europäischen Großmächte rettete das Reich vor dem vorzeitigen Ende. Sultan Abdül Meçit I. (1839-61) und sein ihm im Amt nachfolgender Bruder Abdül Aziz I. (1861-76) trieben die Reformen im Sinn ihres Vaters weiter voran, und Abdül Aziz verankerte sie in dem 1876 abgeschlossenen umfangreichen Gesetzgebungswerk der »wohlwollenden Anordnungen« (*Tanzimat*).

Obwohl ›von oben‹ immer wieder Reformanstrengungen unternommen wurden, die unter der Herrschaft Sultan Abdül Hamits II. (1876-1909) ihren Höhepunkt erreich-

Konstantin Kapıdağlı, *Sultan Selim III.* (1789-1807), 1803/04, Istanbul, Topkapı Sarayı

ten, verschärfte sich die Krise des Osmanischen Reichs unaufhaltsam. In Europa nannte man den mächtigen Gegner von einst inzwischen »den kranken Mann vom Bosporus« und umschrieb damit einen Zustand, an dem die europäischen Mächte nicht ganz unschuldig waren. Teils unter dem Vorwand, die christliche Bevölkerung des Reichs gegen die muslimischen Herrscher zu schützen, teils aus kaum verschleierten imperialistischen Interessen unterstützten die Großmächte Ablösungsbewegungen in den Balkan- und mittelöstlichen Provinzen des Reichs.

Aber auch innenpolitisch wurde die Situation immer verworrener. Während die einen, die traditionellen *Ulama*, die Gemeindevorsteher und ein Teil der Beamtenschaft ihre Privilegien durch die Reformen bedroht sahen, gingen den anderen, insbesondere westlich orientierten Absolventen der technischen Schulen, die sich unter dem Namen *Junge*

Osmanen zusammenfanden, die Reformen der Sultane nicht weit genug. Zwar gelang es den um die Jungen Osmanen zentrierten Kräften mit Unterstützung der europäischen Mächte 1876 dem gerade inthronisierten Sultan Abdül Hamit II. eine Verfassung abzunötigen, doch dieser setzte sie bereits ein Jahr später wieder außer Kraft.

Das Ende

Angesichts der äußeren und inneren Gefahren und des immer autokratischer werdenden Herrschaftsstils Abdül Hamits formierte sich eine in Europa als »jungtürkisch« bezeichnete innere Opposition, auf deren Druck der Sultan 1908 die Verfassung wieder in Kraft setzen mußte. Als 1909 eine Regierungskrise ausbrach, die Abdül Hamit vergeblich zu einer Gegenrevolution zu nutzen suchte, wurde er von den Jungtürken abgesetzt und ins Exil geschickt. Sein Nachfolger Mehmet V. war nicht mehr als ein Marionettensultan und -khalif unter ihrer Kontrolle.

Die Niederlage der Türkei im Ersten Weltkrieg, in den sich das Land auf seiten Deutschlands hatte hineinziehen lassen, beendete schließlich die Agonie des Osmanischen Reichs. Der Feldherr Mustafa Kemal, der als Kemal Atatürk bekannte Begründer der modernen Türkei, rettete mit seinen Wiederstandstruppen von Anatolien aus das verbliebene Gebiet vor der Zerstückelung durch die Siegermächte. Am 29. Oktober 1924 erklärte er die Türkei zur Republik.

Abdül Meçit II. blieb nur noch als Khalif, als geistlicher Führer der Muslime, im Amt, um schließlich am 3. Märtz 1924 mit allen Mitgliedern seiner weitläufigen Familie außer Landes verwiesen zu werden. In der modernen Türkei war für diese Relikte der osmanischen Vergangenheit kein Platz mehr.

Prinzenmord und Prinzenkäfige:
Schatten über der Dynastie Osman

Seit Mehmet II. (1451-81) wiederholte sich anläßlich jedes Thronwechsels das gleiche grausame Ritual: Der neue Herrscher ließ seine Brüder und, falls vorhanden, auch deren Söhne von seinen Häschern mit der Bogensehne erdrosseln. Die Beseitigung von Thronrivalen war bereits seit Beyazıt I. (1389-1402) Praxis und wurde erst von Ahmet I. (1603-17) zugunsten der ebenfalls harten Maßnahme der Einsperrung der Prinzen in den sogenannten »Prinzenkäfig« (*Kafes*) aufgegeben.

Für unseren Zusammenhang ist der Prinzenmord und die spätere Sicherheitsverwahrung der Prinzen im Sarayı der Osmanenherrscher von zentraler Bedeutung.

Nur vor dem Hintergrund der tödlichen Rivalität der Söhne des Sultans um die Thronnachfolge und der permanenten Gefährdung der Position der Prinzenmütter sind Klima und Ereignisse im Harem der Dynastie Osman vom 15. Jh. an zu verstehen.

Was steckt hinter der Praxis des Prinzenmordes, die von abendländischen Beobachtern oft als Beleg für die grausame Natur der Osmanen angeführt worden ist?

Brudermord aus Gründen der Staatsraison

Der Aufstieg der Dynastie Osman und des nach ihr benannten Osmanischen Reichs war geradezu phantastisch. Innerhalb von vier Generationen entwickelten sich die Osmanen von einem unbedeutenden turkmenischen Hirtenstamm zur größten islamischen Macht an der Grenze des Byzantinischen Reichs. In dieser Frühphase folgten die Osmanen noch dem alten turkmenischen Prinzip, nach dem die männlichen Mitglieder einer Dynastie gleiches Anrecht auf den Zugang zur Herrschaft hatten. Frühere zentralasiatische Reiche waren aufgrund dieser uneindeutigen Nachfolgeregelung oft schnell auseinandergebrochen. Dem jungen Osmanischen Reich scheinen stabilitätsgefährdende Thronfolgewirren nur deshalb erspart geblieben zu sein, weil mangels brüderlicher Rivalen der jeweilige Thronfolger unumstritten war und seinen Thronanspruch durchzusetzen vermochte.

Beyazıt I., der Urenkel des Dynastiebegründers, sah sich als erster Osmanenherrscher bei seiner Thronbesteigung mit der Existenz eines Bruders und damit eines potentiellen Rivalen konfrontiert. Die Konsequenz, die er daraus zog, sollte Schule machen: Seine erste Amts-

Volksbelustigung in Anwesenheit des Sultans anläßlich einer Prinzenbeschneidung, Miniatur, Türkei, Istanbul, Topkapı Sarayı

handlung als neuer Sultan war der Befehl zur Tötung seines Bruders Yakup. Damit begründete er die Tradition des Prinzenmords, die gefährliche Thronfolgekriege doch nicht verhinderte und viel Leid über die Angehörigen der Dynastie brachte.

Ausgerechnet Beyazıts Söhne waren es, die während der Zeit des osmanischen Interregnums (1402-13) den härtesten Bruderkrieg in der Geschichte der Dynastie ausfochten. Die drei Söhne hatten von Tamerlan Teile des Reichs ihres Vaters zugewiesen bekommen, nachdem dieser gegen den mächtigen und gefürchteten Mongolenherrscher eine vernichtende Niederlage erlitten hatte und gedemütigt in der Gefangenschaft gestorben war. Aus dem Kampf der Prinzen ging sein Sohn Mehmet als Sieger hervor.

Die traumatische Erfahrung des Interregnums und der Zersplitterung des Herrschaftsgebiets, von der sich das Osmanische Reich erst allmählich wieder erholte, ist sicher einer der Gründe dafür, daß sich in der berühmten Gesetzessammlung Mehmets II. die Empfehlung zum Brudermord findet. Dort heißt es wörtlich: »Und jedem meiner Abkömmlinge ist es, wenn er das Sultanat erlangt, im Hinblick auf die Ordnung der Welt gestattet, seine Brüder zu töten. Die meisten *Ulama* haben ihre Billigung gegeben. So sollen sie handeln.«

Die osmanischen Herrscher trugen seit den Tagen Orhans I. (1326-61) den Sultanstitel, was sie als säkulare Schutzherrn des Islam auswies. Um den Gehorsam der Gläubigen und die Loyalität seiner muslimischen Untertanen einklagen zu können, hatte auch ein Sultan bestimmte Bedingungen zu erfüllen. Er mußte vor allem die Vorschriften des Koran sowie die gesetzlichen Verordnungen achten und in Zweifelsfällen den Rat der islamischen Rechtsgelehrten einholen.

Mord gilt im Islam als schwerwiegendes Verbrechen. Um dem Brudermord den Anschein von Legalität zu verleihen, bemühten sich die Sultane jeweils um die Ausstellung eines entsprechenden Rechtsgutachtens (*Fatwa*) durch einen islamischen Rechtsgelehrten. In ihrer Zustimmung zum Mord aus Gründen der Staatsraison beriefen sich die Ulama auf den Koran, wo es heißt: »Und bekämpft auf Allahs Pfad, wer euch bekämpft; (...) und erschlagt sie, wo immer ihr auf sie stoßt; und vertreibt sie, von wannen sie euch vertrieben; denn Aufruhr ist schlimmer als Totschlag.« (Sure 2, Verse 186, 187)

Tuğra (Herrschermonogramm)
Mehmet Fatihs

Mehmet der Eroberer hatte sich bereits bei der Machtübernahme seines noch minderjährigen Bruders Ahmet entledigt, um den Kreis möglicher Thronkandidaten auf seine Söhne einzuschränken.

Neben der Brudermordempfehlung enthielt das Gesetzeswerk Mehmets Anordnungen zu den Thronfolgerelungen, die das endgültige Abrücken von den alten turkmenischen Prinzipien bedeuteten: Nicht dem unwägbaren göttlichen Ratschluß sollte fernerhin die Auswahl des Thronfolgers überlassen werden, sondern dem Urteil des herrschaftlichen Vaters, dem die harte Aufgabe zukam, den Fähigsten seiner Söhne zu seinem Nachfolger zu bestimmen. Vor dem Hintergrund der Empfehlung zum Brudermord mußte er dies in dem Bewußtsein tun, daß die Auswahl des einen Sohns das Todesurteil für die anderen bedeutete.

Selim I. (1512-20) ging in der Entscheidung noch viel weiter: Nachdem seine beiden Brüder vergeblich versucht hatten, ihm die Herrschaft streitig zu machen, begnügte er sich nicht nur mit deren Ermordung. Er ließ auch seine sieben Neffen und sogar vier seiner fünf Söhne erdrosseln, um seinem Lieblingssohn Süleyman die Thronfolge zu sichern. Süleyman I. (1520-66) blieb zwar auf diese Weise der Initiationsritus des Brudermords erpart, aber die Behauptung der Macht forderte auch von ihm einen hohen Preis. 1553

Eine Erdrosselung, Stich. Die Prinzen, die der Praxis des Brudermords zum Opfer fielen, wurden gewöhnlich mit der Bogensehne erdrosselt. Eine Darstellung dieser Tötungsart aus dem frühen 18. Jh.

fühlte er sich von seinem Sohn Mustafa so bedroht, daß er den Arglosen in eine Falle locken und vor seinen Augen umbringen ließ. Später erhob sich sein Sohn Beyazıt gegen ihn, und auch dieser Prinz und dessen Söhne büßten das mit ihrem Leben.

Wenn es die Intention des Verfassers der Brudermordempfehlung war, dem Reich gefährliche Thronwirren zu ersparen, indem potentielle Thronrivalen bei Amtsantritt des neuen Sultans sofort beseitigt wurden, so zeigte die Geschichte, daß die Brudermordpraxis die Machtkämpfe der Prinzen geradezu unvermeidlich machte.

Nun kam es fast bei jedem Thronwechsel zu blutigen Bruderkriegen. Eine Möglichkeit zu Aufruhr und Revolte bot sich den Prinzen während ihrer praxisbezogenen Ausbildung in den Provinzen, in deren Verlauf es sich erweisen sollte, wer von den Söhnen des Herrschers der großen Aufgabe der Führung eines Reichs von Weltrang gewachsen war.

So wurden zunächst alle Söhne des Sultans in gleicher Weise auf die Nachfolge vorbereitet. Am väterlichen Hof lernten sie schreiben, wurden mit den Grundlagen des Islam vertraut gemacht und erhielten eine Einführung in die höfischen Sitten. Wenn sie diese Basisausbildung hinter sich gebracht hatten, wurden die Prinzen bereits in sehr jugendlichem Alter mit der *Sandschak*-Statthalterschaft einer abgelegenen Provinz betraut. Der spätere Mehmet II. war mit sechs Jahren allerdings außergewöhnlich jung, als er gemeinsam mit seinem wenig älteren Bruder die Statthalterschaft von Amasia im Osten Anatoliens übertragen bekam. In der Provinz, weit genug von der Hauptstadt entfernt, um nicht dem eigenen Vater gefährlich werden zu können, sollten die jungen Prinzen unter der Anleitung militärisch wie verwaltungstechnisch versierter Erzieher (*Lala*) und islamischer Rechtsgelehrter die Praxis des Regierens erlernen.

Aber die Prinzen und Thronanwärter in der Provinz wußten sich in einem mörderischen Wettkampf miteinander. Entsprechend nutzten sie ihre Statthalterschaft, um Allianzen zu schmieden und starke Bundesgenossen für den unausweichlichen Kampf um den Thron zu gewinnen. Denn es zeigte sich im Lauf der Zeit, daß der letzte Wille des herrschaftlichen Vaters weniger wert war als die Unterstützung durch schlagkräftige Verbündete, die die Prinzen in einer der rivalisierenden Interessengruppen im Reich, also bei den Janitscharen, den Anhängern der Devşirme-Partei oder der osmanischen Aristokratie, fanden.

Die osmanischen Prinzen wurden bis zu Beginn des 17. Jh. in den Provinzen auf die Herrschaft vorbereitet. Mehmet III. (1595-1603), der von seinem 16. Lebensjahr an als *Sandschakbeğ* (Gouverneur) in Manisia im westlichen Anatolien gewirkt hatte, war der letzte Osmanenherrscher, der in dieser Weise eine praxisbezogene Ausbildung genoß. Als Mehmet beim Tod seines Vaters Murat III. 1595 in die Hauptstadt zurückkehrte, um als ältester Sohn die Herrschaft anzutreten, veranlaßte er den umfangreichsten Brudermord in der Geschichte der Dynastie. Murat III. hatte während seiner letzten Lebensjahre einer ausschweifenden Sexualität gefrönt und insgesamt 103 Kinder gezeugt, von denen bei seinem Tod noch 20 Söhne und 27 Töchter lebten. Um seine Herrschaft abzusichern, ließ Mehmet unverzüglich alle seine Brüder – manche von ihnen lagen noch in den Windeln – erdrosseln. Die sieben Konkubinen, die noch von seinem Vater schwanger waren, erlitten die den Haremsfrauen vorbehaltene Tötungsart: Sie wurden in Säcke geschnürt und im Marmarameer vor dem Sarayı ertränkt.

Der drastische Höhepunkt der Praxis des Prinzenmords sollte zugleich auch ihr Ende markieren. Mehmets III. Sohn Ahmet war beim Tod seines Vaters erst 13 Jahre alt und hatte wegen seines jugendlichen Alters noch keinen Sohn. Wenn Ahmet I. (1603-17) im Fall eines frühen Todes ohne eigenen Sohn geblieben wäre, hätte der Osmanenthron nicht mehr mit einem Prinzen aus der männlichen Linie besetzt werden können. So erschien es den Verantwortlichen opportun, Ahmets erst zweijährigen Bruder Mustafa am Leben zu lassen.

Mustafa trat tatsächlich 14 Jahre später die Thronfolge seines verstorbenen Bruders Ahmet an. Dies bedeutete die Aufgabe der seit dem 15. Jh. praktizierten Linearerbfolge, bei der das Sultanat immer auf einen der Söhne des verstorbenen Herrschers überging. Von nun an bis zum Ende des Osmanischen Reichs kam das Prinzip des Seniorats zur Anwendung. Thronfolger sollte nach der neuen Regelung der jeweils älteste Osmanenprinz werden.

Die Prinzenkäfige

Daß der Verzicht auf die Tötung der Brüder sich auch bei den Nachfahren Ahmets I. durchsetzen konnte, hing nicht zuletzt mit dem Umstand zusammen, daß man inzwischen davon abgegangen war, die Prinzen in der Provinz auszubilden. Wie wir gesehen haben, hatte diese Art der Prinzenerziehung den Thronanwärtern in der Vergangenheit immer wieder die Möglichkeit für Aufruhr und Rebellion gegen den Vater oder die Brüder geboten. Die Nachfahren Ahmets I. wuchsen nun in den *Kafes*, den sogenannten »Prinzenkäfigen« im Sarayı von Istanbul, auf. Da die übrigen Prinzen auch nach dem Amtsantritt des neuen Sultans in den Käfigen verblieben, war die Gefahr einer Gegenkandidatur und der Spaltung des Reichs zumindest theoretisch gebannt, und damit bestand auch kein Grund mehr, die Prinzen zu töten. Tatsächlich allerdings ist es auch in der Folgezeit vereinzelt zum Prinzenmord gekommen, so unter Osman II. (1618-23) und Murat IV. (1623-40) und zuletzt noch 1808 unter Mahmut II., der als neuer Sultan seinen gestürzten und bereits wieder in den Käfig verbannten Vorgänger Mustafa IV. töten ließ. Gerade in Zeiten politischer Wirren konnten die Prinzen in den Käfigen nie sicher sein, daß der Sultan sie nicht beseitigen ließ, um Gegenkandidaturen praktisch unmöglich zu machen. Die Prinzen im Käfig lebten in der andauernden Angst vor den Männern mit der Bogensehne.

Die Prinzenkäfige waren in einem festungsartig ausgebauten zweistöckigen Gebäude auf dem Areal des Harems im Sarayı untergebracht. Die Fenster der Appartements waren vergittert und das Innere der Räume durch den Schatten einer hohe Mauer, die das Gebäude umgab, verdüstert. Erst unter Osman III. (1754-57) trug man diese Mauer etwas ab und brach weitere Fenster nach außen. Vielleicht hat gerade dieser Sultan veranlaßt, mehr Licht in die Appartements der Prinzen einzulassen, weil er selbst 50 Jahre dort verbracht hatte.

Die Appartements der Prinzen sollen mit Bädern und kostbarer Innenausstattung geradezu luxuriös gewesen sein. Den Prinzen wurde eine eigene Dienerschaft zugeteilt. Von dieser wurde allerdings behauptet, sie habe aus Taubstummen bestanden, die eigens für den Dienst in den Käfigen verstümmelt worden seien, indem man ihnen die Zunge gespalten und das Trommelfell durchstoßen habe. Der Sinn dieser schrecklichen Maßnahme soll gewesen sein, den Informationsfluß zu den Prinzen unter Kontrolle zu halten. Zugang zu den Prinzen hatten auch die Prinzenerzieher, die ihre Schüler mit den islamischen Gesetzen vertraut machten, ihnen ein zumindest theoretisches Wissen über die Kunst des Regierens vermittelten und sie mit der Ausübung eines Kunsthandwerks beschäftigten. So war zum Beispiel Osman III. ein Meister der Kalligraphie.

Man sah in der Einsperrung der Prinzen eine bittere Notwendigkeit. Diese Einrichtung entsprang nicht der Lust an Grausamkeit. Es sollte den Prinzen an nichts mangeln, was einem Mann königlichen Geblüts zustand, und das war auch das Recht auf sexuelle Betätigung. Jedem Prinzen wurde eine handvoll Konkubinen als eigener Harem zugeteilt. Allerdings traf man sorgfältige Vorkehrungen, die Zeugung unerwünschter Kinder zu verhindern. So sollen den Frauen manchmal von Ärzten des Sarayı die Eileiter entfernt worden sein, um sie unfruchtbar zu machen. Eine andere Methode der Empfängnisverhütung war die Verwendung von Pessaren, wobei man mit Ingredienzien wie Moschus, Amber, Aloe, Ingwer, Pfeffer und Nelke experimentierte. Nicht immer aber konnte eine Schwangerschaft verhindert werden. In bezug auf solche Fälle wissen die Quellen von Abtreibungen, der Tötung der Neugeborenen durch das Offenlassen der Nabelschnur oder auch der Ertränkung der Schwangeren zu berichten.

Manchmal öffneten sich auch die Türen der Prinzenkäfige, und der Sultan erlaubte seinen Söhnen, Brüdern und Neffen, ihn gemeinsam mit einem Teil seiner Haremsdamen bei einem Umzug in ein Sommerschloß zu begleiten. Aber auch dort gab es spezielle Appartements, in die die Prinzen sofort nach ihrer Ankunft gebracht wurden. Die Einsperrung der Prinzen in den Käfig hat einen hohen poli-

tischen Preis gefordert. Die aus den Prinzenkäfigen hervorgegangenen Sultane waren oft weltfremd, inkompetent und
der Führung eines Weltreichs nicht gewachsen. Einerseits
wurden die Prinzen darauf vorbereitet, daß sie im Fall der
Thronbesteigung im Osmanischen Reich einen fast gott-
ähnlichen Status genießen würden. Sie würden die Herren
über Leben und Tod ihrer Untertanen sein. Andererseits
erfuhren sie in der Einsperrung täglich ihre absolute Ohn-
macht gegenüber einem Schicksal, das sie auf Gedeih und
Verderb dem guten Willen des amtierenden Sultans auslie-
ferte.

Fast alle osmanischen Sultane, die im Prinzenkäfig oft
jahrzehntelang in Todesfurcht auf ihre Inthronisierung warten mußten, zeigten in der einen oder anderen Weise einen
Hang zur Maßlosigkeit. Verschwendungssucht, Grausamkeit und offensichtlicher Wahnsinn waren bei ihnen keine
Seltenheit. Ihr Wissen von der Welt und vom Umgang mit
den Menschen war rein theoretisch. Da wundert es kaum,
daß solcherart auf das Herrscheramt vorbereitete Sultane
oft zum bloßen Spielball der Machtfraktionen innerhalb
wie außerhalb des Harems wurden.

Erst nachdem die Abschließung der Prinzen im 18. Jh.
zeitweilig etwas weniger streng gehandhabt worden war,
gab man sie schließlich im 19. Jh. ganz auf.

Gattinnen, Konkubinen und Mütter

Frauenschicksale im Harem der Osmanensultane

> »Sie ist eine fromme und
> vorzügliche Frau.«
> Ibn Battuta 1331 nach einem Besuch
> bei Nilüfer Hatun, der Gattin Orhans I.

Die ersten Osmanen waren kriegerische Nomaden, die unter der islamischen Fahne die östlichen Provinzen des Byzantinischen Reiches verunsicherten. Ihre Vorfahren hatten bereits um 970 den Islam angenommen. Aber dennoch behielten die Osmanen noch für längere Zeit einige Aspekte der vorislamischen Kultur bei. Wie bei anderen zeitgenössischen turkmenischen Stämmen verfügten auch die Frauen der Osmanen in der Frühzeit über große Freiheiten.

Das jedenfalls berichtet der arabische Weltreisende Ibn Battuta, der bei seiner Reise durch Anatolien im Winter 1331/32 auch das osmanische Territorium durchquerte. Der Osmanenherrscher Orhan war nach Battutas Worten bereits der »größte und reichste« aller turkmenischen Anführer jener Zeit. Orhans Gattin Nilüfer Hatun residierte getrennt von ihrem Mann in Iznik, einer kleinen Provinzsiedlung rund 50 km von der damaligen osmanischen Residenz Bursa entfernt. Ibn Battuta, der zuvor bereits die großzügige Gastfreundschaft Orhans genossen hatte, wurde ganz selbstverständlich bei seiner Ankunft in Iznik auch zu Nilüfer Hatun gebeten. Orhans Gattin empfing den interessanten Gast unverschleiert, befragte ihn in staatsmänni-

Adam und Eva,
Illumination aus
*Vom Nutzen der
Tiere,* Kopie nach
Abu Said Ubaud
Allah ibn Bakh-
tishu, Märagheh,
Iran, New York,
The Pierpont
Morgan Library,
M. 500, f. 4.
Die im Stil der
seldschukischen
Schule gehaltenen
Figuren symboli-
sieren die Gleich-
wertigkeit von
Mann und Frau.

scher Manier über die Länder, die er auf seiner Reise gesehen hatte, und ehrte ihn schließlich mit Geschenken. Solch
souveränes Verhalten von Frauen war Battuta aus seiner
arabischen Heimat nicht gewohnt. Erstaunt läßt er sich in
seinen Reisememoiren darüber aus, daß die Trennung der
Geschlechter und die Einschließung der Frauen den Turkmenen wohl unbekannt seien. Er interpretierte dieses Fak-
tum, neben anderen Indizien, als besondere Hochschät-
zung, die die Turkmenen ihren Frauen gegenüber hegten.
Insgesamt machten die Turkmenen – Männer wie Frauen –
auf den kultivierten Araber einen überaus herzlichen und
angenehm unverbildeten Eindruck.

Prinzessinnen und Sklavinnen:
Die Ehen der frühen Osmanenherrscher

Nach islamischem Recht war es den Osmanenherrschern erlaubt, vier Frauen gleichzeitig zu ehelichen. Darüber hinaus durften sie, wenn es sie danach verlangte, allen Sklavinnen beiwohnen, die sie besaßen. Angesichts der permanenten Kriegszüge, die in der Frühzeit des Reichs von den Herrschern selbst angeführt wurden, ist es allerdings unwahrscheinlich, daß sie von diesen Möglichkeiten ausgiebig Gebrauch machten. Für diese Annahme spricht unter anderem die uns überlieferte geringe Zahl ihrer Söhne. Ihr ganzes Streben war vielmehr darauf gerichtet, das Herrschaftsgebiet zu vergrößern, ein Ziel, das bald auch die Wahl der Ehefrauen bestimmte: Die Eheschließungen der Sultane und Prinzen hatten der Bekräftigung bestehender politischer Bündnisse zu dienen oder wurden um strategischer Vorteile willen eingegangen, ein Grundsatz, der übrigens ebenso für die Verheiratung osmanischer Prinzessinnen galt.

Der Dynastiebegründer Osman I. hatte noch die Tochter des Vorstehers einer Derwischgemeinschaft geheiratet, was die Quellen als Zeichen seiner besonderen Frömmigkeit werten. Sein Sohn Orhan, dessen Gattin Nilüfer 1331 Ibn Battuta mit ihrer unbefangenen Souveränität so erstaunte, hatte bereits anderes im Sinn, als er Jahre nach dem Besuch des Arabers auch noch die byzantinische Prinzessin Theodora zur Frau nahm. Theodora war die Tochter des byzantinischen Thronprätendenten Johannes Kantakuzenos, der die Osmanen um Unterstützung in seinem Kampf um den Thron zur Hilfe gerufen hatte. Besiegelt wurde das Bündnis, das Johannes tatsächlich zum Sieg verhalf, den Osmanen aber den Weg zum Balkan freimachte, durch das erwähnte Heiratsabkommen. So zog Theodora mit ihrem Gefolge an den bescheidenen Hof des Osmanenherrschers. Das Kind, das aus dieser Verbindung hervorging, war Prinz

Murat, der als Murat I. der nächste Herrscher der Osmanen wurde.

Auch Murat I. ging strategische Heiratsbündnisse ein, als er Helena, eine byzantinische Prinzessin, und Tamara, eine bulgarische Prinzessin, ehelichte. Der Sohn Murats I. wiederum, Beyazıt I., heiratete Despina, die Tochter des Serbenfürsten Lazar. Alle diese hochgeborenen Frauen führten große Gefolge mit sich, und nicht zuletzt durch deren Einfluß entwickelte sich aus der einfachen nomadischen Hofkultur der Osmanen allmählich ein ausgefeilteres Hofzeremoniell.

Bis zum Ende des 15. Jh. verfolgten die Osmanenherrscher die Strategie, ihre Herrschaft durch Heiratsbündnisse abzusichern. Mit der Zeit adaptierten sie die Sitten der islamischen Hochkulturen. Nun richteten auch sie ihre ersten, wenn auch wahrscheinlich noch bescheidenen Harems ein, in denen neben den hochgeborenen Ehefrauen ihre Konkubinen, also Sklavinnen, lebten, die den Herrschern ebefalls Kinder gebaren. Nach islamischem Gesetz waren die Söhne aus den Verbindungen mit Sklavinnen ihren Halbbrüdern aus standesgemäßen Ehen in jeder Hinsicht gleichgestellt.

Die Mutter Mehmet Fatihs war eine Sklavin Murats II. Auch Mehmets erster Sohn, der ihm später als Beyazıt II. auf dem Thron folgte, war das Kind einer Sklavin. Mehmet war erst 16 Jahre alt, als ihm dieser Sohn in seiner prinzlichen Provinzresidenz geboren wurde, und er bewahrte der Kindesmutter zeitlebens besondere Zuneigung.

Mehmets Vater, Sultan Murat, soll mit dieser ersten Verbindung seines Sohns nicht einverstanden gewesen sein. Als Prinz Mehmet mit 17 Jahren in das dafür angemessene Alter kam, hielt der Sultan Ausschau nach einer standesgemäßen Frau für seinen Sohn. Seine Wahl fiel auf eine ebenso schöne wie reiche turkmenische Prinzessin aus dem tiefen Südosten Kleinasiens, deren Vater er als Bundesgenossen gegen einen mit den Osmanen verfeindeten Turkmenenstamm gewinnen wollte.

Franz Babinger, Orientalist und Verfasser einer umfangreichen Biographie Mehmet des Eroberers, vermittelt uns einen Eindruck von der Brautwerbung und dem Zug der Braut in die damalige Sultansresidenz nach Edirne:

»Im Winter 1448 auf 1449 also muß sich jener Vorfall zugetragen haben, den die frühosmanischen Quellen so anschaulich schildern, wie nämlich Murad II. seinen vertrauten ersten Wesir Chalil-Pascha zu sich beschied und ihm den Heiratsplan eröffnete. Er wünsche, so sagte der Sultan, daß sich der Kronprinz nunmehr, und zwar nach sei-

Die Hochzeitsnacht von Mihr und Nahid, Miniatur aus Assar, *Mihr wa-Mustari*, Buchara, Schule von Bihzad, datiert 1523, Washington D.C., Freer Gallery of Art, Smithsonian Institute

nem Gutdünken, vermähle. Chalil-Pascha, dem erfahrenen Staatsmann, leuchtete das Vorhaben seines Herrn durchaus ein, und man beschloß, eine der Töchter Sulejman-Begs zur Schwiegertochter zu erküren. Die Frau des Statthalters von Amasia, Chidr-Pascha, wurde nach Elbistan entsandt, um altem Brauche gemäß die Gattenwahl zu treffen. Die Brautschau endete mit der Erwählung der schönsten unter den Töchtern, Sitt-Chatun mit Namen, der die Freiwerberin die Augen küßte und den Verlobungsring an den Finger steckte. Zum zweiten Mal begab sich dann die gleiche Matrone, diesmal begleitet von Sarudscha-Pascha, dem besonderen Günstling des Sultans, an den Fürstenhof von Elbistan, um die Erkorene nach Rumelien heimzuholen. Die Vornehmsten des Landes begleiteten die junge Prinzessin übers Gebirge nach der alten Hauptstadt Brussa, wo die Richter, die Ulema und die Ordens-Schejche ihr in feierlichem Aufzug entgegenkamen, und weiter an die Dardanellen. Auf die Kunde vom Nahen des Brautzuges sandte Murad aus Adrianopel die Großen des Reiches der Schwiegertochter entgegen, die nun im feierlichen Aufzug mit ihrem stattlichen Hofstaat in die großherrliche Residenz eingeholt wurde.

Bald darauf fand die Hochzeit statt, die drei Monate hindurch mit großem Gepränge gefeiert wurde. Volksbelustigungen aller Art und Preisgedichte trugen zur Erhöhung der Festfreuden bei. Der Bräutigam, der bei der Wahl seiner Gattin nicht befragt worden war, kehrte mit ihr alsbald nach Maghnisa zurück. Der Ehe, aus der offenbar keine Kinder hervorgingen, war wohl kein rechtes Glück beschieden. Es hat den Anschein, daß sie nicht nach Mehmets Geschmack getroffen worden war und daß keiner seiner Wünsche, die er selbst in eine solche Verbindung gesetzt haben mag, Erfüllung fand. Als er längst seinen Hofsitz nach Stambul verlegt hatte, ließ er Sitt-Chatun in Adrianopel zurück. Einsam und verlassen ist sie dort erst im September 1486 gestorben.«

Ein Reich für die Sultaninmutter:
Der erste große Herrscherharem in Istanbul

Mehmet Fatih erwarb sich seinen Ehrennamen durch die Eroberung der byzantinischen Hauptstadt Konstantinopel, die er unter dem Namen Istanbul zur neuen Metropole des Osmanischen Reichs machte. Der Herrscherharem mit Hunderten von Sklavinnen, mit der ausgefeilten Haremshierarchie, hermetisch abgeschlossen und bewacht von Schwarzen Eunuchen, diese sonderbare und geheimnisumwitterte Einrichtung, an der sich die Phantasie der Abendländer entzündete, datiert erst aus dieser Zeit. Kurz nach der Einnahme Konstantinopels ließ Mehmet auf dem Platz, auf dem einst das Theodosianische Forum stand, die neue Herrscherresidenz bauen. Er erlaubte seiner Mutter, ihren Haushalt nach dem Vorbild der Frauengemächer von Kaiserin Helena, der Witwe des letzten Kaisers von Byzanz, zu gestalten. So wurden diese Gemächer, räumlich und organisatorisch strikt von der restlichen Anlage getrennt, in einem abgelegenen Teil des Palastes eingerichtet. Hier schaltete und waltete die Sultaninmutter als ungekrönte Königin und befehligte ein beträchtlich angewachsenes, in eine Vielzahl von Arbeitsgruppen und Gefolgschaften unterteiltes Heer von Sklavinnen.

Bald schon stellte sich heraus, daß der eben erst bezogene Palast in seiner Doppelfunktion als herrschaftlicher Haushalt und Regierungssitz zugleich zu klein konzipiert war. Bereits 1459 wurde auf einer Landspitze am Goldenen Horn mit dem Bau des Topkapı Sarayı begonnen, der nach seiner Fertigstellung fortan als Regierungssitz fungierte. Frauen und Haushalt des Sultans verblieben weiterhin im Eski Sarayı, dem ›Alten Palast‹, in dem sich der Sultan nur noch ein paar Nächte in der Woche aufhielt, um seinen Harem aufzusuchen. Diese Trennung von Harem und Regierungssitz währte bis in die Tage Süleymans des Prächtigen.

Roxelana: Sultansgattin und Mutter von Prinzen

Die erste Frau, die aus den Anonymität des osmanischen Herrscherharems hervortrat, war eine Gattin Süleymans des Prächtigen. Sie war wahrscheinlich russischer Herkunft, worauf auch der Name zurückgeht, unter dem sie im Westen bekannt wurde: Roxelana oder Russalena, die Russin.

Roxelana war als junges Mädchen aus ihrer Heimat verschleppt und nach Istanbul gebracht worden, wo sie auf dem Sklavenmarkt von dem späteren Großwesir Ibrahim Pascha erworben wurde. Diesen ehemaligen Palastschulenzögling, der es inzwischen zum Kammerherrn des Sultans gebracht hatte, verband eine langjährige Freundschaft mit Süleyman. Ibrahim Pascha machte dem Sultan die Neuerwerbung zum Geschenk.

Roxelana war anders als die meisten Haremssklavinnen, worauf vielleicht schon der Name hinweist, mit dem man sie im Harem bedachte: Während man gewöhnlich Haremssklavinnen mit poetisch-luftigen Phantasienahmen wie »Die auf dem Herzen bestickte« oder »Frühlingsrose« belegte, erhielt Roxelana den Namen »Die Lachende«. Der eifersüchtige Haremsklatsch sprach ihr besondere Schönheit ab, aber bald hatte Roxelana den jungen Sultan mit ihrem sprühenden Wesen, ihrer Klugheit und ihrem Selbstbewußtsein ganz für sich eingenommen. Süleyman erhob die neue Liebe der chronologischen Reihenfolge seiner Gunstbezeugungen nach in den sozialen Rang der Zweiten *Kadın*, seiner zweiten Hauptkonkubine, und machte sie damit nach der Sultaninmutter und der Ersten *Kadın* zur mächtigsten Frau im Harem. In rascher Folge gebar Roxelana dem Sultan fünf Kinder: die Söhne Mehmet, Cihangir, Selim, Beyazıt und die Tochter Mihrimah.

Die Leidenschaft, die Süleyman für die Russin empfand, muß sehr groß gewesen sein. Immerhin wurde der Sultan im Harem von schönen und charmanten Frauen bedient, deren ganze Ausbildung zum Ziel hatte, die Begehrlichkeit

Süleyman der Prächtige,
London, The British Museum

Roxelana Hürrem,
London, The British Museum

eines Mannes zu wecken. Dennoch konnte Roxelana ihn dazu bewegen, die schönsten seiner Sklavinnen nacheinander mit seinen Paschas zu vermählen. Damit nicht genug: Sie überredete den Sultan, sie ihres Sklavenstatus zu entheben. Als freie Frau verweigerte sie ihm dann ihre Gunst und drängte darauf, seine rechtmäßige Ehefräu zu werden.

Das war ein kühnes Verlangen, denn seit einigen Jahrzehnten waren die Osmanenherrscher davon abgegangen, Prinzessinnen fremder Dynastien zu heiraten, und die Verbindungen mit ihren Sklavinnen ließen sie nicht durch eine formale Eheschließung legalisieren. Aber der Sultan fügte sich Roxelanas Wunsch und arrangierte 1530 eine prachtvolle Hochzeit.

Daß eine Haremssklavin so viel Macht über einen osmanischen Herrscher gewinnen konnte, rief bei den Großen des Reichs und bei den ausländischen Diplomaten am Hof

Erstaunen hervor und wurde gar als Zeichen möglicher Schwäche des Sultans interpretiert. Ein zeitgenössischer Beobachter, der Brite Sir George Young, beschreibt und kommentiert das Geschehnis mit folgenden Worten:

»Diese Woche hat hier in der Stadt ein ganz außergewöhnliches Ereignis stattgefunden, das in der Geschichte der Sultane unbedingt ohnegleichen ist. Der Große Gebieter Süleiman hat eine Sklavenfrau aus Rußland, eine gewisse Roxelana, zu seiner Kaiserin gemacht, und es gab ein üppiges Fest. Die Zeremonie fand im Serail statt, und die Festlichkeiten sprengten jeden bislang gekannten Rahmen. Die großen Straßen waren des Nachts bunt erleuchtet, und es gab viel Musik, und die Leute schmausten reichlich.

Die Häuser sind mit Girlanden geschmückt, und man hat überall Schaukeln angebracht, in denen die Menschen stundenlang mit großem Vergnügen schaukeln. Im alten Hippodrom wurde eine große Tribüne aufgebaut, wo die Plätze für die Kaiserin und ihre Damen mit güldenem Gitterwerk abgetrennt sind. Hier wohnten Roxelana und der Hof einem prachtvollen Turnier bei, an dem christliche und auch moslemische Reiter teilnahmen, ferner Akrobaten und Taschenspieler und eine Prozession wilder Bestien und Giraffen, deren lange Hälse

Mahmud Mudahib: *Die Hochzeit von König Husrau und Shirin*, Persische Miniatur aus Nizami, *Hamsa*, datiert 1524/25, New York, The Metropolitan Museum of Art

gleichsam den Himmel zu berühren schienen ... Man redet eine Menge über die Hochzeit, und niemand kann sagen, was sie eigentlich bedeutet.« (zit. nach Alev Lytle Croutier, *Harem, Welt hinter dem Schleier*)

Roxelanas nächster großer Triumph fiel auf 1541. In dem Jahr hatte ein Großbrand einen Teil des Eski Sarayı, des Palastes, in dem der herrschaftliche Harem untergebracht war, in Schutt und Asche gelegt. Roxelana konnte ihren Gatten überreden, den Harem nicht an alter Stelle wiederaufzubauen, sondern ihr Domizil in seine Nähe zu verlegen. So ließ der Sultan auf dem Areal des Topkapı Sarayı die Gebäude eines neuen Harems errichten, in den nach dessen Fertigstellung Roxelana, eskortiert von ihrer schwarzen Eunuchengarde, mit großem Gefolge Einzug hielt.

Das Archiv des Topkapı Sarayı beherbergt Dokumente, die Aufschluß geben, über was und wie Süleyman und Roxelana miteinander kommunizierten. Es sind Briefe des Paars, die bis zu Roxelanas Tod 1558 zwischen Harem und den diversen Heereslagern kursierten.

Diese Briefe offenbaren das erstaunlich breite Spektrum ihrer Beziehung. Sie zeugen von Roxelanas Humor, wenn sie sich – im Anschluß an die gebotene förmliche Eröffnung des Schreibens, wonach sie ihrem Gatten zu Füßen liegt und ihr Gesicht im Staub reibt – über ein Geschenk Süleymans lustig macht, einen Kasten mit Eau de Cologne. Sie hatte das Duftwasser wohl irrtümlich für ein Getränk gehalten und damit zur Erheiterung ihrer Hofdamen beigetragen. Roxelana berichtet von ihren Sorgen um den sich allmählich verschlechternden Gesundheitszustand Süleymans – er hatte die Gicht –, redet von ihren Sorgen um den Ausgang einer Schlacht, läßt sich über Ereignisse bei Hof und über die Pest in Istanbul aus. Und immer wieder thematisiert sie die Politik; Politik, in die sie, wie wir noch sehen werden, zutiefst verstrickt ist.

Neben all diesen erstaunlich vertraulichen Profanitäten zeugen die Briefe auch von der beiden gemeinsamen Begeisterung für die Lyrik, die die Schreibenden vor allem dann erkennen lassen, wenn sie ihre Liebe zueinander in immer neue poetische Metaphern zu kleiden suchen. »Mein Herrscher«, schreibt Roxelana in einem dieser Briefe, »du Teil meiner Seele, der du die Sonne meines Landes bist und der Grundstein meines Glückes. Wenn du wüßtest, wie das Feuer der Trennung in meinem Herzen brennt und zehrt und wie meine Liebe zu dir, ohne den Tag und die Nacht wahrzunehmen, hilflos dem Ertrinken nahe im Meer der Sehnsucht treibt ... Wenn sie mich, eine Liebestrunkene, fragen würden, von welch' einem Sultan ich getrennt bin, wie eine Nachtigall würde ich aufjubeln, aber mein Wehklagen wird nie gestillt.« Süleyman antwortete in Versen, die, abgefaßt im überladenen Schreibstil jener Zeit, für unsere Ohren nicht minder romantisch klingen, als das Liebesklagen seiner Frau: »Deiner Liebe habe ich gestern Nacht meine Gefühle entgegengebracht. Gestatte mir, wenn ich dich nur betrachte, erscheint mir deine Schönheit wie die eines Nachtschmetterlings. Meine Geliebte, du bist das Licht und ich der Falter deiner Liebe. Wie wenn man im Rosengarten der Schönheit einen Herzensvogel fangen wollte, so ist der Zustand eines Liebenden, der sich im Netz der Liebe verfangen hat.«

Gerade die Liebesbriefe wirken, zumindest auf uns, abgehoben und gestelzt. Tatsächlich soll Roxelana sich ihre Briefe oft von einem Sekretär formulieren haben lassen. Ob mit geborgten Worten oder mit eigenen: Es wird erkennbar, daß beide Seiten an der Inszenierung der großen Gefühle füreinander mitgewirkt haben. Die Briefe bringen den Willen zum Ausdruck, den jeweiligen Adressaten von der eigenen Liebe zu überzeugen. Allerdings muß hinzugefügt werden, daß das Abfassen von Liebesbriefen zur Grundausbildung derjenigen Sklavinnen gehörte, die man auf die Rolle einer Konkubine vorbereitete. Nicht nur im

Herrscherharem wurde von einer Konkubine erwartet, daß sie für den Mann, der sie erworben hatte, in Liebe und Leidenschaft entbrannte oder daß sie ihm zumindest das Gefühl gab, daß dies so sei.

Soweit die schöne Seite der Liebesgeschichte zwischen einer Haremsdame und ihrem königlichen Gatten. Aber gerade an Roxelanas Leben werden die Schattenseiten und die Tragik erkennbar, die unauflöslich mit dem Schicksal verknüpft waren, Mutter von potentiellen Erben des osmanischen Throns zu sein. Als Sultan Süleyman Roxelana zu seiner Zweiten *Kadın* machte, hatte ihm seine Erste *Kadın* Mahidevran bereits vier Söhne geboren, von denen allerdings drei noch im Kindesalter verstorben waren.

Die Thronfolge war bereits zu Lebzeiten eines Sultans ein brisantes Thema und spaltete oft den Harem und die unterschiedlichen Interessengruppen im Reich in die Parteigänger des einen oder anderen Kandidaten. Roxelana wußte, daß die Thronfolge Mustafas, des noch lebenden Sohns aus der Verbindung Süleymans mit seiner Ersten *Kadın*, katastrophale Folgen für sie und ihre Söhne nach sich ziehen würde. Ihre Söhne würden nach Mustafas Thronbesteigung getötet und sie selbst in den Eski Sarayı, das ›Altersheim‹ der *Kadıns*, deren Söhne den mörderischen Kampf um den Thron verloren hatten, verbannt. Mustafas mächtigster Befürworter war gerade der Mann, der Roxelanas Haremskarriere ermöglicht hatte, Ibrahim Pascha, der inzwischen zum Großwesir avanciert war. Sein großer Einfluß auf den Sultan erschien Roxelana äußerst gefährlich.

Der Sultan ließ 1536, für Außenstehende überraschend und unnachvollziebar, seinen alten Freund und fähigen Staatsmann Ibrahim Pascha hinrichten, und die zeitgenössischen Quellen sind sich einig darüber, daß der Großwesir einer von Roxelana inszenierten Intrige zum Opfer fiel. Wie dem auch sei, mit dem Tod Ibrahim Paschas war einer ihrer gefährlichsten Gegner beseitigt, und für eine Zeitlang schien es so, als ob sich Roxelanas Hoffnungen erfüllen würden. Denn Süleymans besondere Liebe gehörte ihrem erstgeborenen Sohn Mehmet, der bald als der designierte Kronprinz galt. Aber Mehmet starb 1543, und wieder war die Frage der Thronfolge offen.

Roxelana vertraute inzwischen nicht gottergeben auf ein gütiges Schicksal. Schon 1539 hatte sie ihre Tochter Mihrimah mit Rüstem Pascha, einem aussichtsreichen Kandidaten für das Amt des Großwesirs, verheiratet. Seine Ernennung erfolgte 1544, und er erwies sich als stärkster Verbündeter in Roxelanas intrigenreichem Kampf um die Macht.

Nach dem Tod ihres Sohns Mehmet hatten sich Roxelanas Aussichten, die *Valide sultan*, die Mutter des nächsten Thronfolgers zu werden, drastisch verschlechtert. Der Sultan scheint sich zu dieser Zeit noch nicht eindeutig auf einen Erben festgelegt zu haben. Aber der Sohn seiner Ersten Kadın war bei den Janitscharen und beim Militär sehr

Palasttänzer, aus dem Codex Vindobonensis, spätes 16. Jh.

beliebt, und auch in der Bevölkerung gab es viele, die Mustafa für den fähigsten von Süleymans Söhnen hielten.

Gerade diesen Umstand wußten Roxelana und Rüstem Pascha für sich zu nutzen, indem sie dem Sultan einredeten, Mustafa plane einen Umsturz und habe das Militär bereits für sich gewonnen – eine Behauptung, die sich durch die Quellen nicht erhärten läßt: Mustafa hatte keinerlei Vorkehrungen zum Sturz des Vaters getroffen und war offenbar Willens, den Kampf um den Thron erst nach dem Ableben des Sultans aufzunehmen. Er hatte, fernab von Istanbul in seiner Prinzenresidenz lebend, keine Vorstellung vom Ausmaß der Intrige, die am Hof gegen ihn im Gang war.

Es gelang Rüstem Pascha schließlich, den Sultan durch ein geschickt eingefädeltes Komplott vom Verrat seines Sohns zu überzeugen. Man hatte ein gefälschtes Schreiben

Palasttänzerinnen, ebd., beideWien, Österreichische Nationalbibliothek

mit dem Siegel des Prinzen versehen und an einen Feind der Osmanen, den Schah von Persien geschickt. Das verfängliche Antwortschreiben des Schahs wiederum hinterbrachte man dem Sultan, der, tief getroffen über den vermeintlichen Verrat, den Tod seines Sohns beschloß. Süleyman holte von einem hohen islamischen Rechtsgelehrten ein Rechtsgutachten (*Fatwa*) ein, das die Hinrichtung des Sohns zur Wahrung der inneren Ordnung des Reichs für rechtmäßig erklärte. Auf dem Feldzug nach Persien im Herbst 1553 beorderte der Sultan der arglosen Mustafa zu sich ins Heerlager und ließ ihn dort, vor seinen Augen, von stummen Schergen erdrosseln. Um einer späteren Rache vorzubeugen, wurde auch der erst 11jährige Sohn Mustafas getötet. Seine Erste Kadın Mahidevran, die Mutter des unglücklichen Mustafa, verbannte der Sultan mit kleinem Gefolge aus dem Saray in die Provinzstadt Bursa, wo sie unter dürftigen Verhältnissen bis zu ihrem Tod 1580 lebte.

Nach der Ermordung Mustafas brach ein Sturm der Entrüstung los. Auf Druck der Janitscharen mußte sich der Sultan von seinem Großwesir, der allenthalben als der Drahtzieher des Komplotts gegen Mustafa angesehen wurde, trennen. Nur die Fürsprache Mihrimahs soll den Kopf des Großwesirs gerettet haben. Rüstem Pascha wurde übrigens 1555, nachdem sich die Wogen geglättet hatten, in das Amt zurückberufen.

Roxelana war endlich am Ziel. Es konnte nur noch einer ihrer Söhne der Erbe Süleymans werden, und sie würde in jedem Fall die nächste *Valide sultan*. Aber nun quälten sie neue Sorgen. Sie wußte, daß in der osmanischen Dynastie auch Brüder einer Mutter einander nicht verschont hatten, wenn es darum ging, das Recht auf den Thron zu behaupten. Ihr Sorgenkind, der Sohn Cihangir, der einen verwachsenen Rücken hatte und immer kränkelte, war bereits im Schicksalsjahr 1553 gestorben. So blieben nur noch der lebenslustige, trunksüchtige Sohn Selim und der ehrgeizige Sohn Beyazıt als Konkurrenten um den Thron. Die Mutter tat alles, was in ihrer Macht stand, um den Kampf der Brüder zu unterbinden.

Roxelanas Traum, *Valide sultan* zu werden, erfüllte sich nicht. Sie starb 1558. So blieb es ihr erspart, mitzuerleben, daß Beyazıt, der seine Nachfolgechancen bedroht sah, 1559 einen Aufstand gegen seinen Vater anzettelte und, als dieser fehlschlug, zum Schah von Persien flüchtete. Der Schah machte den Flüchtling und dessen Söhne zu seinen Geiseln und schacherte mit dem Osmanensultan um die Auslieferung. Schließlich überließ es der Vater Selim, seinen Bruder und dessen vier Söhne bei der Übergabe an der persischen Grenze zu erdrosseln, und es kam somit, gleich einem unentrinnbaren Schicksal, zum Brudermord auch unter Roxelanas Söhnen.

Die osmanischen Historiker und die zeitgenössischen westlichen Beobachter haben harte Urteile über Roxelana gefällt und sie als machtgierig, kaltblütig und skrupellos beschimpft. Aber diese Frau lebte unter Bedingungen, die ihr wenig alternative Handlungsmöglichkeiten ließen. Als Mutter von osmanischen Prinzen konnte sie nur kämpfen oder dem Schicksal seinen Lauf lassen und ergeben auf die Ermordung ihrer Söhne und die eigene Verbannung warten. Sie war eine Kämpferin, und sie nahm jede Chance wahr, die sich ihr bot, das Schicksal in ihrem Sinn zu beeinflussen. Dabei focht sie ihren Kampf mit den vielleicht einzigen Mitteln, die ehrgeizigen ›Schwachen‹, denjenigen, denen der offene Zugang zur Macht verwehrt ist, zur Verfügung stehen: mit den weichen Strategien der Verführung und den häßlichen Waffen der List und der Intrige.

Die Herrschaft der Frauen: Kadınlar sultanatı

Die Zeit Süleymans des Prächtigen markiert einen Wendepunkt in der Geschichte des Osmanischen Reichs. Während das Reich unter diesem Herrscher seine größte Prosperität und innere Stabilität erreicht hatte, kam es unter seinen Nachfolgern vor dem Hintergrund der Verschlechterung der geopolitischen und ökonomischen Situation allmählich zu einer Erosion der staatlichen Einrichtungen, von der alle Ränge des bürokratischen Apparats erfaßt wurden. Unglücklicherweise brach gleichzeitig mit Süleyman die Reihe der fähigen und in der Politik wie im Feld aktiven Osmanenherrscher abrupt ab. Für einige Zeit saßen Sultane auf dem Thron, die entweder noch minderjährig waren oder wenig Interesse an der Politik zeigten. Im Fall von Mustafa I., der den Thron gleich zweimal innehatte (1617-18 und 1622-23), wurde gar ein geistesschwacher Mann zum Sultan gekürt. Bis zur De-facto-Herrschaft der Großwesire aus der Familie der Köprülü Mitte des 17. Jh. stand niemand mehr an der Spitze des Staates, der dem Niedergang des Reiches nachhaltig entgegengewirkt hätte.

Dieses Machtvakuum wußten die ersten Frauen des Harems sich zunutze zu machen. Süleyman der Prächtige hatte den Harem in den Topkapı Sarayı geholt und damit eine wesentliche Voraussetzung dafür geschaffen, daß in der Folgezeit insbesondere die Sultaninmutter und – meist in Konkurrenz zur Valide – die Erste Kadın des Sultans in Kooperation mit unterschiedlichen Machtfraktionen am Hof eine zentrale Rolle in der Politik spielen konnten.

Nun veränderte sich auch fast schlagartig der Charakter des herrschaftlichen Harems. In bezug auf seine Größe und auf die Extensität des Sexuallebens einiger Sultane scheint die Realität für wenige Jahrzehnte sehr nahe an das Bild herangerückt zu sein, das das Abendland sich ohnehin immer schon vom Harem der Osmanenherrscher machte.

Die Verantwortung für diese Entwicklung wiederum schieben omanische Geschichtsschreiber und westliche Historiker in erster Line den Frauen an der Spitze der Haremshierarchie zu: Die Sultaninmütter hätten während der Zeit der Frauenherrschaft die sexuellen Begierden ihrer

Söhne durch die Zuführung immer neuer schöner Sklavinnen geschürt, damit sie selbst um so ungestörter an den Hebeln der Macht schalten konnten. Es ist geradezu unmöglich, aus all den übelmeinden Skandalgeschichten über diese Zeit die Wahrheit herauszufiltern.

Nur Banu und Safiye

Roxelana hat gewissermaßen die ›Dynastie‹ der ehrgeizigen und politisch aktiven Frauen an der Spitze des Harems der Osmanensultane begründet, weshalb einige Autoren den Beginn der »Herrschaft der Frauen« bei dieser Gattin Süleymans ansetzen.

Die zweite starke Frau war die Erste Kadın Selims II. (1566-74), Nur Banu. Von Selim, dem Sohn Süleymans, der so gar keine Ähnlichkeit mit seinem großen Vater aufwies, zeichnet der venezianische Gesandte Barbaro ein wenig schmeichelhaftes Bild: »Wer sein vom Wein aus Zypern gerötetes Gesicht und seine kleine, durch Maßlosigkeit beim Essen fett gewordenen Gestalt sah, der wurde sich bald darüber klar, daß er weder einen Krieger noch einen Anführer von Soldaten vor sich sah. Er zog die Gesellschaft von Eunuchen und Frauen jeder anderen Gesellschaft vor, und im Sarayı hielt er sich weit lieber auf als in seinem Heerlager. Seine Tage verbrachte er in sinnlicher Lust, im Rausch und in träger Untätigkeit.«

Da Selims Mutter Roxelana bereits vor seiner Thronbesteigung gestorben war, stand seinem Harem keine Valide sultan vor. Die Frau an der Spitze war statt dessen Selims Erste Kadın Nur Banu, die dann später, nach Selims Unfalltod – er brach sich, angeblich volltrunken, in seinem Marmorbad den Schädel –, als Mutter des Thronfolgers Murat III. die nächste Sultaninmutter wurde.

Das Verhältnis der Sultaninmütter zu ihren Söhnen war im Osmanischen Reich außerordentlich eng und intensiv.

Dies machte die Valide zu einer für alle Machtfraktionen am Hof sehr wichtigen Ansprechpartnerin. Nur Banu aber hatte in der Kadın Safiye eine ernstzunehmende Konkurrentin um den Vorrang bei ihrem Sohn. Die nach ihrer Haarfarbe »die Blonde« genannte Safiye entstammte der vornehmen venezianischen Familie der Baffo und war, von türkischen Piraten entführt, mit 13 Jahren in den Harem des jungen Murat gelangt. Der sinnliche Prinz, der sich mehr für die schönen Künste als für die rauhe Politik interessiert haben soll, schenkte dem großen blonden Mädchen bald seine ganze Aufmerksamkeit. Safiye wurde schwanger und nach der Geburt des Thronprinzen Mehmet zur Ersten Kadın Murats erhoben.

Das Paar bekam keine weiteren Kinder. Nach der Thronbesteigung Murats empfand Nur Banu die große Anhänglichkeit ihres Sohns an seine Erste Kadın als ernsthafte Bedrohung für ihre eigene Position. Nur Banu soll sich, so wird berichtet, ihrer Konkurrenz dadurch zu entledigen gesucht haben, daß sie ihrem Sohn nun jeden Freitag eine schöne Sklavin schenkte. Wenn auch die Strategie Nur Banus, sich in dieser Weise einer lästigen Rivalin zu entledigen, vor dem Hintergrund der Logik des Haremssystems als sinnvoll erscheint, so muß doch auch hinzugefügt werden, daß die Sorge für das weibliche Gefolge des Sultans durchaus zu den ›Dienstaufgaben‹ einer Sultaninmutter gehörte.

Was immer auch Murats außergewöhnlichen Appetit auf neue Beischläferinnen ausgelöst hat, fest steht, daß der Harem dieses Sultans in der Geschichte der Dynastie nie dagewesene Dimensionen angenommen hat. Während im Harem seines Großvaters Süleyman noch 400 Frauen und Mädchen gelebt hatten, wird die weibliche Haremsbelegschaft zu Murats Zeiten auf 1200 geschätzt, von denen mindestens 40 den Rang von *Ikbals*, von offiziellen Konkubinen, gehabt haben sollen. Nichtsdestotrotz bewahrte sich der Sultan eine tiefe Zuneigung zu seiner Ersten Kadın. Das extensive Geschlechtsleben des Vaters konfrontierte

Levni, *Türkische Cengi*
(Tänzerin) *mit Holzklappern,*
frühes 18. Jh., Istanbul,
Topkapı Sarayı

seinen Sohn Mehmet
bei der Thronübernah-
me mit der Existenz von
19 Halbbrüdern, derer
er sich gemäß der Bru-
dermordpraxis ebenso
entledigte wie der sie-
ben Konkubinen, die
noch von seinem Vater
schwanger waren. Der
Mord an seinen Brü-
dern, von denen der äl-
teste gerade elf Jahre
alt war, soll den neuen
Sultan bedrückt haben.
Nach dem britischen
Reisenden Fynes Mory-
son ging das Gerücht, Mehmet habe sich geschworen, sich
mit nur einer Frau zu begnügen. Aber schon bald nach der
obligatorischen Deportation der Konkubinen des alten Sultans in den Eski Sarayı legte sich auch Mehmet, unter Mitwirkung seiner Mutter Safiye, ein Gefolge schöner Sklavinnen zu.

Safiyes Einfluß auf ihren Sohn war groß, und sie verstand
es, diesen Einfluß politisch umzumünzen. Dabei hatte ihr
Engagement betreits zu Murats Zeit eine stark patriotische
Komponente: Die Ex-Venezianerin bemühte sich Zeit ihres
Lebens, einen Krieg zwischen den verfeindeten Nachbarn
zu verhindern. Über eine Jüdin namens Chiarezza, die als
Händlerin Zugang zum Harem hatte, korrespondierte sie
heimlich mit dem venezianischen Gesandten und Katharina

von Medici. Darüber hinaus stand sie in direktem Kontakt mit der englischen Königin Elizabeth I., die sich durch das Wirken Safiyes die Förderung der politischen und kommerziellen Interessen ihres Landes im Osmanischen Reich versprach. Der Tod der aktiven *Valide* war schmählich: Sie sei in ihrem Bett erwürgt aufgefunden worden, heißt es lakonisch in den Quellen.

Kösem

Die politisch wohl einflußreichste Frau der osmanischen Geschichte war Kösem, Erste Kadın Ahmets I. (1603-17), des Sultans, der mit der Sitte des Brudermords brach und statt dessen die Prinzenkäfige einrichtete und die Thronfolge auf das Prinzip des Seniorats umstellte. So wurde Kösem – nach dem Intermezzo der Regentschaften des geistesverwirrten Mustafa I. und des wegen seiner Reformversuche von den Janitscharen ermordeten Osman II. – die Valide sultan gleich zweier Sultane in Folge.

Kösems Sohn Murat war erst zehn Jahre alt, als er den Thron bestieg. Von 1623 bis 1632 lag die Macht in den Händen der Sultaninmutter. Dann griff Murat selbst in die Politik ein und versetzte die Einwohner des Reichs mit den drakonischen Methoden, mit denen er unter anderem Reformen im Militär- und im Finanzwesen durchzusetzen suchte, in Angst und Schrecken. Der Harem kann für diesen unruhigen und grausamen Herrscher, dem in seiner Jugend – wie übrigens einer ganzen Reihe von Osmanensultanen – homophile Neigungen nachgesagt wurden, wohl kaum ein Ort orgiastischer Vergnügungen gewesen sein. Jedenfalls hinterließ er, als er mit 27 Jahren auf dem Sterbebett lag, keinen Sohn. Noch kurz vor seinem Tod gab er den Befehl, den designierten Thronfolger, seinen Bruder Ibrahim, zu töten. Doch die Mutter, Kösem, wußte das zu verhindern.

Ibrahim war inzwischen 24 Jahre alt und hatte fast von der Wiege an in der Absonderung des Käfigs gelebt. Bald nach seiner Inthronisierung wurde seine psychopathische Veranlagung offenkundig, die sicher nicht zuletzt mit seiner langjährigen Isolation in Zusammenhang stand. So griff Kösem wieder in die Politik ein. Um Ibrahim zu beschäftigen – aber auch, um ihm zu dem ersehnten Thronfolger zu verhelfen –, soll sie ebenfalls auf die bewährte Methode zurückgegriffen haben, dem Sultan immer neue Sklavinnen zuzuführen und ihn damit zu neutralisieren.

Ibrahims Behandlung seiner Konkubinen und Sklavinnen war so unberechenbar wie alles, was er tat. Zunächst erlaubte er den Frauen bisher unbekannte Freiheiten und Verrücktheiten. So wird berichtet, daß er anordnete, den Basar rund um die Uhr geöffnet zu halten, wenn es die Palastdamen nach nächtlichen Einkäufen verlangte. Er selbst hegte eine für die Staatskasse ruinöse Leidenschaft für Zobel, Edelsteine und kostbare Parfums. Dann soll er aber auf das bloße Gerücht hin, eine seiner Konkubinen habe ihn mit einem Eunuchen betrogen, in Kollektivstrafe 280 Frauen des Harems ertränken lassen haben.

Selbst die Valide wurde Opfer seiner Launenhaftigkeit. Auf Betreiben eines Manns namens Cinci Hoca, unter dessen Einfluß Ibrahim mehr und mehr geraten war, schickte der Sultan seine Mutter in die Verbannung. Eine Palastrevolte machte schließlich der Herrschaft und dem Leben des unberechenbaren Sultans ein Ende.

Nach Ibrahims Tod waren die Machtverhältnisse am Hof zunächst noch instabil. Obwohl Ibrahims erst siebenjähriger Sohn Mehmet mit Unterstützung des Großwesirs und der Eunuchengarde zum Thronfolger bestimmt worden war, hoffte Kösem – sie war inzwischen in den Sechzigern – auf eine Rückkehr an die Macht, wenn es ihr gelang, die Kandidatur des noch jüngeren, aber verwaisten Prinzen Osman durchzusetzen. Ein Komplott im Verbund mit dem Janitscharen-Ağa und seinen Männern, die Gegenpartei zu entmachten, mißlang jedoch. Als Kopf der unterlegenen Partei wurde Kösem von den Eunuchen in ihrer Suite im Harem ergriffen, geschlagen, brutal entkleidet, an den Füßen zum Vogelhaus-Tor im dritten Palasthof geschleift und dort stranguliert.

Kösems Gegenspielerin Turhan, die Mutter Mehmets IV. (1649-87), bestimmte nun für die nächsten Jahre die Politik. Mit der Berufung des greisen Mehmet Köprülü 1656 ins Amt des Großwesirs bewies sie große Weitsicht im Interesse des Reichs. Der Harem hatte zwar nun für immer seine politische Rolle, die ihm während des Intermezzos der Herrschaft der Frauen zugefallen war, ausgespielt, aber die Reformpolitik des Großwesirs und seiner Nachfolger konnte den Niedergang für eine Zeit aufhalten.

Aimée Debucq de Rivery

Nach dem Ende der Herrschaft der Frauen wurde es für eineinhalb Jahrhunderte lang still um die ersten Frauen im Harem der Osmanenherrscher. Hinter den Haremsmauern lebten die Frauen miteinander, sie mochten oder sie verabscheuten sich, die Sultaninmutter und die Konkubinen des Sultans kämpften miteinander ihren strukturell vorprogrammierten Kampf um Macht und Einfluß im Mikrokosmos des Harems. Von diesen Konflikten im Harem wird später ausführlich die Rede sein. Aber wohl nie wieder hat eine Frau einen Sultan so nachhaltig beeindruckt, wie Roxelana ihren Gatten Süleyman, und wenn Haremsdamen politischen Einfluß suchten, so war das nie mehr so offenkundig wie zur Zeit der Herrschaft der Frauen.

Erst um die Wende vom 18. zum 19. Jh. gelang es noch einmal einer Frau des Osmanenharems, die Aufmerksamkeit der Europäer zu erregen. Es war Aimée Debucq de Rivery, eine auf Martinique geborene und in Frankreich erzogene Aristokratin, die als 21jährige auf der Überfahrt von

John Frederick Lewis,
*Haremsleben in
Konstantinopel*,
Newcastle,
Laing Art Gallery

Frankreich nach Martinique von Korsaren entführt und
nach Algier verkauft worden war. Von dort aus gelangte sie
als Sklavin in den Herrscherharem nach Istanbul, wo Abdül
Hamit I. (1774-89) sie zu seiner Vierten Kadın machte.
Nach vielen Wirren wurde schließlich ihr Sohn Mahmut II.
(1808-39) Sultan. Mahmut war einer der großen Reform-
sultane des 19. Jh. Die zeitgenössischen Europäer fanden
die Vorstellung faszinierend, hinter den bemerkenswerten
Reformbestrebungen Sultan Mahmuts stehe gänzlich der
frankophone Einfluß seiner adligen Mutter und daß somit
eine europäische Frau hinter den Kulissen große Politik im
Osmanischen Reich initiiert habe.

Der Topkapı Sarayı
und die Haremsräumlichkeiten

Auf der Suche nach einem Ort, der dem Regierungssitz eines Reichs von Weltrang angemessen sei, entschied sich Mehmet II. für eine landschaftlich wunderschön gelegene, von den Wassern des Goldenen Horns, des Bosporus und des Marmarameers umspülte Landzunge auf der europäischen Seite Istanbuls. Er ließ den Hügelrücken der Landzunge terrassenförmig ausbauen und errichtete inmitten der so neugeschaffenen Parkanlage seinen Palast, den Topkapı Sarayı, der bis ins 19. Jh. der Regierungssitz und die Residenz der Osmanenherrscher bleiben sollte und in dem vom 16. Jh. an auch der Harem der Sultane untergebracht war.

Abendländische Besucher, die als Diplomaten oder in anderer Mission den Regierungssitz der Osmanen aufsuchten, waren oft überrascht oder gar enttäuscht, wenn sie der Palastanlage ansichtig wurden. Da gab es keine monumentalen Bauwerke und imposanten Fassaden, in denen die politische und kulturelle Größe des Osmanischen Reichs architektonisch zum Ausdruck gebracht worden wäre. Die einzelnen Bauten des umfangreichen Komplexes, in dem zeitweilig bis zu 40 000 Menschen lebten und arbeiteten, sind locker gruppiert, nur mäßig hoch und nach außen wenig beeindruckend.

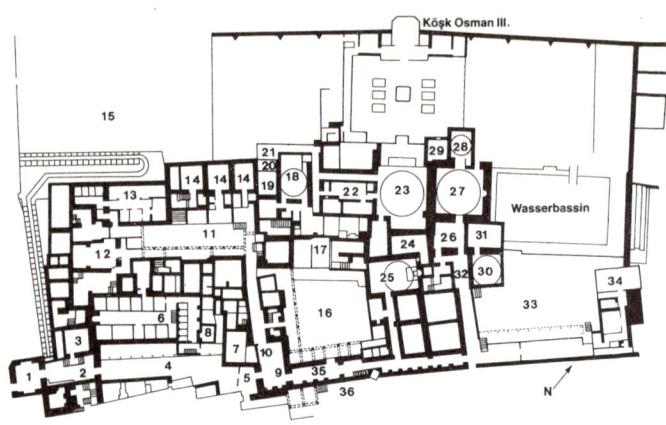

Plan des Topkapı Sarayı 1 Araba Kapısı, Eingang zum Quartier der Schwarzen Eunuchen 2 Raum der Wachen 3 Moschee der Schwarzen Eunuchen 4 Hof der Schwarzen Eunuchen mit Säulenhalle auf der linken Seite 5 Haupttor zum Harem, zusammen mit dem ganzen Quartier 1667/69, nach dem großen Brand, erbaut 6 Unterkünfte der Schwarzen Eunuchen in drei Geschossen 7 Wohnung des Eunuchen-Ağa 8 Prinzenschule 9 Nöbet Yeri, Wachraum mit Zugang rechts zum Goldenen Weg und links zum Sklavinnentrakt 10 Tor des Essens, an dem die Verpflegung der Mädchen niedergestellt wurde 11 Hof der Mädchen, angelegt wie der Hof der Schwarzen Eunuchen 12 Küche 13 Gemeinsamer Schlafraum der Mädchen 14 Drei Wohnungen der Vorsteherinnen 15 Hospital der Frauen 16 Hof der Valide (Sultaninmutter) mit nördlich anschließenden Räumen (erste Hälfte des 17. Jh.) 17 Empfangszimmer der Valide 18 Eßzimmer der Valide 19 Schlafzimmer 20 Gebetsraum 21 Musikraum Selims III. 22 Bäder der Valide und des Sultans 23 Hünkar Sofası, der zweiteilige Thronsaal des Sultans (17. Jh.), ein Empfangsraum für die Haremsdamen 24/25 Zwischen Thronsaal und den Gemächern der Sultansgemahlin sind zwei reich dekorierte Räume gelegen, der eine mit einem Kamin, der andere mit einem Brunnen ausgestattet 26 Vorraum des Salons Murats III. mit nachträglich eingebautem Doppelkiosk 27 Vorraum zum Kuppelraum Murats III., letzteren errichtete Sinan 28 Salon auf der Nordseite, von Ahmet I. 1608 durch einen als Bibliothek interpretierten Kuppelraum erweitert 29 Yemiş Odası, das Speise- und Früchtezimmer Ahmets III. 30/31 Doppelkiosk mit Kamin 32 Gang der Geister (Cin Yeri) 33 Hof der Favoritinnen 34 Spiegelkabinett Abdül Hamits I., 1779 35 Goldener Weg mit Treppe der Cevri Halfa 36 Vogelhaustor zum dritten Hof des Sarayı

»Das Topkapı Sarayı«, formuliert Klaus Tuchelt die Assoziation, die sich dem Betrachter angesichts der Osmanenresidenz aufdrängt, »mutet an wie eine dauerhafte Zeltstadt und wie ein Hoflager als Gegenbild zum Feldlager.« Architektonisch haben die Sultane ihr Selbstbewußtsein und ihren Herrschaftsanspruch eher in ihren prächtigen Moscheen und Stiftungen erkennen lassen als in ihren Residenzen. Die einzelnen Bauten des Sarayıs sind, islamischer Bautradition folgend, nach innen gekehrt. Nicht ihre Fassaden, sondern die Höfe, an denen die Gebäude liegen, geben Auskunft über ihren früheren Rang. Die gesamte Anlage ist um drei aufeinanderfolgende Höfe konzipiert.

Der erste Hof war jedermann frei zugänglich und hatte Wirtschaftscharakter. Hier lagen neben dem Gerichtsgebäude und anderen Verwaltungsbauten Werkstätten, Lagerräume, Wohnungen für Bedienstete und die Stallungen des herrschaftlichen Hofs.

Der eigentliche Palastbereich begann hinter dem Bab-üs-Selam (Tor der Begrüßung), das zum zweiten Hof führte. Das wichtigste Gebäude in diesem Hof war die Halle, in der der Staatsrat (*Diwan*) tagte. Anläßlich der Diwan-Tage wurde das Tor der Begrüßung auch für das gemeine Volk geöffnet, das sich dann mit seinen Bitten und Beschwerden direkt an hohe Staatsbeamte wenden konnte.

Den Übergang zum dritten Palsthof markierte das Bab-üs-Saadet (Tor der Glückseligkeit), in dessen Umbauung sich die Quartiere der Weißen Eunuchen befanden. Der einzige öffentliche Bau des dritten Hofs war der Audienzsaal, der – direkt hinter dem Tor stehend – den Blick auf das Hofinnere verstellte.

Der Harem und die Gemächer des Sultans

Der Harem war ein eigenständiger Bezirk des Sarayı, der unabhängig vom Palast verwaltet und bewirtschaftet wurde.

Der im Lauf der Zeit aus diversen Baugruppen zusammen-
gewachsene labyrinthartige Gebäudekomplex des Harems
beginnt versteckt hinter den Räumlichkeiten des Staatsrats
und erstreckt sich bis auf die halbe Höhe des dritten Hofes.
Die auf unterschiedlichem Bodenniveau errichteten Gebäude sind drei bis fünf Stockwerke hoch und beherbergten
zuletzt auf 6720 m² über 300 Räume: 259 Wohnräume, 46
Toiletten, 12 Speicher, 8 Bäder, 8 Übergangshallen und
Korridore, 1 Hospital, 2 Schlafquartiere, 4 Küchen, 6 Vor-
ratsräume und 1 Schwimmbecken. Außerdem war hier die
Prinzenschule untergebracht, und im Keller befand sich ein
Haremsverließ. Zur Blütezeit des Harems, im 17. und
18. Jh., lebten hier auf engem Raum nebst dem Sultan und
den männlichen Mitgliedern der Familie 1200 Frauen und
Mädchen und 600-800 Schwarze Eunuchen.

Die Anlage des Harems im Topkapı Sarayı läßt sich wie
die in Stein gefaßte Topographie der rigiden sozialen Ordnung seiner Bewohnerschaft lesen. Der Haupteingang zum
Haremstrakt war durch das Equipagentor hinter der Halle
des Diwans zu erreichen. Eine der wichtigsten Aufgaben
der Schwarzen Eunuchen bestand in der Bewachung dieses
zentralen Zugangs zu den Frauengemächern. So erschien
es sinnvoll, ihr Wohnquartier unmittelbar vor dem Haupttor des Harems anzulegen. Zunächst betrat man den lang-
gestreckten, mit einem schönen Fliesendekor aus der Zeit
Mehmets IV. geschmückten Hof der Schwarzen Eunuchen.
Dieser Hof mußte auch dem verwöhnten Geschmack des
Sultans genügen, der ihn zu vielen Gelegenheiten passierte,
zum Beispiel wenn er seine Loge im Diwan betreten wollte
oder wenn er unter Umgehung der Palasthöfe zu Pferd
durch einen Seitenausgang den Sarayı verließ.

Links neben dem Hof der Schwarzen Eunuchen lag ihr
Wohntrakt, eine hohe gedeckte Halle mit schmalem Mittel-
gang, an deren rechter und linker Seite sich in drei Stockwerken hinter Laubengängen die einfachen Schlaf- und
Aufenthaltsräume verbargen. Die Räumlichkeiten waren so

knapp bemessen, daß die zur Blütezeit des Harems auf 600-800 Köpfe geschätzte Mannschaft der Haremswächter wahrscheinlich im Wechsel schlafen mußte. Die Amtsträger an der Spitze der Hierarchie der Schwarzen Eunuchen, der Schatzmeister, der Haushofmeister und natürlich der Schwarze Obereunuch (*Kızlar ağası*), mußten das beengte Wohnschicksal ihrer einfachen Genossen nicht teilen. Sie verfügten über eigene Suiten. In einer kleinen Moschee konnten die Verschnittenen ihren religiösen Pflichten nachkommen, ohne das Quartier zu verlassen.

Im ersten Stock lag die unter der Leitung des Schwarzen Obereunuchen stehende Prinzenschule. Wahrscheinlich bis zur Einrichtung der Prinzenkäfige im 17. Jh. erhielten hier die Söhne des Sultans vom fünften Lebensjahr an ihre Grundausbildung.

Der Hof der Schwarzen Eunuchen führte zum Haupttor des Harems. Nach dem Passieren des Tors fand man sich zunächst in einem unvermutet kleinen, durch Wachen gesicherten Raum wieder, der aber tatsächlich der Dreh- und Angelpunkt der ganzen Anlage war: Von ihm zweigten die Zugänge zu allen Bereichen des Harems ab. Hier lag – zum dritten Palasthof weisend – das Tor des Essens, auch Vogelhaustor genannt, eine Art Dienstboteneingang, durch den die in der großen Palastküche zubereiteten Mahlzeiten angeliefert wurden. Das Essen für die Belegschaft des Harems wurde auf Marmorbänken im Eingangsraum abgestellt und dann von Sklavinnen in alle Abteilungen des Harems gebracht.

Links vom Eingangsraum führte ein schmaler Korridor in den um einen offenen Hof gruppierten Wohn- und Wirtschaftsbereich der einfachen Sklavinnen. Dieser Trakt weist in Anlage und Ausstattung große Parallelen zum Quartier der Schwarzen Eunuchen auf. Wie jene waren auch die einfachen Sklavinnen in einer mehrstöckigen, beengten Gemeinschaftunterkunft untergebracht, und wie bei jenen die Spitze der Eunuchenhierarchie verfügten auch hier die gehobenen Funktionsträgerinnen über eigene Appartements. Die niederen Tätigkeiten im Harem, die Arbeit in der großen Wäscherei, den Wäschekammern und Magazinen, in der eigenen kleineren Haremsküche sowie die vielfältigen Putz- und Reingungsarbeiten wurden meist von schwarzen Sklavinnen verrichtet, deren Wohn- und Schlafräume sich in den unteren Stockwerken des Trakts befanden. Längs des Sklavinnentrakts lag das überdimensioniert groß erscheinende Sklavinnenhospital, das komplett mit Küchen, Waschküchen und Bädern ausgestattet war.

Die nordöstliche Außenmauer des Quartiers der Schwarzen Eunuchen, an die sich leicht versetzt die Außenmauer des Traktes der Sklavinnen anschließt, stellte eine Art Demarkationslinie dar. Diesseits lebte das umfangreiche Heer der Bediensteten des Harems, die Schwarzen Eunuchen und die Sklavinnen. Jenseits wohnte auf einer Grundfläche, die fast ebenso groß war wie der Wirtschaftsbereich, die Familie des Herrschers, seine Mutter, Töchter, Schwestern, Konkubinen, ab dem frühen 17. Jh. seine in die Prinzenkäfige verbannten Brüder und Söhne und schließlich der Sultan selbst. Der Trakt der Sultansfamilie durfte vom Haremspersonal nur dann betreten werden, wenn dies zur Ausübung der jeweiligen Pflichten und Aufgaben erforderlich war. Davon ausgenommen waren die zum persönlichen Gefolge der Familienmitglieder gehörenden ausgesucht schönen, charmanten und gebildeten Sklavinnen, die im herrschaftlichen Teil des Harems untergebracht waren.

Klösterliche Kargheit und Enge einerseits und herrschaftliche Pracht andererseits waren demnach der Gegensatz, der den Harem in seiner Gesamtheit prägte, wie Klaus Tuchelt es treffend ausdrückt.

Hinter dem von schwarzen Wachen gesicherten Eingang zum herrschaftlichen Trakt des Harems nahm der knapp 50 m lange *Goldene Weg* seinen Ausgang, an den sich linkerhand die Suiten der einzelnen Mitglieder der Sultansfamilie reihten. Sein Name geht auf die Sitte zurück, daß hier die Damen des Harems dem neugekürten Sultan einen Empfang bereiteten und von ihm bei dieser Zeremonie mit Goldmünzen beschenkt wurden. Rechts des Wegs liegt eine kleine Palastmoschee. Sie war so unterteilt, daß die Frauen der Freitagspredigt beiwohnen konnten, ohne von den zum Gebet versammelten Männern gesehen zu werden.

Der Goldene Weg führte zunächst zum großzügigen Trakt der Sultaninmutter. Ihre Gemächer schließen sich an einen offenen, weiträumigen Hof an, auf dem der Sultan hoch zu Roß Abschied von seiner Familie nahm, wenn er die Residenz für längere Zeit verließ. Die hervorragende Stellung der Sultaninmutter unter den Frauen des Harems und ihre besondere Beziehung zum Sultan läßt sich deutlich an Umfang und Ausstattung ihrer Gemächer ablesen. Sie verfügte über einen Empfangsraum, zwei Wohn- und Schlafräume und einen Gebetsraum. Die große Badeanlage der Valide mit Ankleide-, Kalt- und Warmraum war das Pendant zum benachbarten Bad des Sultans. Ein hinter den Bädern verlaufender Gang verband die Gemächer von Mutter und Sohn.

Die Räume der Sultaninmutter sind mit Fliesen, Wandmalereien und Schnitzwerk aufwendig dekoriert. Eine funktionale Aufteilung der Räume, wie die heutige Bezeichnung der Zimmer der Sultaninmutter als Salon, Eß- und Schlafzimmer suggeriert, gab es lange Zeit weder hier noch sonstwo im Sarayı. Auch waren den Osmanen Möbel im europäischen Sinn unbekannt. Stühle, Tische, Betten und freistehende Schränke fanden erst im Zug der Europabegeisterung im 18. Jh. Eingang in die Sultansresidenz. Bis dahin sorgten Diwane und aus kostbaren Stoffen gefertigte Kissen für entspannten Sitzkomfort. Geschlafen wurde auf Matten, die tagsüber zusammengerollt hinter den Türen von Wandschränken verschwanden. Das Essen nahm man auf dem Boden vor einem niedrigen Tablett sitzend ein. Kamine und an weniger kalten Tagen kupferne Kohlepfannen wärmten die Frierenden. Kleine Zimmerbrunnen und das durch Drechselwerk vor den Fenstern gefilterte Sonnenlicht schufen jene eigentümlich reizvolle Atmosphäre, die den Wohnräumen der orientalischen Oberschicht in der Vergangenheit zu eigen war.

Viele der genannten Charakteristika der Inneneinrichtung treffen auf die Suite der Sultaninmutter ebenso zu wie auf die etwas weniger eindrucksvollen Appartements der Konkubinen des Sultans, die im Nordosten an den Hof der Sultaninmutter angrenzten und die nächste Wohneinheit entlang des Goldenen Wegs waren. In ihren Obergeschossen, in Nachbarschaft zu den Prinzenkäfigen, befanden sich die einfacheren Unterkünfte des Sklavinnengefolges der Sultansfamilie.

An seinem Ende mündet der Goldene Weg in den Gang der Geister, der wiederum zum Trakt des Sultans führt.

Thomas Allom, *Tscherkessische Sklavinnen*, Stich, 18. Jh.

Hier, wo unter anderem der große osmanische Baumeister Sinan gestaltend mitgewirkt hat, entfaltete sich über Jahrhunderte die ganze Pracht osmanischer Innenarchitektur. In diesem im Lauf der Zeit zusammengewachsenen verwirrenden Komplex, dem viele Sultane durch die Hinzufügung neuer Elemente und durch die Umgestaltung des Vorgefundenen ihren Stempel aufdrückten, befinden sich diverse reich dekorierte Salons, Wohn- und Schlafräume, Vorhallen, ein Durchgangsraum mit Brunnen, ein Kaminzimmer, ein Spiegelkabinett, eine große Badeanlage und weiteres mehr. Besonders erwähneswert ist der von Murat III. errichtete und von Osman III. umgestaltete Festsaal. Hier stand der Thron des Sultans, vor dem er bei Festlichkeiten seine Familie und das Haremsgefolge empfing.

1853 wurde der ehrwürdige Topkapı Sarayı als Residenz des osmanischen Herrscherhauses aufgegeben. Sultan Abdül Meçit (1839-61) zog mit seinem 5000köpfigen Haushalt in den Dolmabahçe-Palast um, der in seinem Auftrag mit ungeheurem Aufwand am Ufer des Bosporus erbaut worden war. Der Harem des Topkapı Sarayı diente von der Zeit Abdül Meçits bis zum Ende des Reichs als Aufenthaltsort für alternde Konkubinen, Sklavinnen und Dienerinnen und löste in dieser Funktion den Eski Sarayı ab.

Eunuchen

Wächter der Frauengemächer und Gottesdiener

Im Harem der Osmanensultane lebten nur Frauen und Kinder: die Mutter des Herrschers, seine Schwestern und Töchter, seine Konkubinen und das weibliche Dienstpersonal, das aus Hunderten, zu Zeiten sogar aus über 1000 Sklavinnen bestand. Außer dem Sultan und den Prinzen war es keinem Mann erlaubt, die Frauengemächer zu betreten. Die männlichen Funktionsträger, die im Rahmen ihrer Pflichten und Aufgaben regelmäßig im Harem zu tun hatten, waren eigens für diese Tätigkeit präpariert worden: Nur Eunuchen durften sich, und das auch nur eingeschränkt, außer den Frauen im Harem aufhalten. Um zu verhindern, daß unbefugte Männer sich hier Zugang verschafften, wurden die Eingänge zum Haus der Glückseligkeit streng bewacht. Auch diesen Wachdienst versahen Eunuchen, und zwar seit dem Ende des 16. Jh. ausschließlich schwarze, total emaskulierte Kastraten.

Einem Prinzenspiegel des 11. Jh., dem *Qabus Nama* des Kai Ka'us ibn Iskandar, ist zu entnehmen, wie man sich im islamischen Kulturraum einen idealen Haremswächter vorstellte: »... Er sollte dunkelhäutig sein, sauergesichtig, welke Glieder haben, spärliche Haare, eine schrille Stimme, kleine, schmächtige Füße, dicke Lippen, eine flache Nase, kurze Finger, eine gebogene Gestalt und einen dicken Nakken. Ein Sklave mit diesen Merkmalen wird sich für den Dienst in den Frauengemächern eignen. Er soll keine weiße Haut noch eine schöne Hautfarbe haben; und Vorsicht vor dem mit einer rötlichen Hautfarbe, insbesondere dann, wenn sein Haar fein ist. Darüber hinaus sollen seine Augen nicht heiß oder feucht sein; ein Mann, der solche Eigenschaften hat, ist entweder den Frauen zu sehr zugeneigt oder dazu veranlagt, sich einzumischen.«

Das Verschneiden von Männern, zu welchem Zweck auch immer, war keine Erfindung islamischer Gesellschaften. Ganz im Gegenteil ist die Kastration von Mensch und Tier nach islamischem Gesetz ausdrücklich untersagt. Aber mit der Übernahme altorientalischer und byzantinischer Sitten kam auch hier bald die Verwendung von Eunuchen in Gebrauch, wobei man, das religiöse Gesetz geflissentlich umgehend, Christen und Juden das grausame Geschäft der Kastration vornehmen ließ.

Die erste Erwähnung von Eunuchen findet sich in mesopotamischen Quellen. Eunuchen wurden auch in Assyrien beschäftigt, und im Alten Testament kommen sie unter der Bezeichnung *Saris* vor.

Eunuchen tauchten historisch oft in Verbindung mit Religionen und religiösen Einrichtungen auf. Die Institution der Eunuchen im kultischen Dienst gelangte von Mesopotamien nach Syrien, von dort nach Kleinasien und schließlich nach Europa. Selbst die Päpste bedienten sich der Kastraten, die im Chor der Sixtinischen Kapelle mit ihren hellen und glockenklaren Stimmen zur Ehre Gottes singen durften.

Die religiös motivierte Kastration, die erwachsene Männer oft freiwillig an sich vornehmen ließen, entsprang dem Wunsch nach der Befreiung von den als unheilig begriffenen irdischen Begierden und nach der Transformierung sexueller Energie in spirituelle Stärke. Auch Knaben wurden auf diese Weise dem Göttlichen geweiht. Neben dem sakralen Bereich wurden im Altertum Eunuchen fast überall zur

Bedienung der Herrscher und, wo es diese Einrichtung gab, zur Bewachung der Frauenhäuser abgestellt.

Was die Potentaten an den Eunuchen schätzten, faßte im 6. Jh. v.Chr. der Perserkönig Kyros II. laut N.M. Penzer in folgender Argumentation zusammen: Da die Eunuchen ohne Familienbande seien und niemanden hätten, dem sie ihre Zuneigung schenken könnten, stehe derjenige ihnen am nächsten, der am besten dazu in der Lage sei, sie reich zu machen und sie in Ehrenpositionen zu erheben. Da sie andererseits vom Rest der Welt mit Verachtung betrachtet und schlecht behandelt würden, bräuchten sie einen Herrn, der ihr Patron sei und sich ihrer annehme. Es gebe keinen Grund, warum ein Eunuch nicht alle anderen an Loyalität übertreffen sollte.

Die Perser waren das erste Volk, von dem bekannt ist, daß sie Gefangene kastrierten, um sie zur Bewachung ihrer Frauengemächer einzusetzen.

Im zweiten Jahrhundert der Ausbreitung des Islam, als die Araber begannen, sich mit den unterworfenen Völkern zu vermischen, den nomadischen Lebensstil ablegten, prächtige Höfe mit einem ausgefeilten Hofzermoniell entstanden und das Haremssystem sich ausprägte, verbreitete sich

Jean-Léon Gérôme,
Der Wächter des Harems,
1859, London, The Wallace Collection

der Gebrauch von Eunuchen wider das koranische Gesetz auch in dieser jungen Kultur.

Der Harem des Abbasiden-Khalifen Harun ar-Raschid wurde sowohl von schwarzen als auch von weißen Eunuchen bewacht. Die weißen Eunuchen waren Slaven (daher die Bezeichnung »Sklave«) und Griechen. Die slavischen Gefangenen wurden von Händlern in das islamische Spanien gebracht, dort verschnitten und zum Weiterverkauf nach Ägypten exportiert. Die Griechen fielen den islamischen Glaubenskämpfern meist bereits verschnitten in die Hände. Der Zeitgenosse Muqaddasi dazu: »Ich fragte eine Anzahl von ihnen, wie sie verschnitten werden, und erfuhr, daß die Griechen ihren Knaben die Hoden herausschneiden und sie dann der Kirche weihen, damit sie nicht den Weibern nachjagen und die fleischliche Lust sie nicht schädige. Wenn dann die Gläubigen ihre Streifzüge machten, fielen sie über die Kirchen her und führten die Knaben fort.«

Was die Schwarzen anlangte, so formuliert André Clot in seiner Abhandlung über die Zeit Harun ar-Raschids lakonisch, so amputierte man sie »am Unterbauch«, damit sie sich nicht fortpflanzen konnten.

Die schwarzen Sklaven waren meist von verfeindeten Stämmen oder arabischen Häschern geraubt worden und kamen aus den oberen Gebieten des Weißen Nils, hauptsächlich aus Kordofan, Darfur und Dongola, sowie aus dem Bagirmi-Distrikt im Südosten des Tschad-Sees. Andere kamen aus Abessinien (Äthiopien), von wo sie zu den Häfen Massawa und Suakin am Roten Meer gebracht wurden, um dort die anstrengende Reise zu den großen Städten Smyrna, Beirut, Dschidda, Mekka, Medina und Konstantinopel anzutreten. Die im Einzugsgebiet des Weißen Nils gefangenen Sklaven wurden meist nach Alexandria gebracht und dort in schmale Boote verfrachtet, oder sie mußten, teils zu Fuß, teils auf Kamele gebunden, die Sahara durchqueren, um schließlich die Küste bei Tripolis, Tunis oder Marokko zu erreichen. Irgendwann unterwegs in einer Karawanserei wurde die schicksalsbestimmende Auswahl getroffen, welche der Knaben und jungen Männer des Trecks zu Eunuchen ›veredelt‹ werden sollten. Denn Eunuchen waren, wie weiße Sklavinnen, von denen später die Rede sein wird, Luxusgüter, die ein Vielfaches von dem einbrachten, was an Gewinn von einem unverschnittenen Sklaven zu erwarten war. Nach der Auslese wurde von darin geübten Juden oder Kopten der barbarische Eingriff an den ausgewählten Opfern vorgenommen.

Das Risiko des Eingriffs für das Opfer war groß. Es galt, die Blutung zum Stillstand zu bringen, die Wunde zu desinfizieren und, je nach dem Umfang der Entfernung der Geschlechtsorgane, den Verschluß der Harnröhre zu verhindern. Diese Risiken des Eingriffs beleuchtend, beschrieb der China-Experte Carter Stent 1877, wie die Verschneidung bei den Chinesen vorgenommen wurde:

»Weiße Binden oder Bandagen werden möglichst straff um den unteren Teil des Bauches und die oberen Partien der Oberschenkel gewunden, um den Blutverlust gering zu halten. Die zu operierenden Teile werden dann dreimal mit heißem gepfefferten Wasser gewaschen, wobei der Patient eine ruhende Stellung einnimmt. Wenn die Teile genügend gewaschen sind, werden sie – sowohl Hodensack als auch Penis – mit einem sichelförmigem Messer möglichst dicht am Unterleib abgetrennt. Nach der vollzogenen Entmannung wird eine Nadel oder ein Zapfen sorgsam in die Harnöffnung an der Wurzel des Penis eingeführt. Nun wird die Wunde mit in kaltem Wasser getränktem Papier bedeckt und sorgsam verbunden. Wenn die Wunde versorgt ist, muß der Verschnittene, gestützt auf zwei Männer, zwei oder drei Stunden im Raum auf und ab gehen und darf sich erst danach hinlegen. Der Patient darf drei Tage lang nichts trinken und leidet in dieser Zeit schreckliche Qualen, nicht nur, weil er Durst hat, sondern auch wegen des heftigen Schmerzes und weil er seinem natürlichen Drang während dieser Zeit nicht nachgeben darf. Nach drei Tagen wird der Verband entfernt, der Zapfen wird herausgezogen, und der Leidende erleichtert sich in einem reichen Strahl von Urin, der wie eine Fontäne hervorschießt. Wenn dies zufriedenstellend erledigt ist, glaubt man den Patienten außer Gefahr, und beglückwünscht ihn, doch wenn der Unglückliche kein Wasser lassen kann, ist er zu einem elenden Ende verurteilt, weil der Harnleiter entzündet und geschwollen ist. Dann kann ihn nichts retten.«

Anders als bei der oben beschriebenen chinesischen Methode sah man im Vorderen Orient den heißen, reinen Wüstensand als die beste Art der Desinfizierung der Wunde an. So wurden die frisch Kastrierten in den Sand eingegraben bis die Verletzung abgeheilt war. Manche der jungen Opfer überlebten die grausame Prozedur der Behandlung nicht. Aber dieses Risiko nahmen die Händler im Hinblick auf den hohen Gewinn und angesichts der Tatsache, daß Sklaventrecks ohnehin oft um die Hälfte dezimiert am Bestimmungsort ankamen, in Kauf.

Um ihre Männlichkeit gebracht, blieb den Verschnittenen nur ein Trost: Eunuchen waren so teuer, daß nur wohlhabende Haushalte sich diesen Luxus leisten konnten. Im Dienst der gesellschaftlichen Oberschicht stehend, waren Eunuchen materiell besser gestellt als die meisten der unverschnittenen Sklaven, und sie hatten die besseren Aufstiegsmöglichkeiten. Dessen ungeachtet mußten Eunuchen oft den Hohn und Spott ihrer Mitwelt ertragen. In den Straßen der großen arabischen Städte wurde sie mit Schmähungen wie »schlechter Sohn, Wasser und Mehl verlor'n« und ähnlichen Unflätigkeiten mehr beleidigt. Eunuchengeschichten gehörten zum festen Repertoire öffentlicher Schausteller, die für die Nachäffung der veränderten Stimmen und Gebärden der Verschnittenen viel Gelächter ernteten, denn die Kastration hatte häufig einschneidende physische und psychische Veränderungen zur Folge. Letzteres war sicher im gleichen Maß eine Auswirkung der gesellschaftlichen Stigmatisierung und Ausgrenzung wie eine Folge der hormonellen Veränderung, die die Kastration bewirkte. Die Eunuchen waren oft schon äußerlich – abgesehen von speziellen Trachten – leicht an ihren hohen Falsettstimmen und an einem Hang zur Fettleibigkeit zu erkennen. Diese Phänomene traten insbesondere dann auf, wenn man die Kastration vor der Pubertät durchgeführt hatte. Die Böswilligkeit, mit der man den Opfern der Kastration begegnete, spiegelt sich in einem anonymen arabischen Ratgeber für den Sklavenkauf aus dem 13. Jh., der die Eigenschaften der Verschnittenen so zusammenfaßt: »Eunuchen ähneln in manchem den Frauen, leben lange, haben große Füße, sind unbarmherzig, weinen schnell, haben einen mahlenden Magen, einen schlaffen After und schlechten Charakter, sind sehr neidisch, streuen Verleumdungen aus, blicken finster, sind immer anderer Meinung, trauern lange, haben sichtbare Adern, Schwellungen und Achillessehnen, lange Arme, Mundgeruch, bösartige Charaktereigenschaften, eine minderwertige Redeweise; sie legen sich mit jedem an, sind brünstig und lüstern.«

Körperlich des Kostbarsten beraubt, konnte man sich die Seele eines Eunuchen als nichts anderes vorstellen, als eine Brutstätte finsterer Rachegelüste, eine Perspektive, die sich auch Charles Montesquieu in seinen berühmten »Persischen Briefen« zu eigen machte. Dort legt er im 34. Brief seinem Protagonisten, dem persischen Reisenden Usbek die Worte in den Mund: »Was kann man denn (...) von einem Geschöpf (erwarten), das seine Ehre darin erblickt, die Frauen eines anderen zu bewachen, das nur durch Neid, Eifersucht und Verzweiflung tugendhaft wird, das vor Rachsucht auf beide Geschlechter, deren Abscheu es ist, vergeht, das sich von den Stärkeren tyrannisieren läßt, wenn es nur die Schwächeren unterdrücken kann ...«

Solchen aus Unkenntnis gefällten Urteilen trat Leyla Saz, eine Dame der osmanischen Oberschicht, in ihren Memoiren entschieden entgegen. Als Tochter des Leibarztes Abdül Meçits I. (1839-61) kam sie bereits im Alter von vier Jahren als Gesellschafterin einer der Prinzessinnen in den Sultansharem und kannte daher die Verhältnisse dort ebenso gut wie die in der osmanischen Aristokratie, der sie entstammte. Sie wußte nur Gutes von den Eunuchen zu berichten: »Die Ausländer glauben, daß die Eunuchen Männern gegenüber Rachegefühle, Haß und Verachtung hegen, daß sie grausam handeln. Vielleicht gibt es auch bei uns welche, die so denken, doch dies ist falsch und unberechtigt. Sie wurden aus ihren Ländern als dorniger *fester Schutz* zwischen Harem und Selamlık, Frau und Mann geholt, und wurden in die Konaks der Mächtigen verkauft. Dies sind überall ihre Pflichten. Diese armen, sanften Männer, die ihre Pflichten ohne Grausamkeit zu zeigen, ausüben, können niemandem wehtun ...«

Sympathisierende Einschätzungen dieser Art sind die Ausnahme auch in den orientalischen Quellen, die sich mit den charakterlichen Eigenschaften der Eunuchen beschäftigen. Sie erscheinen dort vielmehr als gänzlich durch ihre Kastration determiniert, ihre Neigungen und Handlungen niedrig und durch den Versuch der Kompensation eines Mangels motiviert. Und meist werden die (vermeintlichen) charakterlichen Konsequenzen des Verlustes »der Männlichkeit« in scheinheiligem Abscheu den Opfern aufgebürdet.

Die Schwarzen Eunuchen
im Harem der Osmanensultane

Am Hof der osmanischen Sultane dienten, nach Hautfarbe getrennt, sowohl hell- als auch dunkelhäutige Eunuchen. Während die Abteilung der Weißen Eunuchen für den Bereich des Selamlık, also die Gemächer des Sultans, aber auch für die Palastschule zuständig waren, wurde der Harem seit dem Ende des 16. Jh. auschließlich von der Abteilung der Schwarzen Eunuchen bewacht. Dies war nicht etwa so, weil die dunkelhäutigen Verschnittenen als die geringere Gefahr für die Tugend der Haremsinsassinnen eingeschätzt wurden, sondern weil die Ağas der zuvor mit der Haremsbewachung betrauten Weißen Eunuchen ihre Ämter zur eigenen Bereicherung mißbraucht hatten. So überantwortete Murat III. 1591 die Kontrolle seines umfangreichen Harems den Schwarzen Eunuchen. Die Angehörigen dieser Abteilung waren total emaskuliert, das heißt, es waren ihnen sowohl Hoden als auch Penis entfernt worden.

Der oberste Haremswächter: Kızlar ağası

Als oberster Haremswächter rückte der schwarze Obereunuch (Kızlar ağası) jetzt hinter dem Großwesir und dem Scheich-ül Islam in der Riege der mächtigsten Männer des

Reichs an die dritte Stelle; dies drückte sich unter anderem darin aus, daß er nunmehr dem Staatsrat angehörte und damit Entscheidungsträger im höchsten politischen Gremium des Reichs war.

Die Aufgaben des Kızlar ağası, dessen offizieller Titel *Dar-üs Saadet ağası*, »Ağa des Hauses der Glückseligkeit«, lautete, erschöpften sich also nicht in seiner Verantwortlichkeit für die Organisation der Haremsbewachung. Vom Sultan persönlich in diesen hohen Posten eingesetzt, fungierte er als Mittler zwischen Harem und Außenwelt, zwischen Sultan und Harem und zwischen Sultan und Großwesir.

In dieser zentralen Position am Knotenpunkt aller Informationen avancierte mancher Kızlar ağası zur Zeit der Herrschaft der Frauen in Kollaboration mit der Sultaninmutter zum mächtigsten Mann des Reichs.

Zu seinen weiteren Kompetenzen gehörte die Besetzung vakanter Posten innerhalb wie außerhalb des Sarayı. Bis zum 19. Jh. hatte der Kızlar ağası auch das sehr lukrative Amt des Inspektors der Stiftungen für die Moscheen im Reich und in den heiligen Städten Mekka und Medina inne, und er war verantwortlich für die jährliche Prozession der Geschenke, die der Sultan zu den heiligen Stätten schickte.

Der Oberste der Eunuchen (Kızlar ağası), Kupferstich aus der *Istoria dello Stato Presente dell' Imperio Ottomano*, Venedig 1670

Als Inhaber des höchsten militärischen Rangs eines ›Paschas mit drei Pferdeschwänzen‹ bekleidete der Kızlar ağası zudem den Posten des Kommandeurs der Hellebardiere. Diese fungierten unter anderem als bewaffnete Garde der Haremsfrauen, wenn einzelne Abteilungen den Sarayı verließen, um den Sultan auf einer Reise zu begleiten.

Die eigentlichen Hauptaufgaben des Kızlar ağası aber waren die Organisation des Wachdienstes der zeitweise 600-800 Mann starken Abteilung der Schwarzen Eunuchen als auch die für den Fortbestand des ganzen Haremssystems nicht minder wichtige Überwachung der Ausbildung sowohl der künftigen Sultane als auch der jungen Sklavinnen. In früheren Zeiten, als die Prinzen noch eine praxisnahe Ausbildung in der Provinz erhielten, wurde sie dort von einem hochrangigen schwarzen Eunuchen – dem Prinzen-*Lala* – angeleitet und beraten. Zwischen Prinz und Erzieher konnten sich enge persönliche Beziehungen entwickeln, was manchmal dazu führte, daß ein Prinz bei der Thronbesteigung seinen ehemaligen Lehrer zum Kızlar ağası beförderte.

Angesichts der Machtfülle, die mit dem Amt des Kızlar ağası verbunden war, wurde diesem seine Männlichkeit symbolisch zurückerkannt. Als einzigem Eunuchen war es ihm erlaubt, ein eigenes Gefolge zu haben, und die männliche Würde seines Amts verlangte, daß der oberste Haremswächter einen eigenen Harem unterhielt. Auf diese Weise remaskuliert, war es ihm auch nicht gestattet, den Harem des Herrschers, für den er die Verantwortung trug, zu betreten. Die Übermittlung von Botschaften zwischen dem Sultan und den Haremsdamen, insbesondere zur Sultaninmutter, die zu seinen Dienstaufgaben gehörte, wurde unter seiner Leitung von seinem Verbindungsoffizier (*Müsahıp ağası*) und dessen Assistenten besorgt. Den ganzen Tag über waren je zwei der Assistenten des Verbindungsoffiziers dazu abgestellt, Anordungen und Nachrichten vom Sultan zu den Haremsdamen und umgekehrt zu überbringen. Der Kızlar ağası erhielt nach seiner Entlassung aus dem Dienst eine Freilassungsurkunde, und wahrscheinlich wurde er sogar genötigt, das Reich zu verlassen. Als reiche Männer ließen sich ehemalige Obereunuchen in Ägypten oder im Hedschaz nieder, wo sie, wie Penzer es formuliert, ihre alten Tage in orientalischem Glanz verbrachten. Wenn ein Kızlar ağası starb, fiel sein ganzer Besitz wieder dem Sultan zu, der der Erbe der kinderlosen Männer war.

Nicht immer aber lebte ein Kızlar ağası lange genug, um in den Genuß eines Lebensabends in Ruhe und Reichtum zu kommen. Das Amt am Knotenpunkt aller Informationen machte die obersten Haremswächter zu mächtigen, häufig bestochenen und oft gehaßten Männern. Im Zentrum der konfligierenden Interessengruppen stehend, büßten sie in Zeiten politischer Wirren manchmal ihre Parteinahme für die falsche, weil schließlich unterlegene Fraktion mit dem Leben, oder sie wurden Opfer einer der häufigen Intrigen.

Herkunft, Ausbildung und Aufgaben der Schwarzen Eunuchen

Die dunkelhäutigen Eunuchen, die im Harem des Sultanspalastes dienten, stammten hauptsächlich aus Äthiopien und dem Sudan, von wo sie im Alter von acht bis zwölf Jahren verschleppt worden waren. Sie wurden kastriert und von arabischen Sklavenhändlern ins Osmanische Reich verkauft. So waren die Eunuchen in der Regel noch sehr jung, wenn sie in den Harem aufgenommen wurden.

Die Ausbildung, die erforderlich war, die Neuankömmlinge für den Dienst in der Abteilung der Schwarzen Eunuchen tauglich zu machen, war langwierig und hart. Zunächst galt es, die Kinder und Jugendlichen, die einer völlig anderen Kultur entstammten, in der neuen Umgebung kein Wort verstanden und durch Verschleppung und Kastration zutiefst traumatisiert waren, zu disziplinieren und der rigiden Hierarchie der Truppe einzufügen. Davon, daß der Widerstand der Neuankömmlinge oft mit drakonischer Härte gebrochen wurde, zeugt im Quartier der Schwarzen Eunuchen eine Vorrichtung, in die Eunuchen an Händen und Füßen gefesselt wurden, damit sie bei der Bastonade – die Bestrafung durch Stockschläge auf die nackten Fußsohlen – keine Gegenwehr leisten konnten. Militärischer Drill sollte die Jungen auf den Wach- und Gardedienst vorbereiten, der die Hauptaufgabe der Schwarzen Eunuchen darstellte. Parallel zu dieser militärischen Grundausbildung erhielten die Jungen Unterricht von einem Eunuchen-Imam. Dieser lehrte sie die türkische Sprache, Schreiben und Rechnen und die Grundlagen des Islam.

Sobald sie dazu geeignet erschienen, wurden die Jungen dem Wach- und Gardedienst zugeteilt. Die Eunuchengarde hatte nicht nur die Ein- und Ausgänge des Harems streng zu bewachen, sondern auch alle Durchgänge, Höfe und Lagerräume. Darüber hinaus standen schwarze Wachen auch vor den Suiten der Mitglieder der Sultansfamilie und der Kadıns. Allein zur Bewachung der Sultaninmutter war zeitweilig eine 30köpfige Wachgarde abgestellt, wobei die Stärke der Truppe ein Gradmesser für ihren hohen Rang war.

Wenn die Damen den Harem verließen, wurde sie neben ihren eigenen Eunuchen auch von Männern der Eunuchengarde eskortiert. Der Zweck dieser Doppelbewachung mag ein zweifacher gewesen sein: Da die Eunuchen in den persönlichen Gefolgen sich ihren Herrinnen oft verbundener fühlten als dem Sultan, waren sie der Komplizenschaft mit den Frauen verdächtig; zum anderen bot die berittene Garde einen beeindruckenden Anblick und repräsentierte in den Straßen Istanbuls die Macht und Pracht des Hofs.

Zur Zeit Abdül Meçits I. kam es bei einem solchen Ausflug von Palastdamen zu einem schwerwiegenden Zwischenfall: Im liberaleren 19. Jh. hatte man die schweren geschlossenen Kutschen gegen offene Landauer ausgetauscht. In solchen Landauern sitzend, fuhren Palastfrauen in Begleitung einer Eunucheneskorte über die Istanbuler Galata-Brücke, wo sie einem französischen Offizier begegneten. Zwei der Frauen warfen dem Mann in Uniform Kußhände zu. Spontan reagierte der Offizier, wie er auch in seiner Heimat reagiert hätte: Mit der gleichen übermütigen Geste erwiderte er den Gruß. Das war in den Augen der Garde eine unerträgliche Ehrverletzung. Einer der Eunuchen schlug den Offizier ins Gesicht. Dies wiederum verletzte den Franzosen in seiner Offizierssehre. Er zog seinen Degen und tötete den Eunuchen. Nur mit Mühe konnte die unglückliche Affaire zwischen Frankreich und dem Osmanischen Reich beigelegt werden.

Eunuchen, die bei Wach- und Gardedienst Führungsqualitäten zeigten, wurden zum Offizier und später vielleicht sogar zum Kommandeur der Garde befördert. Diese Posten wiederum waren nur das Sprungbrett für die begehrten Ämter in den persönlichen Gefolgschaften. Hier dienten sehr junge neben älteren, bereits verdienten Eunuchen.

Die Mitglieder der Herrscherfamilie und die Kadıns ließen die hübschesten, gelehrigsten und diziplиniertesten Kinder zu ihrer Bedienung abstellen. Diese kleinen Eunuchen genossen gegenüber ihren verschnittenen Altersgenossen, die auf den Wach- und Gardedienst vorbereitet wurden, eine Reihe von Privilegien. Ihre Anwesenheit im Gefolge hatte wohl zumeist mehr dekorativen als praktischen Charakter. In feine Seidengewänder gekleidet, erschöpfte sich ihr Dienst in kleinen Handreichungen. Wie die Sklavinnen erhielten auch sie einen neuen Namen, wenn sie in das Gefolge aufgenommen wurden. Man rief sie mit den Blumennamen »Hyazinth, Narziß, Rose, und Nelke, denn da sie im Dienst von Frauen stehen, sollen ihre Namen Keuschheit, Reinheit und Duft beinhalten«, berichtet Ottavio Bon in »Seraglio of the Grand Signor« zu Anfang des 17. Jh. Im Gefolge wurden sie unter der Obhut einer Meisterin, einer älteren erfahrenen Amtsträgerin, weiter ausgebildet. Die Erfahrungen, die sie während ihrer Dienst- und Ausbildungszeit im Gefolge machten, erwiesen sich zumeist als sehr nützlich für ihre weitere Laufbahn.

Außer über diese Kindereunuchen verfügten die Sultaninmutter, jede Kadın, ab einem bestimmten Alter jede Prinzessin und jeder Prinz über einen eigenen Obereunuchen und mehrere untergeordnete Amtsträger mit deren Assistenten. So dienten zu Beispiel im Gefolge der Sultaninmutter unter der Leitung eines Obereunuchen unter anderem ein Schatzmeister, ein Imam (Vorbeter), ein Erzieher – dies könnte der Prinzenerzieher (*Lala*) gewesen sein – und ein Eunuch, der für die Zubereitung der Sorbets zuständig war. Einige dieser Ämter scheinen mit einem Eunuchen und einer Meisterin doppelt besetzt gewesen zu sein. Das weibliche Pendant zum Obereunuchen war die Verwalterin, neben dem Eunuchen-Schatzmeister gab es in jedem Gefolge auch eine Schatzmeisterin usw. In welcher Weise der Eunuch und seine Kollegin kooperierten und welchen Sinn diese Doppelbesetzung durch jeweils einen Eunuchen-

Zwei Eunuchen im Hof des Sarayı, Stich

Amtsträger und eine entsprechende Meisterin sowohl in den Gefolgen als auch in der Verwaltung des Harems insgesamt hatte, bleibt leider ungeklärt.

In den Gefolgen entwickelten sich oft zwischen Eunuchen und Sklavinnen, aber auch zwischen einem Eunuchen und seiner Herrin sehr enge emotionale Bindungen. Djavidan Hanum, eine Europäerin, die als freie Gattin des Khediven Abbas Hilmi II. um die Jahrhundertwende Einblicke in die ägyptischen Verhältnisse hatte, schreibt dazu: »Der Eunuch konnte sich platonisch in eine Frau verlieben, dann kannte seine Ergebenheit keine Grenzen. Auch war er fähig, die Frau in ihrer Art feminin zu erfassen, fand Verbindung zu ihr wie zu einer Wesenähnlichen, Selbstempfundenen. Lebte er doch das Leben der Frauen mit ihnen, teilte ihre Sorgen und Wünsche.«

Nicht immer blieb es bei der platonischen Liebe, und der Eunuch und seine Geliebte fanden einen Weg, trotz, oder gerade wegen des Handikaps der Kastration des Mannes eine einfühlsame und für beide Seiten beglückende körperliche Beziehung aufzunehmen. Auch von solchen Fällen weiß Djavidan Hanum zu berichten: »Noch heute leben gebildete Frauen, die Gefühlsauserwählte von Eunuchen waren, mit denen sie jahrelang in glücklicher freier Halbehe gelebt haben. Vielleicht ziehen sie jetzt – in ihren vollwertigen Ehen – bedauernde Rückvergleiche.«

Vielleicht um solche verbotenen Liebesbeziehungen zu erschweren, hatten im Istanbuler Herrscherpalast die Eunuchen nachmittags um 3 Uhr den Haremstrakt zu verlassen. Wahrscheinlich aus dem gleichen Grund wurden die von ihren persönlichen Wächtern begleiteten Frauen bei ihren Ausflügen immer zusätzlich von einer dem Sultan unterstehenden Eunchengarde eskortiert.

Die Kandidaten für die Besetzung der höchsten Ämter der Eunuchenhierarchie wählte der Kızlar ağası zumeist unter den Verschnittenen, die bereits längere Zeit in gehobenen Positionen in den Gefolgschaften gedient hatten. Da gab es den bereits erwähnten Verbindungsoffizier (*Müsahıp ağası*), der mit seinen Assistenten die Kommunikation zwischen dem Sultan und den Haremsdamen besorgte. Der *Müsendereci* war dafür verantwortlich, daß die Eunuchen ihren Pflichten nachkamen. Andere hohe Amtsträger organisierten und befehligten den Wach- und Gardedienst. Weitere sehr bedeutsame Posten waren die Ämter der Prinzenerzieher, die allerdings vom Sultan direkt eingesetzt wurden. Das nach dem Kızlar ağası höchste Amt war das des obersten Schatzmeisters (*Haznedar*), dem die finanziellen Obliegenheiten des Harems anvertraut waren. Jeder der genannten Ränge konnte eine Vorstufe zum begehrten Amt des Kızlar ağası sein.

.

Die Sklavinnen in den Haushalten der osmanischen Oberschicht

Alle Bewohnerinnen des Sultansharems, vom Küchenpersonal bis zu den Konkubinen des Sultans, hatten den Harem als Sklavinnen betreten. Selbst die unumstrittene Herrin der Frauengemächer, die *Valide sultan*, behielt lebenslänglich ihren Sklavinnenstatus, es sei denn, der Vater des amtierenden Sultans hatte sie zu seiner legalen Frau gemacht, was ihre vorherige Freilassung erforderte, oder aber er hatte eine freigeborene Muslimin geheiratet. Aber beides kam seit dem 16. Jh. nur noch in wenigen Ausnahmefällen vor. Die einzigen freigeborenen Bewohnerinnen des Harems waren in der Regel die Töchter und Schwestern des Sultans, die Prinzessinnen.

Woher kamen die Sklavinnen, die im Herrscherharem und in den Harems der osmanischen Oberschicht dienten? Und bevor wir uns dem Harem des Sultans zuwenden: Was hieß es, Sklavin in einem gewöhnlichen Harem zu sein?

Die osmanische Oberschicht zeigte wenig Dünkel im Verkehr mit Angehörigen anderer Kulturen und Religionen, sofern es sich um Mitglieder hellhäutiger Rassen handelte. Hier sei daran erinnert, daß durch die Adern der Herrscherfamilie kaum noch ein Tropfen turkmenischen Bluts floß. Anfangs hatten die Herrscher Prinzessinnen fremder Dynastien geehelicht, sich seit dem 16. Jh. schließ-

Thomas Allom, *Sklavenmarkt in Constantionopel,* aus *Constantinopel und die malerische Gegend der sieben Kirchen in Kleinasien,* Braunschweig 1841

lich aber fast nur noch mit Sklavinnen verbunden und mit diesen Kinder gezeugt. Das bedeutete, daß es sich bei den Müttern der Sultane fast immer um fremdländische Frauen handelte, da die Osmanen niemals Angehörige der eigenen turkmenischen Rasse versklavten. Auch in der osmanischen Oberschicht – mit Ausnahme der Familien des religiösen Establishments – waren Heiraten mit fremdländischen Sklavinnen keine Seltenheit. War die Elite der osmanischen Gesellschaft doch selbst das Resultat der jahrhundertelangen Integration der Palastschulenabsolventen in ihre Reihen, von Männern also, die als Sklaven ins Reich gekommen waren.

Diskriminierend war man im Osmanischen Reich allerdings, wie bereits angedeutet, in bezug auf die Hautfarbe. Schwarze Sklaven bewachten als Kastraten die großen Harems des Reiches, und die groben Arbeiten in den Haushalten der feinen Gesellschaft wurden überwiegend von schwarzen Sklavinnen geleistet. Letzteres war auch im Sultanspalast bis ins 19. Jh. hinein nicht anders. Dann, so die türkische Zeitgenossin Leyla Saz, wurde Sultan Abdül Meçit I. durch seinen besonderen Schönheitssinn dazu veranlaßt, alle dunkelhäutigen Sklavinnen aus seinen Frauengemächern zu verbannen. Außer zwei schwarzen Köchinnen habe es unter den rund 1000 Frauen und Mädchen des Harems lediglich die schwarze Sängerin Zeyneb gegeben, ein Geschenk von Abbas Pascha, dem Wali von Ägypten, das der Sultan schwerlich ablehnen konnte.

Die schwarzen Frauen und Mädchen hatten bereits Schlimmes hinter sich, wenn sie endlich auf dem Sklavenmarkt in Istanbul zum Verkauf angeboten wurden. Sie waren meist in einem der drei großen Sklavengebiete Afrikas – dem Sudan, Abessinien oder Ostafrika – von verfeindeten Stämmen geraubt und an Araber gegen andere Güter eingetauscht worden. Die arabischen Sklavenhändler schafften ihre menschliche Ware dann an die jeweiligen Bestimmungsorte. Nach Schätzungen überlebte nur jeder zweite Sklave den beschwerlichen Transport durch Wüste, unwegsames Gelände und übers Meer, in sengender Sonne und oft geplagt von Hunger und Durst.

In welcher Verfassung ein solcher Treck von Sklavinnen 1836 im Osmanischen Reich ankam, davon berichtet, mit Abscheu und ohne Mitgefühl für die Frauen, Helmuth von Moltke:

> »Auf einem Spaziergang auf der asiatischen Küste begegnete ich unlängst einer Koppel schwarzer Sklavinnen, die, ich glaube, aus Oberägypten kamen, wo die Weiber ebenso garstig als die in Nubien schön sind. Jene glichen wirklich kaum Menschen; die Stirn ist eingedrückt, Nase und Oberlippe bilden fast eine Linie, der starke Mund tritt weit über die Nasenspitze vor, das Kinn zurück. Es ist der Übergang zur tierischen Gesichtsbildung. Der ganze Anzug dieser Damen bestand in einem Stück Sackleinwand, dennoch

fehlte der Putz nicht, denn blaue Glasringe umgaben die Knöchel und Handgelenke, und das Gesicht war durch tiefe Einschnitte verschönert. Sie drängten sich um mich und riefen aus roher Kehle mit großer Lebhaftigkeit unverständliche Worte. Ein alter Türke, ihr Führer, bedeutete mich, daß sie fragten, ob ich eine von ihnen kaufen wollte. Eine solche Sklavin kostete durchschnittlich 150 Gulden, d.h. etwas weniger als ein Maultier. Auf dem Sklavenmarkt in Konstantinopel habe ich die weißen Sklavinnen nicht sehen dürfen, von schwarzen saß eine große Zahl im Hofe. Sie warfen sich mit Gier über das Backwerk, welches wir unter sie verteilten, und alle wollten gekauft sein.«

Die weißen Sklavinnen, die Moltke auf dem Eşir Pazarı, dem großen Istanbuler Sklavenmarkt, nicht zu sehen bekommen hatte, wurden nur ernsthaften und zahlungskräftigen Interessenten gezeigt. Sie waren, im Gegensatz zu den hier angebotenen schwarzen Frauen und Mädchen, ein teurer Luxusartikel. Weiße Sklavinnen wurden im Marktgebäude in separaten Räumen untergebracht, und feingedrechselte Holzgitter vor den Fenstern schützten sie vor neugierigen Blicken. Kamen kaufwillige Kunden, wurden diese Sklavinnen hergerichtet und in speziellen Salons vorgeführt.

Anders als ihre schwarzen Schwestern, die froh sein konnten, wenn sie am Ende ihres Leidensweges in die Hände einer gütigen Herrin kamen, für die sie die Hausarbeit verrichten durften, träumten viele der weißen Sklavinnen davon, in Istanbul ihr Glück zu machen.

Im 15. Jh., als nach dem Vorbild des Sultansharems auch die Elite des Reichs begann, umfangreiche Harems einzurichten, stieg die Nachfrage nach weißen Sklavinnen mächtig an. Bislang waren weiße Sklavinnen als Kriegsbeute und durch Raub und Piraterie auf den Istanbuler Sklavenmarkt gelangt. Um die wachsende Nachfrage zu befriedigen, wurde ab dem 15. Jh. die *Devşirme*, die Methode der Knabenlese, für eine Zeitlang auch auf Mädchen ausgeweitet.

Liebespaar auf der Haremsterrasse, Miniatur, Indien,
erste Hälfte des 18. Jh., Staatliche Museen zu Berlin,
Museum für Islamische Kunst

واهم بمغنیه عم وآری   ستی حفظا ایلیه الله باری
سکا ترتیب ایله نغدی جانا   سویله یم بنده زنان دنیا

Sommerliche Vergnügungen an den Süßen Wassern Europas,
Miniatur aus Fazıl-i Enderuni, Zenanname, Istanbul,
Ende 18. Jh., London, The British Library

»Wie sie inn leren Zimmern sizen« (Frauen im Harem),
europäische Darstellung des Themas um 1590, aus dem
Codex Vindobonensis, Wien, Österreichische Nationalbibliothek

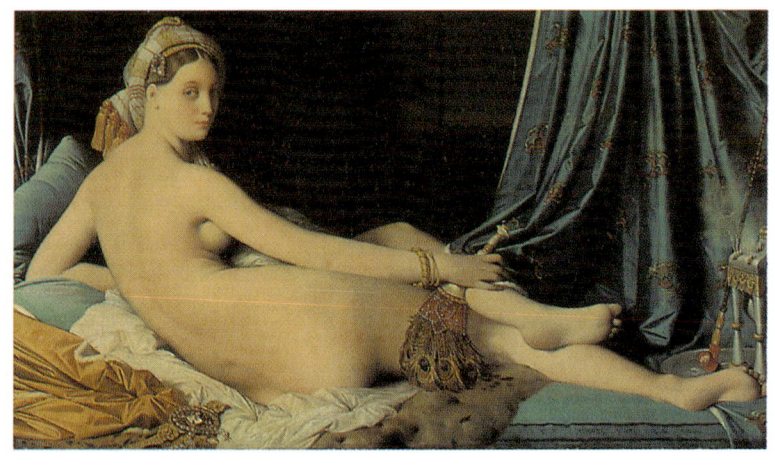

Jean-Auguste-Dominique Ingres, Die große Odaliske, 1814, Paris,
Musée du Louvre

Jules Jean Antoine Lecomte du Noüy, Die weiße Sklavin, 1888,
Paris, Musée du Louvre

Maurice Bompard, Haremsszene, um 1900,
Marseille, Musée des Beaux-Arts

Achille Boschi, Der Tellertanz, 19. Jh., London, Mathaf Gallery

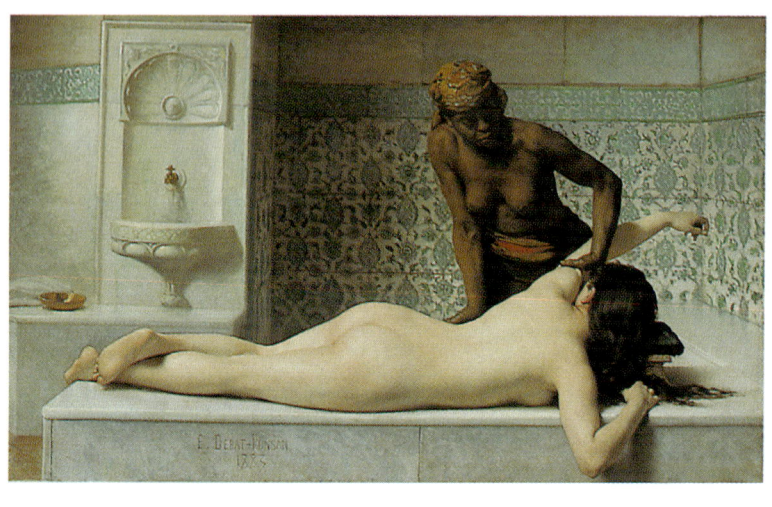

Edouard-Bernard Debat-Ponsan,
Die Massage – Türkische Badeszene, 1885,
Toulouse, Musée des Augustins

Paul-Désiré Trouillebert, Die Haremsdienerin, 1874,
Nizza, Musée des Beaux-Arts

Edouard Richter, Die Solistin, 19. Jh., Mathaf Gallery, London

Frank Dicksee, Leila, 1892, Privatsammlung

John Singer Sargent, Fumée d'ambre gris, Williamstown,
Massachusetts, Sterling and Francine Clark Art Institute

Mit dem Ende der Expansion konnten kaum noch Sklavinnen als Kriegsbeute ins Reich gebracht werden, womit eine der wichtigsten Rekrutierungsquellen versiegte. Inzwischen hatte sich aber, als Reaktion auf die große Nachfrage in den persischen und osmanischen Harems nach weißen Sklavinnen, der Kaukasus zu einem bedeutenden Sklavengebiet entwickelt.

Hellhäutige Kaukasierinnen – Tscherkessinnen, Georgierinnen und Russinnen – galten als besonders schön, und die Nachfrage stimulierte einen umfangreichen Sklavenhandel, aus dem viele ihren Gewinn zu ziehen suchten.

Verfeindete Stämme führten Kriege gegeneinander, und die Sieger verschleppten die Frauen und Mädchen der im Kampf Unterlegenen, um sie an die Sklavenhändler zu verkaufen. Die tscherkessische Gesellschaft, die im Lauf der Zeit die meisten der weißen Sklavinnen im Osmanischen Reich stellte, war eine Feudal- und Sklavenhaltergesellschaft. Feudalherren verkauften einen Teil ihrer Sklavinnen. Oder sie hielten Sklavenpaare dazu an, Kinder, sprich Mädchen, für den Verkauf »zu produzieren« und stellten dafür die Freilassung der Eltern in Aussicht.

Manchmal brachten auch freie Eltern ihre Töchter zum Verkauf zu der Sammelstelle beim Feudalherren: Sie konnten sich damit trösten, daß sie ihren Mädchen so die Möglichkeit eröffneten, Konkubine oder gar Ehefrau eines osmanischen Paschas werden zu können oder – Gipfel des Erfolgs – eine der *Kadıns* des Sultans. Denn bald hatte sich die Kunde verbreitet, daß tscherkessische Sklavinnen in die höchsten Ränge der osmanischen Gesellschaft aufgestiegen waren.

Es wird berichtet, daß tscherkessische Mütter ihre kleinen Töchter mit Wiegenliedern in den Schlaf sangen, die von einem prächtigen Leben in Diamanten als Frau des Sultans erzählten. Europäische Beobachter, von denen sich einige schon früh gegen diesen Menschenhandel ereiferten, mokierten sich darüber, daß tscherkessische Eltern die religiöse Erziehung ihrer Töchter vernachlässigten, um ihnen die Annahme des muslimischen Glaubens zu erleichtern.

Angesichts der mit der Sklaverei verbundenen Hoffnungen verwundert es nicht, daß manche junge Tscherkessin freiwillig die Heimat in den kaukasischen Bergen verließ, um zu den Sklavenhäfen am Schwarzen Meer zu gelangen. Dort verkaufte sie sich an einen Sklavenhändler und wurde auf ein Schiff verfrachtet, das sie mit ihren Schicksalsgenossinnen nach Istanbul brachte.

Die erste Station für die weißen Sklavinnen in Istanbul war der große Sklavenmarkt. Ahmet I. hatte den Eşir Pazarı auf Druck der mächtigen Zunft der Sklavenhändler 1609 unweit des Großen Basars errichten lassen, ein imposantes quadratisches Gebäude mit zentralem Innenhof und einer kleinen Moschee. Hier wurden die Weichen für das Schicksal der Sklavin gestellt.

Die Mehrzahl der weißen Sklavinnen waren Mädchen im Alter von 6-13 Jahren. Manchmal waren sie sogar noch jünger. Die Sklavinnen wurden sorgfältig begutachtet und daraufhin untersucht, ob sich nicht vielleicht körperliche oder charakterliche Mängel bei ihnen feststellen ließen. Ein schwerwiegender wertmindernder Mangel bei größeren Mädchen und jungen Frauen war der Verlust der Jungfräulichkeit, weshalb bei Sklavinnen dieses Alters eine Hebamme bei der Untersuchung hinzugezogen wurde. Im Zweifelsfall wurde die Sklavin für zwei oder drei Monate beobachtet, bevor man sie zum Kauf anbot, um Anzeichen einer eventuellen Schwangerschaft abzuwarten. Der Kauf von weißen Sklavinnen war Vertrauenssache und die Kunden oft Stammkunden. Großabnehmer waren der Herrscherharem und die großen Haushalte der osmanischen Oberschicht.

Dabei waren es eher die Frauen der ersten Gesellschaft als ihre Männer, die sich Dutzende von Sklavinnen zulegten. Diese gehörten dann zu ihrem privaten Besitz, auf den der Ehemann von Rechts wegen keinen Zugriff hatte.

Lady Montagu, die im frühen 18. Jh. Gelegenheit hatte, einige der Frauen der osmanischen Elite zu besuchen, bot sich beim Betreten der Frauengemächer immer die gleiche Szenerie: Die Hausherrin mit ihren Töchtern, umgeben von einer Vielzahl von bildschönen Sklavinnen. Bei ihrem Besuch bei der bezaubernden Fatima, Gattin des stellvertretenden Großwesirs und selbst Tochter einer polnischen Sklavin, geriet sie geradezu in Verzückung:

»Zwei schwarze Eunuchen kamen mir an der Tür entgegen und führten mich eine lange Galerie zwischen zwei Reihen schöner junger Mädchen hindurch, deren fein geflochtenes Haar bis auf die Füße hing. Sie waren in schöne, leichte

John Frederick Lewis, *Der Empfang*, 1873, Gemälde eines Empfangs bei einer ägyptischen Hausherrin, New Haven, Connecticut, Yale Center for British Art

Damaste, mit Silber durchwirkt, gekleidet. Ich bedauere, daß der Anstand mir nicht erlaubte, still zu stehen und sie näher zu betrachten. Allein dieser Gedanke verlor sich bei meinem Eintritt in ein großes Gemach oder vielmehr einen Pavillon (weil es rund ist) mit vergoldeten Fenstern, wovon die meisten aufgezogen waren. (...) Auf einem drei Stufen erhöhten und mit persischen Teppichen bedeckten Sofa saß des Kyhaias Gemahlin und lehnte sich an weiße, auf Atlas gestickte Kissen. Zu ihren Füßen saßen zwei junge Mädchen von ungefähr 12 Jahren, liebenswürdig, schön wie Engel, sehr reich gekleidet und mit Juwelen fast bedeckt.«

Nachdem sich die Lady seitenlang über die atemberaubende Schönheit ihrer Gastgeberin ausgelassen hat, fährt sie fort:

»Sie (Fatima) sagte mir, die zwei Mädchen zu ihren Füßen wären ihre Töchter, obschon sie zu jung schien, um ihre Mutter zu sein. Unten an ihrem Sofa standen ungefähr zwanzig ihrer holden Dienerinnen und erinnerten mich an die Gemälde antiker Nymphen. Ich dachte nicht, daß die ganze Natur eine Szene von solcher Schönheit schaffen könnte. Sie gab ihnen ein Zeichen zum Spielen und Tanzen. Vier von ihnen fingen unverzüglich an, Melodien auf Instrumenten zu spielen, die teils einer Laute, teils einer Gitarre glichen, und sangen dazu, während die anderen abwechselnd tanzten. Dieser Tanz unterschied sich sehr von dem, was ich zuvor gesehen hatte. Nichts kann kunstvoller und geeigneter sein, gewisse Gedanken zu wecken. So sanfte Töne! So schmachtende Bewegungen! Von Pausen und ersterbenden Blicken begleitet! Halb lassen sie sich zurücksinken und erholen sich dann auf eine so kunstvolle Art wieder, daß gewiß die kälteste und strengste Spröde auf Erden es nicht hätte ansehen können, ohne an etwas zu denken, wovon man eben nicht reden soll.«

Lady Montagu war beeidruckt, und das war auch das Ziel der Vorstellung. Ein solch anmutiger Harem war der Stolz

Levni, *Schlafende Dame*, türkische Miniatur, frühes 18. Jh., Istanbul, Bibliothek des Topkapı Sarayı

jeder Frau von Rang, denn die Ausbildung und Formung der Sklavinnen, die oft schon im Kindesalter in den Haushalt kamen, war ein zentraler Inhalt ihres Lebens, das sich ja fast gänzlich innerhalb der Mauern ihres Stadtpalastes abspielte. Ausgeschlossen vom öffentlichen Leben und den Angelegenheiten der Männer – was nicht heißen soll, daß die Frauen nicht doch immer wieder Mittel und Wege fanden, Einfluß zu nehmen –, schufen sich die Damen der osmanischen Gesellschaft ihre eigenen kleinen Reiche. Hier fungierten die weißen Sklavinnen eher als Gesellschafterinnen und Hofdamen der Hausherrin, als daß sie schwere Hausarbeiten hätten erledigen müssen. Fürs Grobe hatte man die schwarzen Sklavinnen.

Wie Verheißungen auf ein Leben in Schönheit und Luxus klangen die Phantasienamen, mit denen die kleinen Sklavinnen bei ihrer Aufnahme in die neue Familie belegt wurden: *Gülbahar* (Frühlingsrose) oder etwa *Servetseza* (Größe des Reichtums) wurden sie jetzt gerufen. Entsprechend ihrer künftigen Unterhaltungs- und Repräsentationsaufgaben gestaltete sich die Ausbildung der Mädchen. Sie erlernten die türkische Sprache, ein wenig Lesen und Schreiben; insbesondere das Abfassen zierlicher Liebesbriefe war eine Kunst, die sie beherrschen sollten. Man brachte ihnen bei zu nähen und zu sticken. Das Hauptgewicht der Ausbildung aber lag auf der Kultivierung des Charmes. Sie lernten, sich anmutig zu bewegen, zu singen, zu tanzen und ein Instrument zu spielen.

Ab dem 17. oder 18. Lebensjahr wurden die meisten dieser Sklavinnen in der einen oder anderen Form einem Mann zugeführt. Nicht selten trennte sich die Herrin nun von ihrer Ziehtochter, weil sie fürchtete, der eigene Ehemann könne Gefallen an den Reizen des Mädchens finden.

Manche Sklavin wurde aber auch mit einem Sohn des Hauses verheiratet. Denn während die Töchter bei ihrer Heirat das Heim verließen, verblieben die Söhne mit ihren Familien in der Regel im elterlichen Haushalt. Eine in der Familie aufgewachsene Sklavin hatte von klein auf gelernt, die Hausherrin zu respektieren, und sie würde dieser auch als Schwiegertochter ihren Vorrang nicht streitig machen. Noch zu Anfang dieses Jahrhunders vermerkt die gebürtige Schwedin Prinzessin Mirza Riza Khan Arfa, einen solchen Fall schildernd, in ihrem Roman »Der Gesang der dunklen Wasser«: »Manche türkische Mutter zog eine gehorsame und untertänige, wenn auch arme Schwiegertochter einer übermütigen und reichen vor.«

Gern verschenkte man eine Sklavin auch an eine hochstehende Familie, die man sich verpflichten wollte. Schöne, ausgebildete Sklavinnen galten als besonders wertvoll. So kamen viele der Sklavinnen des Sultans von Familien der Oberschicht. Da die Mädchen auch weiter sehr engen Kontakt zu ihren Ziehmüttern pflegten, war man dem Zentrum der Macht ein gutes Stück näher gekommen. Andere Sklavinnen verkaufte man an Männer der ersten Gesellschaft.

Es gab auch Frauen, die die Ausbildung und den Verkauf von Sklavinnen ganz zu ihrer Profession gemacht hatten, ein durchaus angesehenes und äußerst lukratives Gewerbe. Die von ihnen geschulten Sklavinnen waren sehr begehrt. Aubrey de la Motraye berichtet im frühen 18. Jh.: »Es wird ihnen beigebracht zu gefallen, durch einen leidenschaftlichen Tanz ihr Verlangen zu zeigen, Liebeslieder zu singen und Instrumente zu spielen. Es ist eine türkische Sitte für

Frauen, den Männern zu schmeicheln, indem sie sie Beherrscher oder König ihres Herzens nennen. Händler geben Sklavinnen diese amouröse Ausbildung, aber sie geben streng darauf acht, daß sie sie nicht einsetzen, bevor sie verkauft sind.«

Sklavinnen waren als Ehefrauen beliebt, denn sie hatten gelernt, verführerisch und anschmiegsam zu sein. Darüber hinaus konnten sie im Fall von Eheproblemen nicht ihre Familie als Druckmittel gegen den Mann einsetzen, was osmanische Frauen oft taten. Schätzungen aus dem 19. Jh. sprechen davon, daß mehr als ein Drittel der weißen Sklavinnen legal verheiratet wurden.

Die Schicksale dieser Ex-Sklavinnen waren so unterschiedlich wie die familiären Konstellationen, die sie bei ihrer Verheiratung vorfanden. In den Fällen, in denen der Mann bereits mit einer oder mehreren freigeborenen Ehefrauen verheiratet war, konnte es sein, daß diese ihre neue Konkurrentin um die Gunst des Mannes immer wieder den niederen Rang ihrer Herkunft spüren ließen.

Noch problematischer war in der Regel die Stellung der Sklavinnen, die von Männern der ersten Gesellschaft zu ihren Konkubinen gemacht worden waren. Viele Ehefrauen konnten sich schon nicht damit abfinden, wenn der Mann im Laufe der Zeit noch eine oder mehrere jüngere Frauen dazuheiratete. War die Zahl der legalen Frauen auch auf vier beschränkt, so konnte der Mann sich doch so viele Konkubinen nehmen, wie er zu finanzieren vermochte und den Ehefrauen zumuten wollte. Um den ehelichen Frieden zu wahren, richteten die Männer den Konkubinen manchmal einen eigenen Haushalt ein. Meistens aber wurden die Konkubinen in den Haushalt der Ehefrauen aufgenommen, die dann von den Sklavinnen als neue Herrinnen respektiert werden mußten. Oft waren die Konkubinen unentwegten Schikanen seitens der Hausherrin ausgesetzt. Sie taten dann gut daran, wenn sie um ihren Wiederverkauf baten. Die Bitte um Wiederverkauf oder gar die Flucht von

Sklavinnen waren keine Seltenheit. Die Ehefrauen fühlten sich von den unfreien Konkurrentinnen auch deshalb bedroht, weil deren Kinder mit dem Hausherrn den Kindern aus legalen Verbindungen rechtlich völlig gleichgestellt waren. Als *Umm-ül veled* (Mutter eines Sohns/Kindes) konnte die Konkubine nicht mehr weiterverkauft werden und erlangte beim Tod ihres Herrn automatisch die Freiheit.

Bedrückend wurde die Situation der Konkubine dann, wenn ihr Herr das Interesse an ihr verlor. Im späten 19. Jh., als auch die osmanische Gesellschaft allmählich sensibler gegenüber dem Schicksal der Sklavinnen wurde, schrieb Leyla Saz:

»Die Odalisken, die Favoritinnen des Hausherren waren oder Kinder hatten, besaßen jeweils ein oder zwei Zimmer. Wenn ihr Gebieter ihrer überdrüssig wurde, wurden sie zu zweit oder dritt in einen winzigen Raum gepfercht und waren fortan noch geringer angesehen als eine schwarze Sklavin, die wenigstens nicht aus dem Zimmer eilen mußte, wenn der Herr anwesend war. Die Unglücklichen fürchteten sich schrecklich davor, dem herzlosen Mann unter die Augen zu kommen, und brachten ihre Tage damit zu, vor seiner Geliebten zu katzbuckeln, wobei sie sich ihre Eifersucht nicht anmerken lassen durften.«

Viele Berichte von Betroffenen aus dem 19. und frühen 20. Jh. deuten darauf hin, daß Eifersucht und Intrige oft den Alltag in den großen Harems der Oberschicht bestimmten. Dennoch hat es auch Ehefrauen gegeben, die sich mit ihren Nebenfrauen und den Konkubinen ihres Manns zu arrangieren suchten. Es wird sogar auf Fälle verwiesen, in denen Frauen, die selbst keine Kinder bekommen konnten, ihre Männer dazu ermutigten, eine Konkubine in den Haushalt aufzunehmen, damit diese der Familie den ersehnten Nachwuchs schenkte.

Die Sklavinnen des Sultanspalastes

Haremshierarchie und Haremskarrieren

Der Sultanspalast deckte seinen großen Bedarf an Sklavinnen aus verschiedenen Quellen. Viele wurden von den Agenten des Zeremonienmeisters auf dem großen Sklavenmarkt in Istanbul gekauft. Eine Zeitlang waren auch einige von den Osmanen unterworfene christliche Provinzen dazu verpflichtet, eine bestimmte Anzahl an Sklavinnen als Tribut an den Palast zu liefern. Darüber hinaus wurden dem Sultan besonders schöne junge Frauen des öfteren zum Geschenk gemacht. Diese Sklavinnen wurden dann – als Quereinsteigerinnen sozusagen – direkt in das priviligierte persönliche Gefolge des Herrschers aufgenommen.

Doch wie auch immer die Mädchen und jungen Frauen in den Harem des Sultans gelangten: Sie hatten als Sklavinnen im Licht der damaligen Zeit und angesichts der vielfältigen Aufstiegsmöglichkeiten, die sich ihnen hier boten, ein vergleichsweise glückliches Los gezogen. In der Regel konnten sie davon ausgehen, daß ihre materielle Zukunft nun gesichert war, und in den meisten Fällen war es durchaus nicht so, daß sie gegen ihren Willen für den Rest ihres Lebens im Harem des Herrschers gefangengehalten wurden.

Seit dem Fall Konstantinopels im 15. Jh. kursierten im christlichen Abendland die abenteuerlichsten Vorstellungen über die Religion und Kultur der muslimischen Osmanen. Schon zuvor hatte der Islam als Religion der Unmoral gegolten, da der Glaube, nach Lesart der christlichen Apologeten, die »Vielweiberei« ausdrücklich gestattete. Da fand die Kunde, daß der osmanische Herrscher in seinem Palast in Konstantinopel Frauengemächer mit Hunderten von Sklavinnen habe, bei den Abendländern offene Ohren. Nach allem, was man von den Muslimen zu wissen glaubte, konnte man sich in Europa unter dem Harem des Topkapı Sarayı kaum etwas anderes vorstellen als das gigantische Lustgemach des Osmanensultans, in dem versklavte Frauen – geraubte Christinnen, die zur Annahme des Islam gezwungen worden waren – aus Todesangst oder Verderbtheit gegeneinander um die Gunst des Herrschers buhlten.

Sicher war der Harem des Topkapı Sarayı, *Dar-üs Saadet*, symbolisch und real um das physische und psychische Wohlbefinden des Sultans zentriert. Schönheit und Bequemlichkeit dienten dazu, dem Großherrn das Leben in seiner Privatsphäre zu versüßen. Die Pflege der Sinne und Sinnlichkeit des Herrschers war somit ein wesentlicher Aspekt des Harems. Dies allerdings geschah in einer sehr formalisierten und kontrollierten Weise. Außerhalb seines Wohntraktes bewegte sich der Sultan im Harem eher wie ein hoher Gast als wie der unumschränkte Herrscher über alle hier lebenden Frauen. Gerade von ihm erwartete man, mehr noch als von allen anderen Bewohnern, daß er sich an die strengen Vorschriften des Hofzeremoniells hielt, von dem alle Bereiche des Palastlebens minutiös geregelt waren. Es wird berichtet, der Sultan habe im Harem genagelte Schuhe getragen, damit die Frauen sein Nahen früh genug hören konnten und Gelegenheit fanden, sich gegebenenfalls zurückzuziehen. Unvermutete und zeremoniell ungeregelte Begegnungen wären allen Beteiligten ein Greuel gewesen.

Der Harem des Topkapı Sarayı war tatsächlich weit mehr als das »Lustgemach« des Sultans. Als soziale Einrichtung stellte er in erster Linie die Familie und den privaten Haushalt des Herrschers dar. Die Konkubinen des Sultans machten nur einen relativ kleinen Teil der im Harem lebenden Frauen aus. Neben den selten mehr als 10-12 offiziellen Konkubinen, den *Kadıns* und *Ikbals*, beherbergte der Harem die engsten weiblichen Angehörigen der Herrschers: seine Mutter, die *Valide*, und bis zu ihrer Verheiratung seine Schwestern und Töchter, die *Sultanas*. Ab dem frühen 17. Jh. schließlich waren, in die Prinzenkäfige verbannt, auch die Söhne, Brüder und Neffen des Sultans auf dem Areal des Harems untergebracht. Alle Mitglieder der herrschaftlichen Familie verfügten über persönliche Gefolgschaften von Sklavinnen und Eunuchen.

Auch die Hauptkonkubinen des Sultans und, soweit die räumlichen Kapazitäten des Harems es zuließen, ebenfalls seine Favoritinnen waren mit eigenen Wohnräumen und Gefolgschaften ausgestattet. Auf diese Gepflogenheit geht übrigens die Bezeichnung *Odaliske* zurück: Eine Odaliske war eine Konkubine oder Favoritin, die mit einem eigenen

Aubrey de la Motraye, *Serail-Szene,* in *Travels through Europe,* 1732, Staatsbibliothek zu Berlin, Sammlung Preußischer Kulturbesitz, Berlin

167

Oda, einem Zimmer oder Appartement, und einem ihrer Stellung angemessenen Gefolge bedacht worden war.

Die Größe des Gefolges spiegelte den Rang der jeweiligen Herrschaft innerhalb des straff hierarchisierten Haremssystems wider. Ein Dokument aus dem Archiv des Dolmabahçe Sarayı weist aus, daß Sultan Abdül Aziz (1861-76) ein Gefolge von 58 *Gediklis* (Sultanssklavinnen) hatte, während die Abteilung seiner Mutter 43, die des designierten Nachfolgers Prinz Murat 47 und die Abteilung der Hauptkonkubine des Sultans bis zu 15 Sklavinnen umfaßte.

Seine Konkubinen und Favoritinnen, auf die später noch ausführlich eingegangen wird, wählte der Herrscher unter den besonders schönen und speziell ausgebildeten jungen Sklavinnen seines persönlichen Gefolges. In den anderen Gefolgschaften dienende Sklavinnen und erst recht die einfachen Arbeiterinnen, also insgesamt über 90 Prozent der weiblichen Haremsbediensteten, waren für den Sultan grundsätzlich tabu. Zeigte der Herrscher entgegen den Gepflogenheiten dennoch Interesse für ein nicht zu seinem Gefolge gehörendes Mädchen, wurde ihm dieses von der Besitzerin formal geschenkt und anschließend von den erfahrenen Frauen seines Gefolges, den Meisterinnen (*Usta*), in die neuen Aufgaben eingewiesen. Bis das Mädchen aber angemessen auf eine Liebesnacht mit dem Sultan vorbereitet war, konnte einige Zeit vergehen: Das Liebesleben des Herrschers war zeremoniell geregelt und alles andere als spontan.

Neben den Abteilungen, die von den Mitgliedern der Familie Osman, den Sultanskonkubinen und deren jeweiligen Gefolgschaften gebildet wurden, gab es im Harem noch die Abteilungen der Arbeitsgruppen. Unter der Leitung von Meisterinnen verrichteten diese die im Harem anfallenden Verwaltungs- und Dienstleistungsaufgaben.

Die in den Arbeitsgruppen beschäftigten Sklavinnen im Rang einfacher Bediensteter dürften einen beträchtlichen

Jean-Léon Gérôme, *Das Bad*, 1880-85. Dieses Gemälde im Stil der Orientalisten des 19. Jh. spiegelt die europäische Vorstellung, nicht die realen Zustände im Harem wider. San Francisco, The Fine Arts Museum

Anteil an der Gesamtzahl aller Haremssklavinnen ausgemacht haben. Sie standen in der Haremshierarchie unter denjenigen Frauen und Mädchen, die in den Gefolgschaften dienten, und ihre Aufstiegsmöglichkeiten waren beschränkt. Den niedrigsten Rang nahmen die dunkelhäutigen Sklavinnen ein, die in Arbeitsgruppen organisiert, im Harem des Topkapı Sarayı die körperlich schweren Tätigkeiten wie das Putzen der Böden, Flure und Wände und andere wenig angesehene Tätigkeiten verrichten mußten. Dunkelhäutige Sklavinnen dienten im Osmanischen Reich nach allem, was wir wissen, ausschließlich als Arbeitssklavinnen. Es scheint eher unwahrscheinlich, daß schwarze Sklavinnen in die Gefolgschaften der Herrscherfamilie aufgenommen wurden. Die leichteren Arbeiten, das Reinigen und Bedienen der Wasserpfeifen, das Pflegen der Polster und Teppiche, das Polieren des Kupfers und andere Routineaufgaben mehr, wurden von Arbeitsgruppen weißer Frauen und Mädchen erledigt.

Nur wenn eines dieser Mädchen besondere Talente entwickelte oder entgegen der ersten Prognose zur außergewöhnlichen Schönheit heranwuchs, hatte es die Chance, in eines der herrschaftlichen Gefolge aufgenommen zu werden. In der Regel aber schieden die einfachen hellhäutigen Sklavinnen aus dem Dienst im Harem aus, ohne eine solche Beförderung erlebt zu haben.

Daß die meisten Sklavinnen des Herrscherharems in Istanbul nach einer gewissen Zeit, die im 19. Jh. für die weißen Sklavinnen bei neun und für die dunkelhäutigen Sklavinnen bei sieben Jahren lag, freigelassen wurden, dürfte vor dem Hintergrund der tief verwurzelten Vorstellungen vom unentrinnbaren Zwangscharakter des Harems eine der großen Überraschungen sein, die die Quellen zutage fördern.

Wenn die Sklavinnen die Entlassung aus dem Herrscherharem einer freiwilligen Weiterbeschäftigung vorzogen, wurde für ihre Zukunft Vorsorge getroffen. In solchen Fällen nahm der Sultan die Aufgaben eines Brautvaters wahr: Die freigelassenen Frauen wurden ihrem Haremsrang entsprechend mit einem Brautschatz ausgestattet und mit einem osmanischen Beamten oder Würdenträger verheiratet. Nur die Frauen, die mit dem Sultan das Bett geteilt und ihm Kinder geboren hatten, scheinen zeitweilig von dieser Regelung ausgenommen gewesen zu sein. Diese zuvor so privilegierten Frauen mußten nach ihrer Entlassung aus dem Haus der Glückseligkeit in den Eski Sarayı übersiedeln, der als Altersheim der ehemaligen Sultanskonkubinen und Favoritinnen fungierte. Bezeichnenderweise wurde der Eski Sarayı auch *Haus der Tränen* genannt.

Die Ausbildung der Palastsklavinnen

Die meisten Sklavinnen waren mit einem Alter von 6-13 Jahren noch sehr jung, wenn sie in den Herrscherharem gelangten. Dabei galt es durchaus als Vorteil, wenn die Mädchen noch über keinerlei Kenntnisse der türkischen Sprache und Kultur verfügten: Je jünger und je ungeschulter die Neuankömmlinge waren, desto leichter und vollständiger, glaubte man, würden sie die türkische Hochsprache und die feinen höfischen Umgangsformen zu beherrschen lernen.

Zunächst wurde der Neuzugang einer gründlichen physischen Untersuchung unterzogen. War diese Prüfung überstanden, wurde wahrscheinlich schon bald nach der Aufnahme in den Harem die grundsätzliche Entscheidung darüber gefällt, ob das neue Sklavenmädchen im weiteren als einfache Bedienstete eingesetzt oder aber einem der herrschaftlichen Gefolge zugeteilt werden sollte. Ausschlaggebend für ihre Zuteilung, die in hohem Maß über ihre weiteren Aufstiegsmöglichkeiten in der Haremshierarchie entschied, waren das Aussehen, das Sozialverhalten und die Lernfähigkeit der jungen Sklavin.

Alle Mädchen und jungen Frauen, die in den herrschaftlichen Harem aufgenommen wurden, hatten eine bestimmte Grundausbildung zu absolvieren. Den hohen Standard für die Ausbildung der Haremssklavinnen hatte Mehmet Fatih bereits im 15. Jh. gesetzt, als er parallel zur Einrichtung der Palastschule als Kaderschmiede der Staatsbeamten auch Anweisungen für die Unterrichtung der Palastfrauen erteilte. Die Haremssklavinnen sollten zunächst das Türkische in Sprache und Schrift erlernen. Bis ins 19. Jh. verfügten im Osmanischen Reich neben einzelnen Frauen aus den Familien des religiösen Establishments nur die Frauen im Sultanspalast über Schreib- und Lesekenntnisse. Allerdings variierten diese Kenntnisse je nach dem Rang, den die Frauen in der Haremshierarchie einnahmen. Auf-

Türkische Frauen beim Gebet, Anfang 17. Jh., wahrscheinlich nach einer unbekannten Zeichnung von Melchior Lorch, Kopenhagen, Statens Museum for Kunst

schlußreiches Material dazu findet sich in den Archiven des Topkapı Sarayı: Während die Briefe der einfachen Sklavinnen voller grammatikalischer und orthographischer Fehler sind, vermitteln die Schriftzeugnisse der Hauptkonkubinen des Sultans den Eindruck einer fundierten Ausbildung.

In einem Punkt entsprach das abendländische Bild vom Harem der Osmanenherrscher der Realität: Bei den jungen weißen Sklavinnen handelte es sich überwiegend um getaufte Christinnen. Wie die Palastschulenzöglinge, die ebenfalls als Christen an den Sultanshof gekommen waren, wurden die Palastsklavinnen in den Islam eingeführt, indem sie mit den islamischen Geboten vertraut gemacht und zur Ausübung der Glaubenspraktiken angehalten wurden. Eine Radierung aus dem frühen 19. Jh., auf der der gut informierte Melchior Lorch die Haremsfrauen bei der Verrichtung einer alltäglichen Beschäftigung zeigt, weist darauf hin, daß das rituelle Gebet (*Salat*) in den Tagesablauf der Palastsklavinnen integriert war.

Die Unterweisung in den Handarbeiten, insbesondere im Sticken, war ein weiteres festes Element der Ausbildung. Mit Näh- und Stickarbeiten vertrieben sich die Haremsdamen gemeinsam die Zeit, und aufwendig selbstbestickte Taschentücher waren wertvolle und beliebte Geschenke, mit denen die Frauen ihre Gefühle füreinander ausdrückten.

Des weiteren gehörten Tanzen, Singen und das Spielen von Musikinstrumenten zu den Künsten, die eine junge Sklavin, die einer der Gefolgschaften zugewiesen wurde, im Verlauf ihrer Ausbildung erlernen sollte. Musiziert und getanzt wurde nicht nur zu Ehren und zur Erbauung des Sultans, der überdies auch oft die Dienste professioneller Tänzerinnen und Unterhaltungskünstler in Anspruch nahm. Von den schmachtenden Gesängen und den erotischen Schwüngen bei den Tänzen ihrer Geschlechtsgenossinnen ließen sich auch die Frauen der Herrscherfamilie und die Sultanskonkubinen unterhalten. Dies weist auf einen wesentlichen Charakterzug der Aufgaben der in den Gefolgschaften dienenden Sklavinnen hin. Sie fungierten nicht zuletzt als Gesellschafterinnen ihrer jeweiligen Herrschaft. Es wurde von ihnen erwartet, daß sie ihre Pflichten unter Beachtung der rigiden sozialen Ordnung mit großer Anmut und in angemessen höfischer Manier erfüllten.

Wie der Harem insgesamt war auch jede der Gefolgschaften arbeitsteilig organisiert und hierarchisch gegliedert. Unter der Leitung von ein oder zwei Vorsteherinnen waren in jedem Gefolge mehrere speziell ausgebildete Frauen (*Usta*) für die Ausführung bestimmter Aufgaben zuständig, etwa für das An-, Um- und Auskleiden der Herrschaft, ihre Körperpflege, ihre Bewirtung, die

Türkische Tänzerin, Stich

173

Sorge für die Instandhaltung und Reinigung der Garderobe und weiteres mehr. Die Meisterinnen ihrerseits wurden je nach Größe des Gefolges von einer oder mehreren Assistentinnen, jungen Sklavinnen, die sich noch in der Ausbildung befanden, bei der Erfüllung ihrer Aufgaben unterstützt. Dieses Prinzip wird deutlich, wenn man das Gefolge des Sultans einer genaueren Betrachtung unterzieht.

Die Gefolgschaft des Sultans

Mit dem Gefolge des Sultans hatte es, wie bereits erwähnt, seine Besonderheit: In seinem persönlichen Gefolge fanden sich die attraktivsten und die am besten ausgebildeten Sklavinnen des Osmanischen Reichs. Hohe Würdenträger, Provinzgouverneure und die Mutter des Herrschers wetteiferten miteinander darum, seinem Gefolge weitere schöne Sklavinnen zuzuführen. Fast ausschließlich aus diesem Kreis ausgesuchter junger Frauen erwählte der Herrscher seine Konkubinen.

Alle Frauen im Dienst des Sultans bezeichnete man als *Gedikli*, was auf ihren besonderen Status unter den Haremssklavinnen hinwies: *gedikli* bedeutet »die Auserwählte«. Die *Gediklis* standen als potentielle Bettgenossinnen des Sultans im Rang gleich hinter seinen gegenwärtigen Konkubinen und Favoritinnen.

Wie die einfachen Sklavinnen wurden auch die Sklavinnen des Sultansgefolges, die der Herrscher nicht zu seinen Konkubinen und Favoritinnen gemacht hatte, nach einer gewissen Zeit aus dem Dienst im Harem entlassen. Sie wurden dann mit einem großzügigen Brautschatz versehen und ähnlich wie die Töchter des Sultans mit hohen Würdenträgern verheiratet. *Gediklis*, die über besondere organisatorische Talente und herausragende Führungsqualitäten verfügten, hatten gute Chancen, in eines der höchsten Verwaltungsämter des Harems aufzusteigen: In den Posten der

Kahya kadın, die unmittelbar der Sultaninmutter unterstand und die im Namen der Valide sultan die Oberaufsicht über den Harem wahrnahm, und in den der *Haznedar usta* (Schatzmeisterin). Als Verwalterin und Oberaufseherin des Herrscherharems genoß die *Kahya kadın* den besonderen Respekt der ganzen Haremsbelegschaft. Wenn die Sultaninmutter starb, übernahm die *Kahya kadın* viele von deren Funktionen. Die Funktionsübertragung ging so weit, daß der Sultan sie sogar mit »Mutter« ansprach.

Eine ähnlich hohe Stellung wie die *Kahya kadın* nahm die Schatzmeisterin ein, die in Personalunion sowohl die Verantwortung für den wertvollen persönlichen Besitz des Sultans als auch für die Haremswirtschaft insgesamt trug. Die *Haznedar usta* organisierte und überwachte die komplizierte Wirtschaft des herrschaftlichen Privathaushalts mit seinen zeitweise über 1000 Mitgliedern. Eine ihrer Aufgaben war die Auszahlung des sogenannten »Pantoffelgelds«, der regelmäßigen Geldzuweisungen, in deren Genuß alle zum herrschaftlichen Haushalt gehörenden Personen kamen. Die monatliche Vergütung betrug zu Anfang des 19. Jh. 5000 Piaster für die Erste *Kadın,* 2500 Piaster für die Oberaufseherin des Harems, nur noch 250 Piaster für eine Sultansfavoritin, und eine noch in der Ausbildung befindliche einfache Sklavin erhielt 35 Piaster.

Neben der Verwalterin und der Schatzmeisterin gab es im Gefolge des Sultans eine Reihe von weiteren Amtsträgerinnen, die alle bereits eine geraume Zeit bei ihrem Herrn gedient hatten: Die *Çamaşır usta* besorgte die Wäsche des Sultans und beaufsichtigte die An- und Auskleidung des Herrschers. Die *Çaşnığır usta* kümmerte sich um den Tisch des Herrschers, wenn dieser im Ha-

Stickereimuster

rem speiste. Das Zubereiten der Sirups und der kleinen Delikatessen besorgte die *Kilerci usta*. Die *Kahva usta* war dafür zuständig, daß dem Sultan, wann immer er danach verlangte, frischer Kaffee nachgeschenkt wurde. Vor und nach den Mahlzeiten und bei der rituellen Gebetswaschung nahm der Herrscher die Dienste der *Ibriktar usta* in Anspruch, die ihm mit Wasserkanne und Waschschüssel bei der Reinigung von Gesicht und Händen assistierte.

Jede der Amtsträgerinnen versah ihre Tätigkeit unter der Mitwirkung von mehreren jüngeren Sultanssklavinnen, die für ihren Dienst zugeteilt waren. Unter diesen jungen Sklavinnen fand der Sultan in der Regel seine Konkubinen und Favoritinnen.

Daß es bei aller körperlichen Nähe zwischen dem Sultan und seinen schönen Sklavinnen, die die vielfältigen Dienstleistungen mit sich brachten, in den Privatgemächern des Sultans äußerst formell und sittsam zuging, zeigt Charles White am Beispiel des Bads.

Für die Räumlichkeiten des Sultansbades, bei dem es sich um ein ›Türkisches Bad‹, also ein Schwitzbad, handelte, sowie für die Badeprozedur selbst, war die *Külhane usta* zuständig. Unter ihrer Anleitung und Aufsicht wurde die Körperpflege des Sultans, das Waschen und Massieren, von älteren Frauen im Rang von Meisterinnen vorgenommen. Wenn die Körperpflege beendet war, legte der Großherr ein karmesinrotes Seidengewand an und begab sich in den Vorraum, um sich von den Strapazen des Schwitzbads und der Massage zu erholen. Erst jetzt kamen die jungen Sklavinnen seines Gefolges dazu, boten ihrem Herrn Erfrischungen an und unterhielten ihn mit Liedern und Gedichten »mit allem nötigen Respekt für die Etikette«, wie White betont.

Neben den bereits genannten *Ustas* und ihren Assistentinnen umfaßte das Gefolge des Sultans auch einige Sekretärinnen, die die Buchführung der Sultansabteilung und die Korrespondenz nach draußen erledigten. Eine Friseurmeisterin und ihre Mitarbeiterinnen waren für das Frisieren der Sklavinnen des Sultansgefolges zuständig.

Die Meisterinnen im Gefolge des Sultans genossen unter den Sklavinnen und Dienerinnen des Harems das höchste Ansehen. Ihnen folgten im Rang die Meisterinnen, die entsprechende Tätigkeiten in den Abteilungen der Sultaninmutter, der Prinzessinnen und der Konkubinen des Herrschers ausführten. Es scheint, daß es in allen Gefolgschaften Amtsträgerinnen für die oben beschriebenen Tätigkeiten gab. Da den Meisterinnen, je nach dem Rang ihrer Herrschaft, unterschiedlich viele Assistentinnen unterstanden, variierte der Umfang der Gefolgschaften jedoch erheblich.

Die Sultaninmutter

Valide sultan, die Herrin des Harems

>»Das Paradies liegt zu Füßen der
Mutter!«
Spruchweisheit der
islamischen Überlieferung

Die Frau, die sowohl den ersten Rang unter den Frauen
des Harems als auch unter den Frauen des Osmanischen
Reichs insgesamt einnahm, war die Mutter des Sultans, die
Valide sultan. Ab dem 18. Jh. war sie überhaupt die einzige
Frau im Herrscherharem, die, obwohl nicht von osmani-

Zug der Frauen in das Serail, Stich nach einer Zeichnung von
M. de l'Espinasse, Paris, Bibliothèque nationale

schem Geblüt, mit dem Titel *Sultana* geehrt wurde, den ansonsten nur die Prinzessinnen tragen durften. Den Konkubinen des Sultans war er ab dieser Zeit verwehrt.

Der Einzug der Valide sultan ins Zentrum der Macht

Ein bis zwei Wochen nach der Thronbesteigung holte der neue Sultan seine Mutter mit einem feierlichen, prächtigen Zug vom Eski Sarayı zu sich in den Harem des Topkapı Sarayı, dem sie von nun an vorstehen sollte. Dieser Zug vom Haus der Tränen ins Haus der Glückseligkeit war sicher einer der erhebendsten und glücklichsten Momente in ihrem Leben. Viele Jahre des Konkurrenzkampfs gegen die Mitkonkubinen, des ehrgeizigen Ringens um das Wohlwollen des Sultans und schließlich des Bangens um das Geschick ihres Sohns lagen hinter ihr, wenn sie an diesem Tag ins Zentrum der Macht zurückkehrte. Vergessen war nun wohl die bittere Stunde der Verbannung, in der man ihr mitgeteilt hatte, daß der Vater ihres Sohns wünsche, eine jüngere Konkubine möge ihren Platz einnehmen.

In der triumphalen Prozession der Valide sultan wurde alle gebotene Wertschätzung eines Sohns für die Mutter, aber auch ihr über die Haremsmauern hinausreichender politischer Einfluß zum Ausdruck gebracht. Der türkische Historiker Uzunçarşılı liefert uns eine anschauliche Beschreibung der Prozession der Mutter Selims III., die 1789 in den Harem des Topkapı Sarayı Einzug hielt: Angeführt wurde die beeindruckende Prozession von den Herolden des Diwans. Ihnen folgten die Männer, die mit der Verwaltung der Heiligen Stätten in Mekka betraut waren. Hinter diesen schritt, mit Turban und Zobelmantel fürstlich gekleidet und mit einem Zepter in der Hand, der *Kethüda* der Valide, also der Amtsträger, der fortan die Angelegenheiten der Sultaninmutter außerhalb des Harems regelte.

Hinter ihm marschierten schwerbewaffnete Hellebardiere. Der Oberste der Schwarzen Eunuchen, der wichtigste Amtsträger innerhalb der Haremsmauern, führte das Gefährt der Valide. In früheren Tagen war die Sultaninmutter in einer Sänfte zu ihrem neuen Domizil getragen worden. Nun saß sie, durch Vorhänge vor neugierigen Blicken verborgen, in einer von sechs Pferden gezogenen Kutsche. Hinter der Kutsche warfen Hofbeamte Geld in die Menge, die, von dem spektakulären Ereignis angelockt, den Weg zum Palast säumte. Den Abschluß der Kolonne bildeten Dutzende von Karrossen mit dem Gefolge der Valide, das nun ebenfalls in die Herrscherresidenz umsiedelte.

Die Prozession folgte einer gewundenen Route durch die Stadt, die an den Unterkünften der mächtigen Janitscharentruppen vorbeiführte. Der Janitscharen-Ağa und sein Personal begrüßten die Valide ehrerbietig – der Ağa küßte den Boden vor der hohen Frau –, und sie wurden dafür mit Geschenken belohnt.

Schließlich erreichte die Prozession den ersten Hof des Topkapı Sarayı, wo der Sultan seiner Mutter zu Fuß entgegenkam. Sie reichte ihm die Hand durch das geöffnete Kutschenfenster, die er in orientalischer Manier dreimal an Lippen und Stirn führte. Nachdem er sich als Zeichen tiefer Demut vor ihr niedergeworfen hatte, geleitete der Sultan die Valide endlich in ihre Gemächer.

Als der nach dem Sultan politisch wichtigste Mann im Reich wurde auch der Großwesir beim Einzug der Valide in den Sarayı mit Pelzen, Dolch und anderen wertvollen Dingen bedacht, und ab der zweiten Hälfte des 18. Jh. stand auch noch der Scheich-ül Islam auf der Liste der zu Beschenkenden.

Die Ehrung der in jeder Hinsicht wichtigsten Amtsträger des Osmanischen Reichs durch die Valide sultan anläßlich ihres Einzugs in den Topkapı Sarayı ist ein deutlicher Hinweis darauf, daß der mit ihrem Amt verbundene Einfluß sich erfahrungsgemäß nicht nur auf den Harem beschränkte. Die Valide war eine der politisch wichtigsten Figuren im Reich, und das wurde an dieser Stelle erstaunlich offen demonstriert – erstaunlich deshalb, weil Politik nach geltender Meinung einzig eine Angelegenheit der Männer war. Tatsache ist, daß während der Zeit der Herrschaft der Frauen die Sultaninmütter Nur Banu († 1587; Mutter Murats III.), Safiye († 1609; Mutter Mehmets III.), Kösem († 1651; Mutter Murats IV. und Ibrahims I.) und Turhan († 1683; Mutter Mehmets IV.) mit teilweiser Unterstützung der oben genannten Amtsträger und einer der rivalisierenden Palastcliquen de facto die politischen Geschicke des Reichs bestimmten.

Bis ins 19. Jh. hinein ließen sich spätere Sultane, die wieder mehr Interesse für die Politik zeigten, von ihren Müttern beraten; ließen Valides ihre vielfältigen formellen und informellen Einflußmöglichkeiten spielen, um die Pläne ihrer herrschaftlichen Söhne zu unterstützen. Im Sommerharem des Topkapı Sarayı, der im 19. Jh. bei einem Brand zerstört wurde, soll es einen offiziellen Empfangsraum gegeben haben, wo die Valide, durch das Gitterwerk eines Paravents vor unbefugten Blicken geschützt, Staatsbeamte und andere politisch versierte Männer über die aktuelle Lage im Reich befragen konnte.

Mütter und Söhne

Die Valides waren sich immer bewußt, daß sie die höchste Position, die eine Frau im Osmanischen Reich einnehmen konnte, dem Umstand verdankten, daß sie Mutter eines Sohns waren. Wie wir gesehen haben, waren sie meist von früher Jugend an auf ihr Amt als Sultanskonkubine vorbereitet worden. Sie hatten früh gelernt, davon zu träumen, eines Tages als Mutter eines Sultans die Herrin des Harems zu sein. Sultanssklavinnen, die sich diesen Ehrgeiz nicht zu eigen machten, wurden sehr schnell von zielstrebigeren

Die Valide und der Kızlar ağası geleiten den Sultan in den Harem, Illustration einer türkischen Handschrift, Venedig, Museo Correr

Konkurrentinnen um die Gunst des Sultans aus dem Rennen geworfen.

Eine ehrgeizige Sultanskonkubine ersehnte sich im Fall einer Schwangerschaft die Geburt eines Knaben. War ihr Wunsch in Erfüllung gegangen, verkündeten sieben Salutschüsse allen Palastbewohnern die frohe Botschaft, während die Geburt eines Mädchens, oft Anlaß für tiefe Enttäuschung, mit drei Schüssen bekanntgegeben wurde.

Die Mutter-Sohn-Beziehung in der Familie Osman war wahrscheinlich noch wesentlich enger, als dies nach einer Studie der französischen Ethnologin Camille Lacoste-Dujardin für islamisch-mediterrane Familien bis auf den heutigen Tag charakteristisch ist. Lacoste-Dujardin vertritt die These, daß in den streng geschlechtersegregierten Gesellschaften dieses Kulturraums, in dem Männer und Frauen in jeweils eigenen, voneinander abgegrenzten Welten leben, die Mutter-Sohn-Dyade innerhalb der Familie die einzige heterosexuelle Paarbeziehung sei. Das bedeutet, daß die gefühlsmäßige Bindung der Mutter an den Sohn unter den besonderen Bedingungen dieser Geschlechterkultur größer ist als die der Frau an den Ehemann.

Im Fall der Familie Osman traf das in noch ungleich stärkerem Maß zu: Eine Liebesbeziehung zwischen dem Sultan und einer Konkubine wie die zwischen Süleiman und Roxelana, die, wie uns die Quellen glauben machen wollen, physisch und psychisch exklusiv war und überdies ein ganzes Leben währte, dürfte eine einmalige Ausnahme dargestellt haben. Wenn die Herrscher im Lauf ihres Lebens auch selten Hunderte von Konkubinen hatten, so ging die Anzahl ihrer Sexualkontakte in der Regel doch in die Dutzende. Einer Vertiefung einzelner Liebesbeziehungen stand auf seiten des Sultans der Zwang entgegen, allen zu formalen Konkubinen erhobenen Frauen gleiche Aufmerksamkeit zukommen zu lassen. Unter diesen Bedingungen ist es wahrscheinlich nur selten zur Überwindung der zeremoniellen Förmlichkeit und zu einer über die körperliche Komponente hinausgehenden Liebesbeziehung zwischen Sultan und Konkubine gekommen.

Die Bindung der Mutter an den Sohn war im Harem auch viel stärker als die an eine Tochter: Während die Prinzessinnen schon früh den Sarayı verließen, um nach ihrer Heirat mit einem hohen Würdenträger in einem eigenen Palast zu leben, blieb das Schicksal der Mutter lebenslänglich mit dem ihres Sohns verknüpft. Meist hatte der Sultan noch weitere Söhne. Dann war das Leben eines Prinzen bereits von der Wiege an gefährdet. Später, wenn der Prinz die väterliche Residenz verließ, um seine Ausbildung in der Provinz anzutreten, was bis zum Ende des 16. Jh. üblich war, wurde er oft von seiner Mutter begleitet. Angesichts der gemeinsamen Bedrohung und der gemeinsamen Hoffnungen war die Mutter-Sohn-Beziehung im herrschaftlichen Harem von großer emotionaler Intensität. Spätestens beim Tod des

Vaters kam es zur schicksalhaften Auseinandersetzung der Prinzen. Ein Fehlschlag im Kampf des Sohns um den Thron bedeutete in den früheren Tagen des Reichs seinen Tod und dann bis zum 19. Jh. seine lebenslängliche Gefangenschaft. Für die unglückliche Mutter bedeutete das Scheitern das Ende ihrer Haremskarriere und die Verbannung in das ›Altersheim‹ des herrschaftlichen Harems. So waren Mutter und Sohn natürliche Verbündete. Geradezu tragisch war es, wenn die Mutter gleich mehrer Söhne hatte, die Anspruch auf den Thron erhoben, wie dies bei Roxelana der Fall war.

Das Verhältnis des Prinzen zum Vater war eher formell und distanziert und in vielen Fällen überschattet von beiderseitiger Furcht und tiefem Mißtrauen. Die Mutter hingegen war für den Prinzen und blieb auch für den Sultan eine der wenigen Personen, mit denen er vertraulichen Umgang pflegen konnte. Die Vertrautheit zwischen Mutter und Sohn fand ihren Ausdruck selbst in der Anlage ihrer Wohneinheiten, die im Topkapı Sarayı unmittelbar aneinander grenzten und durch einen Gang miteinander verbunden waren.

Dennoch zeugt ein Brief der Valide Besma Allem, die als georgische Sklavin in den Palast gekommen war, an Sultan Abdül Meçit (1839-61) von dem immer gegenwärtigen Bewußtsein des Statusunterschieds zwischen der Mutter sklavischer Herkunft und ihrem königlichen Sohn: Sie presse ihr Gesicht in den Staub unter seinen noblen Fuß, heißt es in der Begrüßungsformel an den Sohn, den die Mutter mit »mein Schöner« und »mein Löwe« tituliert.

Der großen Verbundenheit mit dem Sultan verdankte die Valide außerhalb wie innerhalb des Harems ihre einzigartige Stellung. War jedoch das tatsächliche politische Engagement der Sultaninmutter stark von ihren Neigungen und den Zeitumständen abhängig, so war ihre Führungsposition innerhalb der Haremsmauern protokollarisch in ihr Amt eingeschrieben.

Die Herrin des Harems

Die Mutter des Sultans bewohnte im Topkapı Sarayı die nach dem Wohntrakt ihres Sohns größte Suite des Harems, in der sie von einem umfangreichen Hofstaat bedient und unterhalten wurde. Von ihrer Suite aus hatte sie die Appartements der Hauptkonkubinen ihres Sohns im Blick. Eine dieser Frauen, die dem Sultan einen Sohn geboren hatten, würde die nächste Valide werden und sie dann endgültig aus dem Zentrum der Macht verdrängen.

Das Verhältnis zwischen der Valide und den Hauptkonkubinen des Sultans scheint das strukturell spannungsgeladenste unter den ersten Frauen des Harems gewesen zu sein: Wie Lacoste-Dujardin die konfliktreiche Beziehung zwischen Mutter und Schwiegertochter im islamisch-mediterranen Kulturraum skizziert, so kämpften im Harem zu Istanbul häufig die Valide und die Hauptkonkubine verbissen und intrigenreich um ihren Einfluß auf den Sultan und um die Führungsposition in den Frauengemächern. Dabei saß die Valide dank ihres protokollarischen Status am längeren Hebel: Während eine Konkubine sich nicht bei Bedarf an ihren herrschaftlichen Gatten wenden konnte, um ihr Anliegen vorzubringen, sondern den strengen Regeln des Hofzeremoniells unterworfen war, konnte die Sultaninmutter von ihrer Suite aus unter Umgehung des lästigen Protokolls direkt in die Gemächer des Sohns gelangen.

Die Valide war die letzte Instanz in allen Haremsangelegenheiten: Die Verwalterin des Harems, die Kahya kadin, wie auch alle anderen mit Verwaltungs- und Dienstleistungsaufgaben betrauten Frauen waren der Sultaninmutter unmittelbar verantwortlich und nahmen ihr Amt im Namen der Valide wahr. Selbst die Hauptkonkubinen des Sultans waren der Mutter des Herrschers formal untergeordnet, mußten dieser bei allen offiziellen Anlässen den Ehrenplatz überlassen, ihr mit Handkuß huldigen und durften sie nicht unaufgefordert ansprechen. Alle Frauen, die den

Harem zu gleich welchem Zweck verlassen wollten, mußten zuvor die Erlaubnis der Valide einholen.

Die Valide sultan hingegen verfügte über beachtliche Freiheiten. Wie Charles White bei seinem Aufenthalt in der Hauptstadt der Osmanen in den 40er Jahren des 19. Jh. mehrfach beobachten konnte, gerieten die Ausflüge der Valide in die Umgebung stets zum aufsehenerregenden Ereignis, da sie von ihrem ganzen Hofstaat – Dutzenden von prächtig gekleideten Sklavinnen, Dienerinnen und natürlich einer großen Anzahl von Schwarzen Eunuchen – begleitet wurde.

Für die Istanbuler Bevölkerung war die amtierende Valide nicht nur durch ihre gelegentlichen Ausflüge, sondern in erster Linie aufgrund ihrer zahlreichen karitativen Stiftungen ein Begriff. Die Mütter der Sultane waren bedeutende Wohltäterinnen. Sie ließen Armenküchen, Hospitäler, Moscheen, Brunnen und weiteres mehr errichten und unterhalten. Finanzieren konnte die Valide ihr religiöses und karitatives Engagement, mit dem sie sich gewiß auch

ein bleibendes Andenken zu schaffen suchte, weil eine Sultaninmutter durch ihr Amt zu einer reichen Frau geworden war. Charles White schätzte 1844 das jährliche Einkommen der Valide Besma Allem auf 110 000 britische Pfund. Das Geld entstammte Einkünften aus Kron-

Thomas Allom, *Sultanin in ihrer Staatskarosse,* Stich, 19. Jh.

ländereien, die für den Unterhalt der Valide sultan bestimmt waren.

Daß eine Valide all ihre Macht und Herrlichkeit nur dem Umstand verdankte, die Mutter des regierenden Sultans zu sein, bekam sie dann schmerzlich zu spüren, wenn sie ihren Sohn überlebte. Aller ihrer Privilegien beraubt, mußte sie nach seinem Tod zurück in die Abgeschiedenheit des Eski Sarayı, um ihren Platz für die Mutter des neuen Sultans zu räumen. Starb sie jedoch vor ihrem Sohn, wurde die Valide in einem beeindruckenden Trauerzug vom Großwesir und dem Scheich ül-islam durch die Straßen Istanbuls zu ihrer letzten Ruhestätte geleitet und 40 Tage lang betrauert.

Die Konkubinen des Sultans:
Kadıns und Ikbals

Von Liebe und Sexualität,
Freundschaft und Konkurrenz

Den höchsten Rang im Harem nahm die Mutter des herrschenden Sultans ein. Ihr folgten seine anderen weiblichen Blutsverwandten, seine Töchter und Schwestern, deren Sonderrolle weiter unten erörtert wird. Den dritten Rang in der Hierarchie belegten die *Kadıns* des Herrschers, wobei *Kadın* nicht mehr bedeutet als »Frau«. In früheren Zeiten hatten die Sultane ihre legalen Ehefrauen vornehmlich unter den Prinzessinnen fremder Dynastien gewählt. Seit dem 16. Jh. aber gingen sie nur noch in wenigen Ausnahmefällen legale Ehen ein, und seit dieser Zeit kam der soziale Status einer Kadın zwar dem einer legalen Gattin nahe, ihrem rechtlichen Status nach waren sie jetzt jedoch nur noch Konkubinen des Herrschers. Warum die Sultane davon abgingen, ihre Verbindungen nach dem muslimischem Ritus zu legalisieren, darüber können nur Vermutungen angestellt werden. Eine mögliche Erklärung dafür ist, daß die Dynastie Osman nach der Eroberung Konstantinopels sowohl außen- wie innenpolitisch so gefestigt war, daß strategische Heiraten mit den Töchtern fremder Machthaber als auch mit den Töchtern der osmanischen Aristokratie unnötig, ja gefährlich wurden, da Heiratsbündnisse immer eine Aufwertung der Familie der Braut bedeuteten. Die osmanischen Sultane beschränkten sich also auf Beziehungen zu ihren Sklavinnen, die sie, wie man vermutet, unter anderem deshalb nicht mehr ehelichten, weil legale Ehefrauen in der Vergangenheit den Staatsschatz durch ihre extensiven Stiftungstätigkeiten zu sehr belastet hatten. Das Recht, Stiftungen zu tätigen, blieb nunmehr auf die Mutter des Sultans beschränkt.

Analog zu der im Islam erlaubten Anzahl legitimer Gattinnen hatten Sultane selten mehr als vier Kadıns gleichzeitig. Sie wurden in chronologischer Reihenfolge ihrer Ernennung als Erste Kadın, Zweite Kadın usw. bezeichnet. Dabei war die Erste Kadın die Hauptfrau, was sich materiell darin ausdrückte, daß sie die höchste monatliche Zuwendung erhielt und sich damit ein größeres Gefolge von Sklavinnen und Eunuchen sowie eine prächtigere Ausstattung leisten konnte als die anderen Kadıns, deren Gehälter ebenfalls nach ihrem Rang gestaffelt waren. In bezug auf die sexuelle Zuwendung allerdings orientierten sich die Sultane an den gewöhnlichen muslimischen Ehevorschriften: Jede Kadın hatte nach einem bestimmten Turnus – in den polygamen Ehen der osmanischen Oberschicht war das einmal in der Woche – das gleiche Anrecht auf Beischlafnächte mit dem Herrscher, ihre *Nöbet gecesi*, die sie nur im Krankheitsfall verwirkte.

Im Rang unter den Kadıns standen die Ikbals, Sklavinnen, mit denen der Sultan sexuelle Beziehungen unterhielt und die deshalb seine Favoritinnen genannt wurden. Die Ikbals wählte der Herrscher, wie seine Kadıns, unter den jungen und besonders schönen Sklavinnen seines Gefolges.

Eine junge Sklavin aus dem Gefolge des Sultans muß unter einer ungeheuren Anspannung gestanden haben, wenn die *Kahya kadın* sie erstmals davon unterrichtete, daß der Herrscher sie für die folgende Nacht zu seiner Beischläferin erwählt habe. Ihre ganze Ausbildung hatte darauf hingezielt, sie auf diese Nacht vorzubereiten. Meist war sie schon von klein auf im herrschaftlichen Harem gewesen und war schließlich, weil sie so hübsch und anmutig war, in das Gefolge des Sultans aufgenommen worden. Sie hatte all die Geschichten gehört von den Sultanssklavinnen, die der Herrscher nach einer befriedigenden Liebesnacht zu seiner Ikbal gemacht hatte, die später als Kadın dem Sultan einen Sohn geboren hatten und dann, nach vielen Kämpfen, in den Rang der Frau aufgestiegen waren, vor der alle Haremsinsassen zitterten und der sogar die Kadıns den Rocksaum und die Hände küssen mußten: zur Mutter eines Sultans. Diese Geschichten hatten – soweit es sich um eine ehrgeizige Frau handelte – ihre Phantasie beflügelt, wenn sie mit Dutzenden anderer Sklavinnen den Meisterinnen bei der Bedienung des Herrschers assistierte. Sie hatte sich bemüht, die kleinen Handreichungen, in der ihre Aufgabe im Sultansgefolge bestand, so zurückhaltend wie nötig und so reizend wie möglich auszuführen und dabei gehofft, der Blick ihres Herrn möge dabei wohlgefällig an ihr haften bleiben. Sie hatte mit dem Gedanken gewacht und geschlafen, daß der Weg zur Erfüllung ihrer Träume durch das Bett des Manns führte, der im Osmanischen Reich wie auch im Harem Macht über Leben und Tod hatte und hinter dem die Haremsfrauen den Boden küssen mußten, den sein Fuß berührte. Nun war ihre Chance gekommen, die Nacht mit dem Herrscher würde ihre Schicksalsnacht sein.

Die anderen beglückwünschten sie – vielleicht mit Neid im Herzen, oder aber auch mit einem Gefühl der Erleichterung – und begleiteten die Auserwählte zum Bad, wo sie auf die Liebesnacht vorbereitet wurde. Unter der Aufsicht der Kahya kadın, die als erste Meisterin des Sultansgefolges die Nervosität ihres Schützlings teilte, wurde die Sklavin gewaschen, ihr Körper enthaart und parfümiert. Während man die Erwählte ankleidete, frisierte und mit Juwelen schmückte, mag sie daran gedacht haben, daß auch sie schon bei der Schmückung von Sklavinnen dabeigewesen war, die später das Schlafgemach des Herschers gedemütigt wieder verlassen mußten, weil dieser aus irgendeinem Grund keinen Gefallen an ihnen gefunden hatte.

Liegender Halbakt, Miniatur aus einem Album des Emirs von Buchara, 16. Jh., New York, The Pierpont Morgan Library

Nach dem Bad wurde die Erwählte unter Musik und Gesang zum Schlafgemach des Sultans geleitet. Und dann war sie mit ihren Hoffnungen und ihrer Furcht allein. Was für sie eine Schicksalsnacht war, das war für den Sultan eine Nacht in der endlosen Aneinanderreihung der Nächte, die er mit immer anderen Frauen verbrachte. Regelmäßig mit einer seiner Kadıns, ab und an mit einer der Ikbals, seltener mit einer der Sklavinnen aus seinem Gefolge. Seit ihm der erste Flaum auf den Wangen sproß, hatte man ihm Sklavinnen zur Befriedigung seiner körperlichen Lüste beigesellt. Mehmet II. (1451-81) war als jugendlicher Provinzstatthalter mit 16 Jahren zum ersten Mal Vater geworden, und auch die Prinzen, die man später in den Prinzenkäfigen gefangen hielt, wurden sehr früh in die Liebe eingeführt. Die abendliche Befriedigung der sexuellen Lust war dem Sultan so selbstverständlich, wie das tägliche Essen und Trinken. Das Werben um eine Frau und das Bangen darum, ob das eigene Begehren erwidert wird, waren ihm vollkommen fremd. Jede Frau war in ihrem eigenen Interesse darum bemüht, das Beste zu geben. Aber die Ausdrucksmöglichkeiten einer Liebesnovizin waren sehr beschränkt. Wenn eine Sklavin erstmals die Erlaubnis erhielt, das Gemach des Sultans zu betreten, hatte sie sich zu seinem Bett zu begeben und seine Füße zu küssen. Dann mußte sie demütig vom Fußende des Betts unter der Decke bis zum Sultan hinaufkriechen, was ihr sinnfällig zu Bewußtsein brachte, daß selbst in der intimen Umarmung mit dem Herrscher der abgrundtiefe Standesunterschied bestehen blieb.

Die Geschichte der Verbindungen der Osmanensultane mit ihren Konkubinen legt die Vermutung nahe, daß nur wenige Frauen den Herrschern mehr waren als Bettgefährtinnen und Mütter ihrer Kinder. Die wichtigste Frau im Leben eines Sultans war seine Mutter. Und die wachte eifersüchtig darüber, daß ihr Sohn in keiner seiner Kadıns und Ikbals mehr sah als ein Objekt der Triebbefriedigung und als die unerläßliche Gebärerin des Thronfolgers. Die offensichtliche Bevorzugung einer seiner Konkubinen hätte die eingespielte Ordnung des Harems in Gefahr gebracht, die auf der möglichst breiten und gerechten Verteilung der königlichen Gunstbezeugungen beruhte.

Zurück zu unserer Sklavin. Wenn alles nach den Wünschen des Sultans abgelaufen war, blieb sie die Nacht über in seinem Gemach. Am nächsten Morgen wurde sie in der gleichen Weise, wie sie zum Sultan geleitet worden war, wieder zurück zum Bad gebracht, wo sie sich nach islamischem Brauch gründlich wusch. Inzwischen waren ihr Name und das Datum des Zusammentreffens mit dem Sultan in einem Buch vermerkt worden, um im Fall einer Schwangerschaft die Legitimität des Kindes überprüfen zu können. Inzwischen hatte der Sultan auch seine Entscheidung darüber getroffen, ob er die Liebesdienste dieser Sklavin weiterhin in Anspruch zu nehmen gedachte. Wenn dies der Fall war, ernannte er sie zur Ikbal und beschenkte sie mit kostbaren Gewändern und Schmuck »nach dem Grad seiner Zufriedenheit«, wie es heißt.

Die Angaben über die Zahl der Ikbals, die wie die Kadıns die numerische Angabe der chronologischen Reihenfolge ihrer Ernennung in ihrem Titel trugen, variieren sehr stark. Während die Sultane des 18. Jh. wohl nie mehr als sechs Ikbals zur gleichen Zeit ernannten, soll Murat III. (1574-95) 40 Frauen diesen Titel verliehen haben. Ikbals wurden, soweit es die räumlichen Kapazitäten des Harems zuließen, mit einem eigenen Zimmer bedacht. Eine Ikbal spielte im herrschaftlichen Harem wahrscheinlich eine ähnliche Rolle wie eine anerkannte Konkubine im Haushalt einer gewöhnlichen Familie der osmanischen Oberschicht, das heißt, sie stand im Rang weit unter einer Kadın.

Ein Gradmesser des Rangs war die Höhe der monatlichen Zuwendungen. Während die Erste Kadin um die Wende von 18. zum 19. Jh. 5000 Piaster erhielt, mußte sich eine Ikbal mit 250 Piastern begnügen, und ihr Gehalt lag damit nur 50 Piaster über dem einer Meisterin (*Usta*). Ihre

Chance, in den Rang einer Kadın aufzusteigen, war dann gekommen, wenn durch den Tod oder die Abschiebung einer der Kadıns in den Eski Sarayı eine Vakanz unter den Hauptkonkubinen entstanden war oder die Ikbal dem Herrscher einen Sohn gebar.

Einer ehrgeizigen Sultanssklavin bedeutete der Aufstieg in den Rang einer Kadın zwar, daß sie einen bemerkenswerten Triumph über ihre Konkurrentinnen errungen hatte, aber auf lange Sicht war dies nicht mehr als ein Etappensieg. Zwar war die Sklavin nun selbst zur Herrin geworden, die über ein eigenes Gefolge von Sklavinnen und Eunuchen verfügte. Aber der Sultan konnte auch einer Kadın jederzeit seine Zuwendung entziehen, sie in den Eski Sarayı verbannen und ihre Stelle mit einer schönen jungen Ikbal

Husein Fazıl Enderuni, *Eine Geburt im Harem*, Miniatur aus dem *Zanan-Name*, 18. Jh., Istanbul, Bibliothek der Universität. Im Osmanischen Reich gebaren Frauen ihre Kinder – unterstützt von einer Hebamme und in Anwesenheit der weiblichen Familienangehörigen – im Sitzen. Der eigens dafür konstruierte Stuhl hatte an der Sitzkante eine halbkreisförmige Einbuchtung.

besetzen. So bemühte sich jede Kadın darum, dem Sultan Söhne zu gebären und einen davon als Thronfolger durchzusetzen. Verbündete in ihrem Kampf fand sie sowohl innerhalb wie außerhalb des Harems in den unterschiedlichen Interessengruppen, die darauf bauten, daß der von ihnen protegierte Thronfolger und seine Mutter es ihnen danken würden, wenn sie nach dem Tod des alten Sultans ihr Ziel erreicht hatten.

Die Luft an der Spitze der Haremshierarchie war dünn. Denuntiation, Intrigen und Mord, von denen die osmanischen Chroniken berichten, spielten sich im Harem vornehmlich auf dieser Ebene ab.

Freundschaft

In den islamischen Herrscherharems waren der Machtkampf zwischen den Müttern der Herrscher und den Konkubinen sowie die Konkurrenz der Konkubinen untereinander strukturell vorprogrammiert, aber angesichts einer Lebenswelt, in der Frauen einander die engsten Bezugspersonen waren, haben sich dennoch oft innige Freundschaften zwischen einzelnen Frauen und Mädchen des Harems entwickelt.

Leider lassen sich für den Harem der Osmanensultane kaum Zeugnisse zu Existenz von Frauenfreundschaften finden, wie überhaupt außer den Skandalgeschichten wenig über die Art der Sozialbeziehungen durch die Haremsmauern nach draußen gedrungen ist.

Von einer außergewöhnlich engen Beziehung zwischen zwei Frauen berichtet der ägyptische Historiker el-Jabarti aus dem Harem seines Vaters: Während einer Pilgerfahrt nach Mekka 1743 hatte ein Scheich seinen Vater gebeten, ihm auf dem großen Sklavenmarkt in Kairo eine schöne Sklavin zu besorgen und das Mädchen nach der Ausbildung im Haus des Ägypters nach Mekka zu schicken. El-Jabartis

Vater tat, worum er gebeten worden war, und gab die Sklavin in die Obhut einer seiner Frauen, die selbst keine Kinder bekommen konnte. Die Ziehmutter schloß Zelika, wie die Sklavin hieß, so sehr in ihr Herz, daß sie ihrem Mann eine andere Sklavin kaufte, die er an Zelikas Stelle nach Mekka schickte. Die Herrin gab ihrer Ziehtochter die Freiheit und richtete ihr ein eigenes Appartement in ihrem Haus ein. Die Jahre vergingen, und Zelika kam in das Alter, wo sie der Sitte nach als freie Frau verheiratet werden mußte. Da die Herrin keinen eigenen Sohn hatte, dem sie Zelika zur Frau hätte geben können, bat sie ihren Mann, die junge Frau zu seiner legitimen Gattin zu machen, damit sie Zelika nicht an eine andere Familie verlor. Der Mann entsprach der Bitte seiner Frau, und Zelika gebar ihm mehrere Kinder. Die beiden Frauen aber blieben sich weiterhin so zugetan, daß sie es kaum ertragen konnten, eine Stunde getrennt voneinander zu verbringen. Fast zwei Jahrzehnte später wurde Zelika von einer tödlichen Krankheit befallen, worüber ihre mütterliche Freundin so betrübt war, daß sie ebenfalls ernstlich erkrankte. Als Zelika schließlich starb, gab auch ihre Freundin den Lebenswillen auf, und man mußte beide Frauen am gleichen Tag zu Grab tragen.

Verbotene Lieben

Der Harem war um das physische und psychische Wohl des Herrschers und seiner Familie zentriert. Abgesehen von seinen Söhnen und den männlichen Familienmitgliedern in den Prinzenkäfigen beanspruchte der Herrscher das alleinige Monopol auf legitime Sexualität in diesem Mikrokosmos, in dem zeitweise über 1000 Mädchen, Frauen und Eunuchen auf engstem Raum miteinander lebten. Die meisten Haremssklavinnen sahen den Herrscher, wenn überhaupt, nur von ferne, geschweige denn, daß er ihr Bedürfnis nach Liebe, Nähe und Sexualität befriedigt hätte. Es blieb auch hier, wie in jedem Massenharem, nicht aus, daß sich Frauen physisch und psychisch zu Frauen hingezogen fühlten, Sklavinnen zu Eunuchen und Eunuchen zu ihren Schicksalsgenossen. Aufschlußreich sind in diesem Zusammenhang die Beobachtungen, die Liselotte Rautenbach als Ärztin im saudi-arabischen Herrscherharem in den 50er Jahren dieses Jahrhunderts machen konnte.

Während der Erkrankung einer der Frauen des alten Königs war ihre Anwesenheit auch nachts im herrschaftlichen Palast von Nöten. Was sie nun erlebte, verwirrte sie doch sehr:

> »So gesichert und geregelt das Leben am Tage war, nachts schienen sich alle Bande frommer Scheu zu lösen. Dieselben Frauen, die mich am Tage sehr höflich und gesittet empfangen und untereinander in strenger Rangordnung gelebt hatten, traf ich in inniger Umschlingung in den Gemächern, ja selbst auf Gängen und in Empfangsräumen an. Ihre gegenseitigen Liebesbeteuerungen wurden durch mein Erscheinen nicht unterbrochen, und so machmal sah ich, wie ein schwarzer Sklave sich in den Schatten des Ganges drückte, damit ich ihn nicht sehen sollte oder gar erkennen möge. War ich vorbei, setzte er seinen Weg unbekümmert fort. In einer Nacht wurde ich auch gerufen, weil einige Frauen anscheinend im Kampf um einen Liebhaber so rabiat geworden waren und aufeinander losgingen, so daß ernste Verletzungen entstanden.
> Bei diesen Exzessen handelte es sich immer um Sklavinnen, die nicht einzusehen vermochten, daß sie nach dem Tode des alten Königs ihr ganzes Leben im Palast vertrauern sollten.«

Irritiert suchte die wackere Deutsche ihre Gönnerin, offensichtlich eine Gattin des soeben verstorbenen Abd al-Aziz Ibn Saud (1882-1953), auf, um ihr von ihren nächtlichen Erlebnissen zu berichten. Aufschlußreich auch die Reaktion der alten Dame: Sie lachte. Die Herren der Harems haben aber nicht immer so amüsiert auf die Entdeckung verbotener Liebschaften reagiert wie diese weise alte Frau. Vom Abbasiden-Khalifen Musa al-Hadi berichtet ein arabischer Historiker, er habe seinen Höflingen die abgeschlagenen, parfümierten und mit Diademen geschmückten Häupter zweier schöner junger Haremsdamen präsentiert, die er bei der lesbischen Liebe ertappt habe. Und dem wahnsinnigen Osmanenherrscher Ibrahim (1640-48) wird nachgesagt, er habe in Kollektivstrafe gleich alle Frauen seines Harems ertränken lassen, als ihm die Liaison einer seiner Sklavinnen zu einem Eunuchen hinterbracht wurde. Die in diesem Kontext genannte Zahl von 280 Opfern der Mordwut Ibrahims erscheint unrealistisch hoch. Einzelertränkungen von in Ungnade gefallenen Haremsfrauen allerdings kamen des öfteren vor. So oft, daß es unter den Schwarzen Eunuchen einen Amtsträger gab, zu dessen Dienstaufgaben das Ertränken dieser Frauen gehörte.

»Türkische Liebesbriefe«

Im Zusammenhang mit verbotenen Liebschaften in einem weiteren Sinn ist es interessant zu erfahren, daß es in der Türkei, aber auch in Ägypten, wo die Verhältnisse ähnlich waren, eine Geheimsprache der Zeichen und Dinge gab, mit der Liebende Botschaften austauschen konnten. In dieser Geheimsprache spielten Tachentücher, die von den Frauen aufwendig bestickt wurden, eine wichtige Rolle. Sie galten ohnehin, gefüllt mit Leckereien und anderen Aufmerksamkeiten, als wertvolle Geschenke. Mit ihnen ließen sich aber auch, ähnlich wie durch die Zusammenstellung von Blumensträußen, durch Farbe und Inhalt des Taschentuchs verschlüsselte Botschaften übermittelten. Die sogenannte »Blumensprache«, eigentlich eine umfassendere Symbolsprache der Farben und Gegenstände, war bereits Lady Montagu bekannt, die Lady Rich als Kostprobe ein

Päcken mit einem »türkischen Liebesbrief« aus Istanbul nach England schickte:

»Perle: Holdeste der Jungfrauen
Nelke: Du bist schlank wie diese Nelke!
Du bist eine noch nicht aufgeblühte Rose!
Ich habe Dich lange geliebt, und Du hast es nicht gewußt!
Jonquille: Hab' Mitleid mit meiner Liebe!
Papier: Ich werde jede Stunde schwächer!
Birne: Gib mir Hoffnung!
Seife: Ich bin krank vor Liebe!
Kohle: Möge ich sterben und alle meine Jahre Dein sein!
Rose: Mögest Du vergnügt und Dein Kummer mein sein!
Strohhalm: Vergönne mir, Dein Sklave zu sein!
Tuch: Dein Wert ist nicht zu ermessen!
Zimt: Aber mein Reichtum ist Dein!
Schwefelfaden: Ich brenne, ich brenne! Meine Flamme
    verzehrt mich!
Goldfaden: Wende Dein Angesicht nicht weg!
Haar: Krone meines Hauptes!
Traube: Meine Augen!
Goldfaden: Ich sterbe! Komm' geschwind!

Und als Nachschrift
Pfeffer: Sende mir eine Antwort!«

Gianantonio und Francesco Guardi, *Odalisken beim Mangalaspiel im Harem*, 1741/45, Düsseldorf, Kunstmuseum

199

Auch andere Quellen legen nahe, daß es sich bei der »Blumensprache« hauptsächlich um Mitteilungen amourösen Inhalts handelte. Man sieht sie vor sich, die eingeschlossenen und zum Müßiggang verurteilten Damen der feinen Istanbuler Gesellschaft, wie sie eine List ersinnen, ihre erzwungene Sprachlosigkeit durch eine Geheimsprache zu überwinden. Wie sie sich bei ihren Frauengesellschaften mit dem Austausch von diesen Botschaften amüsieren und die eine oder andere tatsächlich symbolische Dinge in ein Taschentuch einwickelt und Kontakt zu einem geheimen Verehrer aufnimmt.

Im Sultansharem mag die Geheimsprache der Dinge eine noch größere Bedeutung gehabt haben, denn hier konnte die Entdeckung unerlaubter Liebschaften, zu wem auch immer, die oben gezeigten tödlichen Konsequenzen haben.

Die Prinzessinnen: Sultanas

Den Prinzessinnen, den Töchtern und Schwestern des Sultans, kam im Sozialgefüge des osmanischen Harems eine einzigartige Sonderrolle zu. Oft waren sie bei ihrer Geburt Grund tiefer Enttäuschung für die Mutter gewesen. Die Konkubinen des Sultans, die Kadıns und Ikbals, waren, wie wir gesehen haben, bestrebt, dem Sultan so viele Söhne wie möglich zu schenken, denn mit jedem Sohn, den sie gebaren, vergrößerte sich die Aussicht, die nächste Valide sultan zu werden. Die Geburt einer Tochter konnte die Position der Mutter nicht verbessern. Aber gerade die Tatsache, daß eine Prinzessin keinen Zugang zum Thron hatte und gänzlich außerhalb der konkurrierenden Interessen stand, die alle anderen Sozialbeziehungen im Saray überschatteten, sicherten ihr die Zuneigung von Vater und Brüdern. Eine Prinzessin konnte weder für den Vater noch für die Brüder und Halbbrüder zur Gefahr werden und erfreute sich, wie die Geschichte der Dynastie zeigt, der lebenslänglichen Protektion durch die männlichen Familienmitglieder.

Nach der Sultan valide nahmen die Prinzessinnen die zweithöchste Position in der Haremshierarchie ein. Wie die Sultaninmutter wurden die Mädchen und Frauen, in deren Adern herrschaftliches Blut floß, mit dem Titel *Sultana* geehrt. Während ihre Mütter im Sklavinnenstatus bis ins

19. Jh. in Anwesenheit des Sultans auf dem Boden Platz nehmen mußten, kam den Prinzessinnen die Ehre zu, neben dem Herrscher sitzen zu dürfen.

Die Mädchen wurden im herrschaftlichen Palast unter der Obhut ihrer Mütter aufgezogen. Ein Bericht aus dem 19. Jh. legt die Annahme nahe, daß die Mütter dabei von Sklavinnen in der Funktion von Gouvernanten unterstützt wurden. Die Sklavinnen verließen den Herrscherpalast gemeinsam mit ihren Schützlingen, wenn diese verheiratet wurden und fortan in einem eigenen Schloß lebten.

Wenn die Prinzessinnen auch im Palast in bemerkenswerter Freiheit aufwuchsen, dort schon früh über ein eigenes Gefolge verfügten, mit ihren kleinen tscherkessischen Sklavinnen spielten wie andernorts Mädchen mit ihren Puppen, von allen umsorgt und behütet wurden und die ansonsten so rare zärtliche Zuneigung des Sultans genossen, so hatten sie sich doch bis ins 19. Jh. bei ihrer Verheiratung fraglos den politischen Interessen der Dynastie unterzuordnen.

Die Wahl eines geeigneten Bräutigams war ein heikles Unterfangen. Einerseits sollte der Bräutigam eine gehobene gesellschaftliche Position innehaben und so vermögend sein, daß er der königlichen Braut ein angemessen prächtiges Domizil bieten konnte. Andererseits wollte man mächtige Familien der osmanischen Oberschicht durch die Verbindung mit dem Herrscherhaus nicht noch weiter aufwerten. So fiel die Entscheidung oft auf einen verdienten Würdenträger aus den Reihen der Palastschulenzöglinge, also auf einen Mann ohne Verankerung in der osmanischen Aristokratie, den der Sultan auszeichnen und dessen Loyalität er sich sichern wollte. Der heiratswillige Kandidat mußte eine Reihe von Bedingungen erfüllen. Einer Prinzessin stand ein Schloß zu – bevorzugte Wohngegend osmanischer Prinzessinnen waren die landschaftlich wunderschönen Ufer des Bosporus –, das der Bräutigam bereitzustellen hatte. Der aufzubringende Brautpreis war außerordentlich hoch und die Geschenke, die in der Verlobungszeit zwischen den Brautleuten ausgetauscht wurden, kostspielig. Abgesehen vom finanziellen Einsatz, der dem Bräutigam abverlangt wurde, bedeutete die Heirat mit einer Prinzessin den Verzicht auf viele Privilegien, die Männer in gewöhnlichen Ehen genossen. So war der Ehemann zur Monogamie verpflichtet. Er durfte weder weitere Ehen eingehen, noch war es ihm erlaubt, sexuelle Beziehungen zu seinen Sklavinnen zu unterhalten. War der Bräutigam bereits verheiratet, was angesichts des fortgeschrittenen Alters der Heiratskandidaten häufig der Fall war, mußte er sich von seinen anderen Ehefrauen scheiden lassen. Von einer Prinzessin allerdings konnte er sich nur mit ihrem Einverständnis wieder trennen. Selbst die Ehemänner der Töchter von osmanischen Prinzessinnen mußten sich ähnlichen Anforderungen beugen. Ein weiterer abschreckender Aspekt einer solchen Verbindung war der allseits bekannte und bespöttelte Umstand, daß osmanische Prinzessinnen ihre im Rang weit unter ihnen stehenden Ehemänner von der Hochzeitsnacht an wie Sklaven zu behandeln pflegten.

Dennoch gab es offensichtlich stets genug Würdenträger, die um der Nähe zum Sultanspalast willen, wegen der obligatorischen Beförderung der Schwiegersöhne in höchste Staatsämter und aufgrund der Aussicht auf hohe Zuwendungen aus Revenuen oder der Staatskasse bereit waren, die beschriebenen Einschränkungen und Risiken in Kauf zu nehmen. Denn oft waren die Prinzessinnen schon im Kindesalter entsprechenden Kandidaten versprochen oder mit diesen verheiratet worden, was auf eine große Nachfrage nach königlichen Bräuten schließen läßt. Wenn die Mädchen im Fall einer Kindesheirat für den Vollzug der Ehe zu jung waren, stellte der Sultan dem Ehemann eine Sklavin als Konkubine zur Verfügung, von der sich dieser wieder trennen mußte, sobald die Prinzessin mit dem Einsetzen der regelmäßigen Monatsblutung geschlechtsreif wurde.

Die Hochzeiten der Prinzessinnen wurden unter Beteiligung der ersten Familien des Reichs, der Würdenträger

J.-B. Van Mour, *Türkische Hochzeit*, frühes 18. Jh., Amsterdam, Rijksmuseum. Die mit großem Pomp gefeierten Hochzeiten der Prinzessinnen boten dem Sultan Gelegenheit, Größe und Reichtum der herrschaftlichen Familie zu demonstrieren.

und der Istanbuler Bevölkerung mit Pomp gefeiert und zogen sich über Tage, manchmal über Wochen hin. Wie die Beschneidung der Prinzen boten auch sie eine Gelegenheit, Macht und Glanz der Dynastie Osman zu demonstrieren.

Im Mai 1836 hatte der zu dieser Zeit als preußischer Militärexperte im Osmanische Reich weilende Helmuth von Moltke Gelegenheit, den Hochzeitsfeierlichkeiten einer der Töchter Mahmuts II. (1808–39) beizuwohnen:

»Vorgestern gab der Sultan den Gesandten ein prachtvolles Diner zur Feier der Vermählung seiner zweiten Tochter Mihimar, auf deutsch Sonnenmond. Man versammelte sich in einem Kiosk, der von allen Seiten offen war und eine weite Aussicht über Konstantinopel, Pera und das Meer gewährte. Unter den Fenstern waren Seiltänzer, Kunstreiter, persische Mimiker und zahllose Zuschauer. Die Frauen in ihren weiten Mänteln und weißen Schleiern saßen eine neben der anderen an einer hohen Berglehne bis oben hinauf. Eine Stunde vor Sonnenuntergang führte man uns in ein sehr großes alttürkisches Zelt, in welchem eine Tafel für hundert Personen gedeckt war. (...) Nach Tisch ging es wieder in den Kiosk, von wo aus man ein Feuerwerk abbrennen sah. Beim Nachhausefahren aber nahm der erleuchtete Bosporus sich sehr schön aus. (...) Gestern wurde die Aussteuer der Prinzessin in ihre neue Wohnung geführt. Unter Bedeckung von Kavallerie und unter Vorritt einiger Paschas erschienen 40 Maultiere mit großen Ballen kostbarer Stoffe, dann einige 20 Wagen mit Schals, Teppichen, Seidenzeugen usw., endlich 160 Träger mit großen silbernen Schüsseln auf dem Haupt. In der ersten lag ein prachtvoll mit Gold und Perlen eingebundener Koran, dann folgten große silberne Sessel, Feuerbecken, Kisten und Kasten mit Geschmeide, goldene Vogelbauer, und wer weiß was sonst noch für Geräte. (...) Heute wurde die Prinzessin ihrem Gemahl, der sie bis jetzt noch nicht gesehen hat, übergeben. Voraus ritt Kavallerie, dann die sämtlichen Beamten des Palais, darauf der Mufti und mein Gönner, der Seraskier (Armeeführer, RG); hiernach folgten die beiden Söhne des Großherrn in einem offenen Wagen, dann der Kislar Aga und 30 Verschnittene, endlich in einer prachtvollen, ganz verschlossenen Kutsche die Braut. Die Kutsche nebst sechs braunen Hengsten ist ein Geschenk des russischen Kaisers. Ihr folgten einige 40 Wagen mit Sklavinnen.«

Den Höhepunkt einer Prinzessinnenhochzeit bildete der von Moltke beschriebene Umzug der Braut in ihr neues Domizil, wo sie von nun an mit einem umfangreichen Gefolge von Sklavinnen und Eunuchen residierte. Ihr Gemahl würde nie mehr sein als ein Gast in dem Haus, das er der Prinzessin zur Hochzeit geschenkt hatte, denn Prinzessinnen lebten in der Regel von ihren Ehemännern getrennt.

Wenn sich am Abend die meisten Ehrengäste, die die Braut in ihr neues Heim begleitet hatten, verabschiedeten, begannen die Vorbereitungen für die Hochzeitsnacht. Den Quellen zufolge gestalteten sich die folgenden spannungsgeladenen Stunden so: Noch im Empfangssaal kniete der Bräutigam vor seiner im traditionellen Brautgestühl sitzenden verschleierten Braut nieder, küßte den Saum ihres roten Hochzeitsgewands und erwartete ergeben, daß sie Notiz von ihm nahm. Schließlich verlangte die Braut, er solle ihr zu trinken geben. Weiterhin kniend reichte er ihr Wasser und bat sie darum, ihren Schleier anheben zu dürfen. Inzwischen hatten Sklaven – wohl Eunuchen aus ihrem Gefolge – zwei mit gebratenen Täubchen und Zuckerwerk beladene Tabletts ins Zimmer gebracht, von denen der Bräutigam der Braut zu essen anbot. Die Prinzessin lehnte herrisch ab. Dann überreichte der Mann seiner Braut weitere kostbare Hochzeitsgeschenke, was sie endlich soweit besänftigte, daß der Bräutigam das nächste Ritual einleiten konnte: Bräutigam und Braut hatten sich mit dem Taubenfleisch und den Süßigkeiten gegenseitig zu füttern.

Nach dem gemeinsamen Mahl begab sich die Braut mit einer alten Dienerin in ihr Schlafgemach, wo sie entkleidet wurde. Der Bräutigam verrichtete inzwischen das vor der muslimischen Hochzeitsnacht obligatorische Nachtgebet, kleidete sich in einen Zobelmantel – ein Geschenk der Braut – und wurde dann vom Obereunuchen vor das Zimmer der Prinzessin geführt. Der Eunuch kündigte die Ankunft des Bräutigams an, indem er vor der Tür rief: »Erhabene Sultanin, hier ist dein Pascha, dein Sklave!« Nachdem der Bräutigam dazu aufgefordert worden war, betrat er das Gemach der Braut. Wie alle vorhergehenden Phasen des Hochzeitsfests folgte auch das erste intime Zusammentreffen der Brautleute einem festgelegten Ritual. Der Bräutigam entkleidete sich schweigend, kniete am Fußende des Brautbetts nieder, führte die Decke an Stirn und Lippen und küßte die Füße der im Bett liegenden Braut. Dann folgte das demütige »Unter-die-Decke-Kriechen«, das uns bereits als Beischlafritual des Sultans begegnete, und durch die erneute Erwähnung anläßlich der Brautnacht der Prinzessin als Demutsritual bestätigt wird. Der Bräutigam arbeitete sich vom Fußende her vorsichtig bis zur Höhe seiner königlichen Braut vor. Daß die Prinzessin sich gegen seine Liebkosungen zunächst zur Wehr setzte – wie sie sich auch zuvor bei jeder Ansprache des Bräutigams zunächst abweisend verhalten hatte – wurde von jeder muslimischen Braut in der Hochzeitsnacht erwartet. (Nur Sklavinnen hatten sich auch bei der Entjungferung jeder Form der Verteidigung ihrer Ehre und Scham zu enthalten.) Aber die Gegenwehr der Braut war in der Regel mehr als bloße Sitte. Sie entsprang der echten Furcht vor der Zudringlichkeit eines Manns, dem die Braut oftmals bei der Hochzeit zum ersten Mal begegnet war und der nun das Intimste von ihr forderte. Zudem waren die Bräutigame der Prinzessinnen oft so alt, daß sie ihre Großväter hätten sein können. Von einer Schwester Selims III. (1789-1807) wird berichtet, daß sie den sich nähernden Bräutigam mit Füßen trat und so

Salon im Palast der Sultan Hadidgé, Schwester Selims III., Radierung nach A.-I. Melling, Staatliche Museen zu Berlin, Preußischer Kulturbesitz, Kunstbibliothek

zerkratzte, daß er aus dem Zimmer floh. Sie mußte sich dennoch in die Ehe fügen. Im 19. Jh. hatten die Sultane ein Einsehen und hielten Ausschau nach zwar angemessenen, aber möglichst jungen Heiratskandidaten für ihre Töchter und Schwestern. Nach dem Schock der Brautnacht führten die Prinzessinnen ein im Licht osmanischer Verhältnisse beneidenswert unabhängiges Leben. Dank großzügiger monatlicher Zuwendungen aus Revenuen und später aus dem Staatsschatz waren sie reich und führten ein großes Haus mit vielen Bediensteten. Im Fall der Witwenschaft, die angesichts des hohen Alters ihres Gemahls oft nicht lange auf sich warten ließ, wurden sie zwar sofort genötigt, sich erneut mit einem hohen Würdenträger zu vermählen, aber diese Ehen schränkten ihre Bewegungsfreiheit kaum ein, denn die Prinzessinnen lebten ja von ihren Gatten getrennt. Prinzessinnen konnten besuchen und empfangen, wen sie wollten, und sie machten davon ausgiebig Gebrauch. Ihre Einladungen galten bei den Damen der Istanbuler Oberschicht und den europäischen Diplomatengattinnen als glanzvolle gesellschaftliche Ereignisse, und sie wurden von den königlichen Gastgeberinnen mit Lichterfesten, Gesangs- und Tanzdarbietungen unterhalten.

Allerdings machte so viel Autonomie auch verdächtig. Fanny Blunt, die im 19. Jh. als Tochter und Frau britischer Konsuln 20 Jahre in der Türkei lebte, beschrieb die Prinzessinnen ihrer Zeit als »launisch und extravagant in ihren Gewohnheiten, tyrannisch, oft grausam, die Behandlung ihrer kaum zu beneidenden Gatten eine endlose Quelle des Tratsches in der Gesellschaft von Stambul. Den wenigen Prinzessinnen, die Ausnahmen dieser Regel darstellten, gedachte ihre zahlreiche Dienerschaft mit Zuneigung.«

Kleidung, Schmuck und Kosmetik

Hängezierrat,
Istanbul, Top-
kapı Sarayı

Der osmanische Herrscherharem stand unter dem Gebot, daß alles, was den Sultan in seinem intimsten Privatbereich umgab, schön und angenehm sein mußte. Das galt sowohl für die soziale Atmosphäre, wo Streit und Kümmernisse der Bewohnerinnen vom Herrscher ferngehalten werden sollten, für die Räume und Gänge des Harems, die da, wo er sich regelmäßig aufhielt, besonders prachtvoll gestaltet waren, und selbst für die mit kostbaren Duftessenzen parfümierte Luft, die er im Harem einatmete. Das Schönheitsgebot galt aber ganz besonders für die Frauen und Mädchen, die im herrschaftlichen Harem lebten. Die Auswahl der Sklavinnen des Sultans, seiner Familie und seiner Konkubinen erfolgte zuallererst unter dem Aspekt der physischen Schönheit, dann erst unter den Kriterien Talent und Anpassungsfähigkeit. Selbst die Phantasienamen der Sklavinnen, die – mit Ausnahme der Meisterinnen – ausgewechselt wurden, bevor sie ihre mädchenhafte Schönheit eingebüßt hatten, assoziieren Lieblichkeit und Anmut. Damit stand der osmanische Hof ganz in der Tradition aller islamischen Herrscherhöfe. Vor dem Gebot der Schönheit ist auch der Aufwand zu verstehen, der am osmanischen Hof – wie an anderen islamischen Höfen auch – mit Kleidung, Schmuck, Körperpflege und Wohlgerüchen betrieben wurde.

Kleidung

Die Kleidung hat an den Höfen islamischer Herrscher immer eine zentrale Rolle gespielt. Wie der Reichtum seinen Niederschlag in der Anlage und Innenausstattung der Paläste fand, so spiegelte er sich auch in den überaus kostbaren Gewändern seiner Bewohner.

Die Nachfahren des Propheten hatten sich weit von seinem Appell zur Mäßigung und Bescheidenheit entfernt: Der Überlieferung nach hatte Mohammed den Männern seines Gefolges das Tragen von Gewändern aus Seide und Brokat verboten, sich gegen Rot und Gelb als Gewandfarben ausgesprochen und Männern wie Frauen nahegelegt, bei ihrer Kleidung auf übermäßig lange Schleppen und weite Ärmel zu verzichten.

Aber bereits den Mitgliedern der ersten islamischen Dynastie der Omayyaden wird eine Vorliebe für aufwendige Kleidung nachgesagt. Die Omayyadenherrscher ließen die altorientalische Sitte wieder aufleben, Personen, die sich durch besondere Leistung hervorgetan hatten, durch die Verleihung von kostbaren Ehrengewändern vor dem ganzen Hof auszuzeichnen.

In der Kleidung fand der Rang eines jeden Mitglieds des Hofs sichtbaren Ausdruck. Das war auch bei den Osmanen nicht anders. Im 16. Jh., zur Zeit Süleymans des Prächtigen, wurde das »Gesetz der Zeremonien« erlassen, in dem für alle Ränge bei Hof Form, Farbe, Material, Länge und Weite der Roben und Turbane festgelegt wurden.

So prächtig die Roben der männlichen Mitglieder des Hofs, so aufwendig und kostbar waren auch die Gewänder der ersten Frauen des herrschaftlichen Harems. Hier konnte man ebenfalls Status und Rang jeder Haremsinsassin von der Sultaninmutter bis zur Arbeitssklavin an der Kleidung ablesen.

Wenn der Sultan zum ersten Mal einer Sklavin seines Gefolges beigewohnt hatte und mit ihr zufrieden war, beschenkte er sie am folgenden Morgen mit einem kostbaren Gewand und ließ ihr ein eigenes Zimmer mit Gefolge zuweisen. Damit tat er auf augenfällige Weise kund, daß er sie in die Reihen seiner Konkubinen aufgenommen hatte. Das Verhältnis dieser Frauen zueinander war durch den permanenten Kampf um die Aufmerksamkeit und Zuneigung des Sultans geprägt. Geschmack und Kleideraufwand waren dabei wichtige Instrumente. Jede Haremsinsassin erhielt entsprechend ihrem Rang ein eigenes Budget, über das sie nach Belieben verfügen konnte. Ein beträchtlicher Teil davon wurde von den Frauen an der Haremsspitze auf Kleidung, Schmuck und die Ausstattung des eigenen Gefolges verwendet, um ihrem Rang Ausdruck zu verleihen.

Eine Gelegenheit, sich dem Sultan in vollem Putz zu präsentieren, bot sich dann, wenn der Herrscher dem Harem einen offiziellen Besuch abstattete: an großen muslimischen Feiertagen, zu Verlobungs- und Hochzeitsfeierlichkeiten und anläßlich des freitaglichen Zugs der Haremsdamen in den *Selamlık*, in den Wohntrakt des Sultans, wo sich der Thronsaal befand. Die ersten Frauen des Harems stellten sich im Spalier auf, um den Sultan bei seiner Ankunft zu begrüßen, und ehrten den mit seiner Mutter vorbeischreitenden Herrscher durch eine bodentiefe Verbeugung. Es heißt, keine der Haremsdamen sei dem Herrscher zu diesen Gelegenheiten zweimal im gleichen Gewand unter die Augen getreten.

Die Stoffe – bestickte Brokate, Damast, Seide und Satin – wurden von Stoffhändlern zum Saray gebracht, wo die Ware Eunuchen übergeben wurde, damit diese sie den Damen zur Auswahl vorlegten. Sogenannte Bündelfrauen, meist jüdische Händlerinnen, hatten direkten Zugang zum herrschaftlichen Harem. Sie öffneten ihr Bündel und breiteten vor den interessierten Kundinnen Litzen, Borten, Goldkordeln, Pelzbesatz und ähnliches mehr aus. Die Besuche der Bündelfrauen waren nicht nur wegen der Waren, die sie mit sich führten, eine willkommene Abwechslung im Alltag der Haremsfrauen. Die Händlerinnen waren eine wichtige Informationsquelle über Ereignisse in der Außenwelt, von der die Haremsinsassinnen weitgehend ausgeschlossen waren. Zur Zeit der liberaleren Sultane im 19. Jh. war es den Haremsfrauen dann endlich erlaubt, Stoffe und Nähzubehör direkt auf dem Basar einzukaufen.

Um all die Kleiderpracht herzustellen, bedurfte es einer Vielzahl von kunstfertigen Händen. Alev Lytle Croutier berichtet zwar, daß es im Palast einen Schneider gegeben habe, der über eine Liste mit den Maßen aller Frauen verfügte. Es scheint aber wahrscheinlicher, daß es auch im herrschaftlichen Harem ähnlich zuging wie in den Istanbuler Stadtpalästen, wo unter Aufsicht und tätiger Mitwirkung der Herrin nicht selten mehr als 50 Sklavinnen mit den Näharbeiten befaßt waren.

Vor der nachfolgenden Beschreibung der einzelnen Kleidungsstücke, aus denen sich die Ausstattung der ersten Damen des Harems zusammensetzte, sollen zwei Augenzeugenberichte zitiert werden, die einen lebhaften Eindruck von der Gesamtkomposition der Kleidung vermitteln.

Der erste Bericht stammt von dem Engländer Thomas Dallam, der im Sommer 1599 den Auftrag hatte, eine Orgel, ein Geschenk Königin Elizabeths an den osmanischen Sultan, in den Privatgemächern des Sultans aufzubauen. Während der einmonatigen Arbeit gewann er das Vertrauen eines Eunuchen, der ihm eines Tages eine ganz besondere Gunst erwies: Er führte Dallam an ein vergittertes Fenster im Harem, von dem aus dieser unbemerkt eine Schar junger Frauen beobachten konnte, die sich in einem der Haremshöfe beim Ballspiel vergnügte.

»Auf den ersten Blick dachte ich, es seien junge Männer, aber als ich sah, daß ihr Haar bis tief den Rücken hinab reichte und am Ende von Perlenschüren zusammengehalten wurde, und aufgrund anderer eindeutiger Merkmale, da wußte ich, daß es sich um Frauen handelte, und in der Tat um sehr schöne Frauen.

Sie trugen auf ihrem Kopf nichts anderes als eine kleine Kappe aus goldenem Tuch, die nicht einmal die Krone ihres Hauptes bedeckte; keine Bänder um ihren Hals noch sonst etwas außer Perlenketten mit einem Edelstein, die ihnen über dem Busen hingen und Juwelen in den Ohren; ihre Jacken hatten Ähnlichkeit mit Soldatenröcken, manche waren rot, manche waren blau, und manche waren von anderer Farbe, und sie wurden gehalten von Spitzenbän-

Portrait einer türkischen Dame, 17. Jh., Kuzgunzuk-Istanbul. Die Kleidung entspricht weitgehend dem beschriebenen Haremskostüm: Sie besteht aus der hüftlangen Jacke (*Yelek*) mit einem Hemd (*Gömlek*) aus transparentem Stoff darunter. Die lose herabfallende Hose (*Şalvar*) ist hier ebenfalls aus einem durchschimmernden Material geschnitten. Der europäische Maler hat die Frau, bei der es sich nicht um eine Muslimin, sondern um eine Christin oder Jüdin in türkischer Kleidung handelt, auf Holzstelzen stehend portraitiert, die eigentlich nicht zur Hausbekleidung gehörten.

dern in wiederum anderen Farben; sie trugen Pluderhosen aus dünner Baumwolle, weiß wie Schnee und fein wie Musselin, so daß ich die Haut ihrer Beine durchschimmern sehen konnte. Die Pluderhosen reichten bis zu ihren Waden; manche von ihnen trugen Stiefel aus feinem Ziegenleder, andere hatten ihre Beine nackt mit einem Goldring an den Fesseln, an den Füßen Samtpantoffel von 10-12 cm Höhe. Ich stand so lange dort und sah ihnen zu, daß derjenige, der mir all das Schöne gezeigt hatte, sehr böse auf mich wurde. Er schnitt ein Gesicht und stampfte mit seinem Fuß, damit ich zu ihm zurückkam; was ich sehr ungern tat, weil der Anblick mir über die Maßen gefallen hatte.«

Dallams Beobachtungen zur Kleidung der Haremsfrauen decken sich weitgehend mit Gemälden aus dem 17. Jh., auf denen Damen der osmanischen Gesellschaft in ihrer Haustracht portraitiert sind. Der Engländer hatte in den ballspielenden jungen Frauen Konkubinen des Sultans vermutet; es scheint jedoch wahrscheinlicher, daß es sich bei ihnen um Sklavinnen aus dem Sultansgefolge und um junge Prinzessinnen handelte.

Der in der Literatur am häufigsten zitierte Bericht zur Kleidermode osmanischer Damen stammt aus der Feder der bereits mehrfach erwähnten Lady Montagu. Die englische Diplomatengattin weilte 1716-17 mit ihrem Mann in Istanbul (Konstantinopel, wie die Europäer die Hauptstadt der Osmanen beharrlich nannten) und konnte dort Einblicke in die Welt osmanischer Frauen gewinnen, die jedem männlichen Besucher verwehrt waren. In einem Brief an ihre Schwester, die Gräfin Mar, berichtet sie ausführlich davon, wie sie sich nach Art der Türkinnen kleidete:

»Das Hauptstück meiner Kleidung sind ein paar sehr weite Hosen, die bis auf meine Schuhe reichen und die Schenkel auf eine sittsamere Art verbergen als unsere Weiberröcke. Sie sind aus dünnem, rosenfarbigem Damast, mit silbernen

Blumen bestickt. Meine Schuhe sind aus weißem, mit Gold besticktem Bocksleder. Darüber hängt ein Hemd aus schöner, weißseidener Gaze mit bestickten Säumen. Dieses Hemd hat weite Ärmel, die bis über den Ellenbogen reichen, am Halse schließt es ein diamantener Knopf, aber Gestalt und Farbe des Busens lassen sich sehr wohl darunter erkennen. Darüber trägt man das Anteri, eine Art Kamisol, enganliegend, aus weißem mit Gold durchwirktem Damast mit sehr langen, zurückfallenden Ärmeln. Es ist mit schweren goldenen Fransen und gewöhnlich mit Diamant- oder Perlenknöpfen besetzt. Mein Kaftan ist aus dem gleichen Stoff wie meine Hosen. Er ist ein Kleidungsstück, das mir besonders gut steht, bis auf die Füße reicht und sehr lange, herunterfallende Ärmel hat. Hierüber geht mein Gürtel, ungefähr vier Finger breit, welchen alle, die reich genug sind, mit Diamanten und anderen Edelsteinen besetzt tragen. Die, welche es sich nicht soviel kosten lassen wollen, haben ihn von auserlesenem Stickwerk auf Atlas, vorne muß er immer mit einer diamantenen Schnalle geschlossen werden. Das Kurdi ist eine weite Robe, die sie je nach der Witterung weglassen oder anziehen, aus reichem Brokat (meines ist grün, mit Gold durchwirkt), entweder mit Hermelin oder Zobel gefüttert. Der Kopfputz besteht aus einer Kappe, die sie Talpack nennen, im Winter ist sie aus schönem Samt, mit Perlen oder Diamanten besetzt, und im Sommer aus leichtem, glänzendem Silberstoff. Sie wird schräg auf die eine Seite des Kopfes gesetzt, eine goldene Quaste hängt etwas herunter, das ganze wird mit einem Diamantenreif (wie ich verschiedene gesehen habe) oder mit einem reich bestickten Tuch befestigt. Auf der einen Seite des Kopfes liegt das Haar glatt an, und hier haben die Damen Gelegenheit, ihre Erfindungskunst zu zeigen; einige besetzen es mit Blumen, andere mit einem Busch von Reiherfedern, kurz, jede wie es ihr gefällt. Meist wird ein großer Strauß aus Juwelen getragen: die Knospen aus Perlen, die Rosen aus vielfarbigen Rubinen, die Jasminblüten aus Diamanten, die Jonquillen aus Topasen usf., alles so wohl gefaßt und emailliert, daß man sich nichts Schöneres von der Art vorstellen kann. Das Haar hängt hinten in Zöpfen herunter, die mit Perlen und Bändern durchflochten sind.«

Lady Montagus Ausstattung repräsentiert die Bekleidung der Damen der feinen Istanbuler Gesellschaft im frühen 18. Jh. Von dieser unterschied sich die Kleidung der Frauen an der Spitze des herrschaftlichen Harems lediglich durch den noch größeren Aufwand, der mit jedem einzelnen Stück des Kostüms betrieben wurde. Dieses Kostüm wurde von den Haremsdamen vom 16. bis zum 19. Jh. getragen und erfuhr während dieser Zeit nur leichte Modifikationen hinsichtlich der verarbeiteten Materialien und des Schnitts der einzelnen Kleidungsstücke.

N.M. Penzer kommt das Verdienst zu, eine detaillierte Beschreibung der einzelnen Kleidungsstücke des Haremskostüms geliefert zu haben. Danach bestand das erste Stück der Garderobe aus einem losen, meist weißen Hemd (*Gömlek*) aus einer Mischung aus Baumwolle und Wolle oder, bei wohlhabenden Frauen, aus Seidengaze. Anfänglich wurde es vorne bis zum Gürtel offen getragen, wobei der Busen freiblieb. Später schloß man das Hemd mit Juwelen über dem Busen. Die Ärmel waren weit und lose und an den Rändern mit Satin oder Spitze eingefaßt. Das Hemd reichte bis zu den Knien und wurde für gewöhnlich lose über der Hose getragen.

Ein unerläßliches Kleidungsstück der Damengarderobe war eine besonders schöne, weitgeschnittene Hose (*Şalvar*), die in der Taille durch ein häufig reich verziertes und besticktes Band gehalten. Sie wurde entweder über dem Knie mittels eines Bands gerafft oder fiel glatt bis zum Boden herab. Sie konnte aber auch an den Fußgelenken durch ein Band gehalten sein und erhielt dann das Aussehen einer Pumphose. Ihr Material bestand aus feinen gold- und silberdurchwirkten Brokaten aus Bursa, und da sehr viel Stoff verschnitten werden mußte, konnte es sich beim Şalvar um ein sehr kostspieliges Kleidungsstück handeln.

Über dieser Hose wurde eine figurnah geschnittene Hüftjacke (*Yelek*) getragen, die gewöhnlich vorn durch eine Reihe eng beieinanderstehender Knöpfe vom Busen bis unterhalb der Taille geschlossen wurde. Thomas Dallam, der diese Hüftjacke bei den ballspielenden Haremsdamen gesehen hatte, erinnerte ihr Schnitt an einen Soldatenrock.

Das Prunkstück des Kostüms war eine Art Kleid (*Entari*), das Lady Montagu als Kaftan bezeichnete und besonders dekorativ fand. Das im Rücken körpernahe Kleidungsstück war auf der Vorderseite weit ausgeschnitten, und zu den Zeiten, als auch das Hemd darunter offen getragen wurde, blieb der Busen gänzlich unbedeckt, was einen sehr aufreizenden Anblick geboten haben muß. Das Kleid wurde in der Taille durch drei oder vier eng beieinanderstehende Perlen oder Diamantknöpfe zusammengehalten und brachte damit zusätzlich die Form des Oberkörpers zur Geltung. Die Ärmel des Gewands waren von den Schultern abwärts bis zu den Ellenbogen enganliegend, um sich dort zu weiten und manchmal bis auf den Boden hinabzureichen. Darunter bauschten sich vom Ellenbogen bis zu den Handgelenken die Ärmel des Unterhemds. Von der Taille abwärts wurde das Kleid weit und sprang an den Seiten auf. Es war so lang geschnitten, daß es auf dem Boden nachschleppte. Beim Gehen wurde die Schleppe zuweilen der größeren Bewegungsfreiheit wegen in den Hüftgürtel gesteckt. Aber die ersten Damen des Harems, die diese Art

Prinzessin, Temperazeichnung aus einem europäischen Album türkischer Kostüme, 2. Hälfte 18.Jh., Istanbul, Deutsches Archäologisches Institut

Kleider trugen, mußten sich nicht viel bewegen, und beim Sitzen drapierten sie die Kleiderfülle dekorativ um sich herum. Das Material der Robe ähnelte dem der Hose. Wahrscheinlich wurden Hüftjacke und Prachtrobe alternativ, nicht übereinander getragen.

Die aufwendig bestickten Gewänder aus Seide und Brokat waren natürlich nicht waschbar. Um unangenehme Gerüche aus ihnen zu vertreiben, stellten sich die Frauen mitsamt den Kleidern über ein Räuchergefäß mit Ambra, wobei die Kleidung durch den aufsteigenden wohlriechenden Rauch parfümiert wurde. Wenn es kalt wurde, zogen die Frauen im Harem entweder eine wattierte Jacke (*Seiman*) oder einen Pelzmantel (*Kurk*) an.

Als Accessoire trugen die Haremsdamen einen Taillenschal (*Kusak*), der je nach dem Status der Trägerin aus Wolle, feiner Baumwolle, Leinen oder Seide gefertigt sein konnte. Er wurde entweder lose und sehr weit um Taille und unteren Rücken geschlungen oder als Schal um die Schultern gelegt. Dem Personal des Harems diente er dem praktischen Zweck eines Hüftbands, in das man Geld, Taschentücher, Dokumente, Tintenhörnchen und ähnliches steckte. Bei den *Kadıns* erfüllte gewöhnlich ein juwelenbesetzter Gürtel diese Funktion.

Im Haus trugen die Frauen absatzlose Hausslipper (*Şipşip*), die in nahezu jedem Material und jeder Farbe gefertigt und reichlich mit Gold, Perlen und wertvollen Steinen bestickt waren. Für Aufenthalte außerhalb des Hauses gab es einen stark besohlten Schuh aus gelbem Leder (*Pabuç*). Ein dritter Schuh, den die osmanischen Damen kannten, war ein Slipper-Stiefel aus gelbem Marokko-Leder (*Çedik*).

Besonderen Aufwand betrieben die Frauen mit der Kopfbedeckung, die das Haremskostüm komplettierte. Sie hieß *Fotaza* und findet sich sehr gut bei Lady Montagu beschrieben, die sie allerdings mit dem armenischen Namen benennt. Die *Fotaza* hatte zwei separate Teile: eine kleine Kappe und ein Tuch, das darumgeschlungen wurde. Die

Kappe, eine Art abgeflachter Fez, bestand aus feinstem Filz oder Samt. Ihre Mitte zierte eine blaue oder goldene Quaste, die zu einer Seite auf die Schulter herabfiel. Eine Ecke der Kappe war mit Perlen und Diamanten oder, bei bescheideneren Versionen, mit weniger wertvollen Juwelen oder Stickereien besetzt. Damit die Kappe korrekt, also leicht schräg, auf dem Kopf saß, wurde sie durch ein besticktes Musselintuch gehalten. Auch das Tuch bot Gelegenheit, weitere Juwelen zur Schau zu stellen. Die *Kadıns* benutzten große, mit Diamanten und Juwelen besetzte Haarnadeln und arbeiteten weitere Juwelen in ihr Haar ein, das auf einer Seite des Kopfes in langen Zöpfen herabfiel. Hielten die Frauen sich in der Öffentlichkeit auf, verschwand die *Fotaza* ganz unter dem oberen Teil des *Yaşmak*, dem Kopf- und Gesichtsschleier der feinen Damen.

Den *Yaşmak* gab es in dieser Art nur in Istanbul. Er bestand aus zwei Stücken feinen Musselins. Das erste Stück wurde über den Nasenrücken gelegt, fiel über Mund und Kinn bis zur Brust und wurde im Nacken befestigt. Das zweite Stück bedeckte den Kopf bis zu den Augenbrauen. Es lag entweder lose auf den Schultern oder wurde ebenfalls im Nacken zusammengesteckt. Der *Yaşmak* war so transparent, daß die Gesichtszüge der Trägerin durchschimmerten.

Das wichtigste Kleidungsstück, das von Frauen außerhalb des häuslichen Bereichs in der Öffentlichkeit getragen werden mußte, war ein langes, lose getragenes Cape (*Ferace*). Während dieser Umhang bei den Frauen der Istanbuler Bevölkerung aus schwarzer Alpaka- oder leichter Merinowolle gefertigt war, trugen die weiblichen Mitglieder des Herrscherhauses Seidencapes in Pink oder Lila.

Das oben beschriebene Kostüm verlieh den ersten Frauen des Harems ein hoheitvolles Aussehen, konnte überaus prächtig wirken und war doch angenehm zu tragen, denn es war moderat körpernah geschnitten und von fließendem Fall. Einengende Korsetts und andere figurkorrigierende

Kleidungsstücke waren im Osmanischen Reich bis ins 19. Jh. unbekannt.

Im reformorientierten 19. Jh. jedoch erfuhr auch die Kleidung der Haremsdamen bedeutsame Änderungen und wies in Schnitt und bezüglich der Accessoires europäische Einflüsse auf. Davon wird im letzten Kapitel zum Harem der Osmanen im 19. Jh. die Rede sein.

Die einfachen Sklavinnen, die in den Gefolgschaften dienten, waren natürlich viel bescheidener gekleidet als ihre Herrinnen. Zu ihrer Grundausstattung gehörte eine Reihe von waschbaren Hauskleidern, die sie alltags bei der Arbeit trugen. Für festliche Gelegenheiten, wenn sich die Herrinnen mit ihren Gefolgen im Thronsaal vor dem Sultan zusammenfanden oder auch wenn eine der anderen Haremsdamen ihren Besuch bei der Herrin angekündigt hatte, besaßen die Sklavinnen ein oder mehrere Seidenkleider. Eine gut ausgestattete Gefolgschaft hatte Prestigecharakter. Aber nie sollte eine Sklavin ihre Herrin durch Putz und Schönheit in den Schatten stellen.

Schmuck

Gold, Silber, Diamanten und andere kostbare Edelsteine wurden zur Steigerung des Eindrucks von Kostüm und Frisur in verschwenderischer Fülle eingesetzt. Darüber hinaus trugen die Damen auch gern wertvollen Körperschmuck: juwelenbesetzte Stirn- und Halsbänder, Perlen- und Goldketten mit besonders schönen Edelsteinanhängern, Ohrringe und -gehänge, Fingerringe, goldene Arm- und Fußreife. Auch in bezug auf den Körperschmuck liefert uns Lady Montagu anläßlich ihres Besuches bei der Ex-Kadın Hafitén eine beeindruckende Beschreibung:

>»Um den Hals trug sie drei Ketten, die bis auf die Knie reichten, eine aus großen Perlen, an deren Ende ein schön

gefärbter Smaragd hing, so groß wie das Ei einer Truthenne; eine andere bestand aus zweihundert dicht aneinandergefügten Smaragden von dem feurigsten Grün, jeder so groß wie ein Halbkronenstück und so dick wie drei; die dritte war aus kleineren, vollkommen runden Smaragden. Doch verdunkelte ihr Ohrgehänge alles übrige: zwei Diamanten, genau wie Birnen gestaltet und von der Größe einer großen Haselnuß. Rund um ihren Kalpak hatte sie vier Schnüre Perlen, die weißesten

Rückseite eines silbernen Spiegels, Universität zu Köln, Orientalisches Seminar

und vollkommensten der Welt, genug, um wenigstens vier Halsbänder daraus zu machen, und jede Perle so groß wie die der Herzogin von Marlborough und von der gleichen Gestalt; sie waren mit zwei Rosen befestigt, die jede einen großen Rubin in der Mitte und rund herum zwanzig kleine, reine Diamanten hatte. Außerdem war ihr Kopfputz mit Nadeln aus Smaragden und Diamanten bedeckt. Sie trug große Diamantenarmbänder und hatte fünf Ringe mit Solitären an den Fingern, die (...) die größten sind, die ich je in meinem Leben gesehen habe. Nur ein Juwelier weiß den Wert dieser Kleinodien genau zu schätzen, allein so, wie man bei uns die Juwelen gemeinhin veranschlagt, muß ihr ganzer Anzug hunderttausend Pfund Sterling wert sein. Ich bin sicher, daß keine europäische Königin halb soviel Edelsteine besitzt, und die Juwelen der Kaiserin, obschon sie sehr schön sind, würden neben diesen nur sehr mittelmäßig aussehen.«

Kosmetik

Im Vorderen Orient gibt es eine Jahrtausende alte Tradition der dekorativen Kosmetik und der Wohlgerüche, an

die die arabisch-islamische Kultur anknüpfte. Das weibliche Schönheitsideal im islamischen Kulturraum waren Frauen, deren Gesichter von starken Hell-Dunkel-Kontrasten geprägt waren: das Haar, die Augenbrauen und Wimpern sehr schwarz, die Haut sehr hell und klar, die Augen so wie die der paradiesischen Jungfrauen, deren Name »Huri« von einem arabischen Wort abgeleitet ist, das Augen mit einem besonders intensiven Schwarz-Weiß-Kontrast bezeichnet, und der Mund sehr rot.

Die dunkelhaarigen und dunkeläugigen osmanischen Frauen turkmenischer Abstammung entsprachen am ehesten diesem Schönheitsideal. Und ihre ganze dekorative Kosmetik zielte darauf ab, diesen Typ noch weiter herauszustreichen. So hellten sie ihren Teint mit einer weißen Mandel- und Jasminpaste auf und akzentuierten die Wangen stark mit Rouge. Die Augenbrauen wurden zu beiden Seiten hin mit *Kochl* (Kajal) optisch verlängert, so daß sie über der Nasenwurzel zusammenstießen und eine durchgehende geschwungene Linie bildeten. Kochl kam auch bei der Betonung der Augen und Wimpern zur Anwendung. Rot gefärbte Lippen und hier und da ein Schönheitspflaster komplettierten das Make-up der osmanischen Damen, das in seiner Heftigkeit bei europäischen Besucherinnen des Reichs auf sehr geteilte Aufnahme stieß.

Mit der Zeit änderte sich der Geschmack der Osmaninnen, zumindest was die Haarfarbe anlangte. Seit die *Saray-*

lis, die Frauen des Herrscherpalastes, vornehmlich hellhaarige Tscherkessinnen waren, wurde Blond der begehrte Farbton. Auf dem Ägyptischen Basar in Istanbul, auf dem der Handel mit Kosmetika blühte, gab es auch ein Pulver zu kaufen, das dem Haar einen goldenen Schimmer verlieh.

Zur Zahn- und Mundpflege benutzten türkische Frauen den Bast des Walnußbaums. Dieser Bast verlieh Zahnfleisch und Lippen die gewünschte Rotfärbung. Um die Zähne schön weiß zu halten, wurde Mastix, das Harz einer Pistazienart, gekaut. Das Zerkauen von Gewürznelken war das Geheimnis für guten Atem, das bereits im Alten China bekannt war, wo sich Höflinge angeblich nur mit einer Gewürznelke im Mund dem Kaiser nähern durften. Osmanische Damen waren, so weit sie es sich leisten konnten, verschwenderisch im Umgang mit Duftessenzen und Parfums. Hauptbestandteile der Parfums waren die, die auch heute noch – meist in synthetischer Form – eingesetzt werden, wenn eine Duftkreation die typisch orientalisch-schwere Note erhalten soll: Moschus, Kampfer, Aloe, Ambra, Gewürznelke, Sandelholz, Rose und Zimt.

Das Bad

Der Islam hält die Gläubigen zu peinlicher körperlicher Sauberkeit an. Vor jedem der fünf obligatorischen Tagesgebete ist eine Waschung mit Wasser – oder, in Ermangelung dessen, mit Sand – erforderlich, die nach einem genau vorgegebenen Ritual zu erfolgen hat und die den Betenden körperlich und geistig gereingt auf die Ansprache Gottes vorbereitet. Auch jede Verletzung der rituellen Reinheit, zum Beispiel durch den Geschlechtsverkehr oder den Kontakt mit dem Menstruationsblut der Frau, verlangt nach einer baldigen Waschung. Als die islamischen Heere die afrikanischen Provinzen des Römischen Reichs und byzantinisch geprägtes Territorium eroberten, fanden sie dort eine hochentwickelte Bäderkultur vor, die sie übernahmen. Das war im Zug der osmanischen Expansion in den persischen Kulturraum hinein, dessen Bäder wahrscheinlich nach dem Vorbild syrischer Badehäuser der Antike angelegt waren, und auf den byzantinischen Balkan nicht anders. So ist das berühmte *Türkische Bad*, ein Dampfbad, eigentlich antiken und byzantinischen Ursprungs. In der Regel einmal pro Woche suchten die Osmanen, Männer wie Frauen – nach Geschlechtern getrennt, versteht sich –, ein öffentliches Badehaus (*Hamam*) auf.

Das Bad spielte auch im Saray der Osmanenherrscher eine wichtige Rolle. Acht Bäder lassen sich heute noch im

Le Barbier, *Türkisches Frauenbad*, 18. Jh., Paris, Bibliothèque nationale

Harem des Topkapı Sarayı identifizieren, und N.M. Penzer schätzt die Gesamtzahl aller Bäder im Palast auf 30. (Als Anekdote sei daran erinnert, daß die Baumeister der Schloßanlagen von Versailles im 17. Jh. den Einbau von Bädern und Toiletten schlichtweg vergessen hatten; Indiz einer Körperkultur, in der das Bedürfnis nach Reinlichkeit nicht so ausgeprägt war wie im Orient.) Wie jedes Türkische Bad bestanden auch die Bäder des Saray aus wenigstens zwei Räumen. Der eigentliche Baderaum wurde zumeist über Heißwasserrohre unter dem Marmorfußboden beheizt. Entlang seiner Wände gab es Waschbecken, über denen Hähne für den Zulauf von heißem und kaltem Wasser angebracht waren. Die Badenden saßen oder standen auf hölzernen Rosten oder ließen sich auf Bänken nieder, mit denen der Raum ausgestattet war, und sie schützten ihre Füße durch das Tragen von Holzstelzen vor Verbrennungen auf dem erhitzten Marmorboden. Während die Männer ihre Genitalien mit einem um die Hüfte geschlungenen Leinentuch vor den neugierigen Blicken ihrer Geschlechtsgenossen verbargen, hielten sich die Frauen und Mädchen im Baderaum oft gänzlich unbekleidet auf. Wenn die Badeprozedur, auf die später noch detailliert eingegangen wird, überstanden war, begab man sich zum Abkühlen und Ausruhen in den angenehm temperierten Ruheraum.

Das schönste Bad im Sarayı war natürlich das des Sultans. Ein osmanischer Augenzeuge hatte Anfang des 17. Jh. Gelegenheit, das Bad Murats IV. (1623-40) zu bewundern. Der Baderaum war aus feinem weißem Marmor, den Fußboden zierte ein schönes Mosaik, und die Luft war geschwängert mit Rosen-, Moschus- und Ambradüften. Aus goldenen und silbernen Hähnen floß das Wasser in weiße Marmorbecken, die ebenfalls mit Gold und Silber ausgelegt waren. Auch die Sitz- und Ruhegelegenheiten in den Ankleideräumen waren in diesen Edelmetallen gefertigt. Von diesen Räumen aus hatte der Herrscher einen herrlichen Blick über die Meeresbucht und die

Badestelzen, Universität zu Köln, Orientalisches Seminar

Stadt. Zur Steigerung seines Wohlgefühls nach dem Bad ließ er sich von Musikern aufspielen, die in einem Nebenraum auf seinen Wunsch bereitstanden. Direkt an das Bad des Sultans grenzte das ebenfalls sehr schöne Bad seiner Mutter. Auch die Suiten der Kadıns waren mit eigenen Bädern ausgestattet. Alle anderen Haremsbewohnerinnen benutzten die einfacheren Gemeinschaftsbäder.

Wie es in diesen Bädern des herrschaftlichen Harems zuging, wissen wir nicht. Über die Sitten und Gebräuche in den öffentlichen Bädern Istanbuls allerdings sind wir durch europäische Augenzeugen bestens informiert. Europäerin-

Türkische Dame mit Dienerin auf dem Weg ins Bad, 17. Jh.

nen, die zu Besuch in der Stadt weilten, ließen sich selten die Gelegenheit entgehen, selbst einen Blick in ein türkisches Frauenbad zu werfen, über das in Europa – spätestens seit der posthumen Veröffentlichung der Orientbriefe der Lady Montagu Mitte des 18. Jh. – fast ebenso viel gemunkelt wurde wie über den Harem des Osmanenherrschers. So stattete denn, auf den Spuren Lady Montagus wandelnd, die Engländerin Julia Pardoe in den 30er Jahren des 19. Jh. einem großen Istanbuler Frauenbad einen Besuch ab. In ihren Reiseerinnerungen »Beauties of the Bosporus« findet sich eine hinreißende Schilderung der lebhaften und ungezwungenen Badehausatmosphäre:

»Im ersten Augenblick war ich verwirrt: der schwere, dichte, schwefelhaltige Dampf, der den Raum erfüllte und mich fast erstickte – das wilde, schrille Geschrei der Sklavinnen, das schallend in der Kuppel der Badehalle widerhallte, laut genug um ihre Marmorverkleidung zum Leben zu erwecken, das unterdrückte Gelächter und die geflüsterten Gespräche ihrer Herrinnen, Gemurmel in einem Strom von Geräuschen – der Anblick von fast 300 Frauen, nur teilweise bekleidet, und dies in feinem Leinen, der so dampfgetränkt war, daß er die Körperkonturen vollständig nachzeichnete –, die eifrigen Sklavinnen, die hin und her huschten, nackt von der Hüfte aufwärts, die Arme vor dem Busen verschränkt, auf ihren Köpfen Stapel von mit Fransen besetzten oder bestickten Tüchern balancierend – Gruppen reizender Mädchen, lachend, schwatzend, sich mit Süßigkeiten, Sorbets und Limonaden erfrischend – Gruppen von spielenden Kindern, offensichtlich unempfindlich für die stickige Luft, die mich nach Atem ringen ließ – und, als Krönung all dessen, der plötzliche Ausbruch eines Gesangs wildester und schrillster türkischer Melodien. (...) Wenn sie [die Damen, die sich zuvor im Baderaum aufhielten] sich dann endlich zurück in die äußere Halle wagen, begeben sie sich sofort auf ihre Sofas, wo die wartenden Sklavinnen sie in warme Kleider packen und

Essenzen in ihr Haar reiben, welches sie aber nicht abtrocknen, sondern nur mit schönen Tüchern aus besticktem Musselin zudecken; parfümiertes Wasser wird über Gesicht und Hände gegossen, und die erschöpfte Badende sinkt unter einer Decke aus Satin oder einer leich-

Husein Fazıl Enderuni, *Das Frauenbad*, Miniatur aus dem Manuskript *Zanan-Name*, 18. Jh., Istanbul, Bibliothek der Universität

ten Daunenfüllung in einen luxuriösen Schlummer. Die Mitte der Halle gleicht inzwischen einem Basar; Konfekt-, Sorbet- und Obsthändlerinnen gehen auf und ab und preisen ihre Ware an. Negerinnen kommen und gehen mit Imbissen und Wasserpfeifen für ihre jeweiligen Herrinnen; Geheimnisse werden flüsternd erzählt, Vertraulichkeiten ausgetauscht; alles in allem ist die Szenerie so fremdartig, so neu und dabei so reizvoll, daß eine Europäerin nicht anders kann, als von einem Besuch in einem Türkischen Bad angetan und amüsiert zu sein.«

Für osmanische Frauen war der wöchentliche Besuch im öffentlichen Bad ein zentrales soziales Ereignis, auf das auch die Damen, die in ihren Stadtpalästen über eigene Bäder verfügten, ungern verzichteten. Bereits der Gang ins Bad gestaltete sich zum Erlebnis, war er doch eine der seltenen Gelegenheiten, zu denen die Damen der Gesellschaft ihre häuslichen Gemächer einmal verlassen durften. Des Morgens brach die kleine Karawane, bestehend aus der Herrin und ihren Kindern nebst einem Troß von Sklavinnen, auf, und sie führte alles mit sich, was man für einen langen Tag im Bad brauchte: Kissen, Decken und Tücher, Badeutensilien und Kosmetika, Getränke und reichlich Eßwaren. Denn ebenso wichtig wie die eigentliche Badeprozedur war die

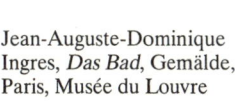

Jean-Auguste-Dominique Ingres, *Das Bad*, Gemälde, Paris, Musée du Louvre

Zeit, die man, der männlichen Kontrolle entronnen, mit Freundinnen und Nachbarinnen zubrachte, persönliche und familiäre Probleme erörterte, Allianzen schmiedete und einen Blick auf die körperlichen Reize möglicher Schwiegertöchter warf.

Das öffentliche Frauenbad war eine heimlich Zentrale der Frauenmacht und darum den Männern oft ein Dorn im Auge. Darüber hinaus witterte man in den intimen Prozeduren, die die Frauen beim Einseifen, Enthaaren, Frottieren und Massieren gegenseitig an sich vornahmen, eine Quelle weiblicher Unzucht. Die lesbische Liebe im Frauenbad: Das war nicht erst eine böswillige Phantasie der Abendländer, sondern der Gedanke beunruhigte auch die osmanischen Männer, und dies fand seinen Niederschlag in derben Spottversen und den nicht minder derben Scherzen des *Karagöz*, einer Schattenspielfigur, die das osmanische Pendant unseres Kasperls ist.

Nun zu den eigentlichen Badeprozeduren, die soviel Mißtrauen erweckten: Zunächst übergossen sich die Frauen gegenseitig mit reichlich kaltem Wasser. Dann begaben sie sich zum Schwitzen in den mit heißem Wasserdampf erfüllten Baderaum. Nach dem Schwitzvorgang konnte eine Massage erfolgen. Obligatorisch war das Abreiben des Körpers mit einem rauhen Waschhandschuh aus Ziegen- oder Roßhaar oder Wolle, wodurch die abgestorbenen Hautpartikelchen gelöst wurden und was die Haut zarter machte. Das Abreiben nahmen die Frauen gegenseitig an sich vor, oder sie beanspruchten die Dienste einer Badedienerin. Nach dem Abreiben seiften sich die Frauen Körper und Haar gründlich ein und übergossen sich schließlich erneut mit warmem Wasser, um Seifenreste und abgelöste Hautpartikel abzuspülen.

Über die bloße Reinigung hinaus ging es im Frauenbad zu wie in einem vormodernen Schönheitssalon. Die Frauen pflegten ihr Haar mit Eigelb und trugen das Eiweiß um die Augenpartie auf, wo es gegen die ersten Fältchen helfen

sollte. Das Haar wurde
mit einer Paste aus zer-
stoßenen Lorbeeren
oder mit Henna gefärbt.
Henna kam darüber
hinaus für das Einfär-
ben der Fingernägel zur
Anwendung. Die Au-
genbrauen wurden in
Form gezupft und eben-
falls gefärbt. Die Fuß-
sohlen behandelte man
mit einer Raspel, um sie
weich und zart zu ma-
chen. Eine im Frauen-
bad unerläßliche Prozedur war auch die Epilation, das Entfernen der Körper- und Gesichtsbehaarung. Die Enthaarung des Körpers, insbesondere das Entfernen der Scham-
haare, galt den Frauen nahezu als religiöse Pflicht.

Entfernt wurden im Bad die Achsel- und Scham-
behaarung, die Härchen in Nase und Ohren, der Gesichts-
flaum, die Haare an den Beinen und manchmal auch die an
den Armen. Die Achseln und die Schamgegend wurden mit
einer Paste aus ungelöschtem Kalk und Arsentrisulfat ein-
gerieben. Diese mußte dann schnell und gründlich mit den
abgelösten Haaren wieder entfernt werden, weil sie die
Haut verätzen und häßliche Narben hinterlassen konnte.
Die Entfernung der übrigen Behaarung wurde auf eine weniger hautschädigende, aber dafür um so schmerzhaftere
Weise vorgenommen: Man trug dafür eine Mischung aus
dickem Sirup und Terpentin auf, die man nach dem An-

trocknen samt den Haaren mit einem entschlossenen Ruck abriß. Gegen das Brennen, das die grobe Enthaarungsprozedur auf der Haut verursachte, half das Einreiben mit Weinessig, Rosenwasser und Rosenöl. Zum Schluß wurde die durch Bad, Abreiben und Enthaarung arg strapazierte Haut mit einer mit Rosen- und Myrtenwasser angerührten Salbe aus Reis-, Saubohnen-, Erbsen- oder Kichererbsenmehl gepflegt.

Nach den Anstrengungen des Schwitzens, der Massage, des Abreibens und der Enthaarung kam im obligatorischen Ablauf eines Badehausbesuchs der sehr angenehme zweite Teil. Die Frauen begaben sich in den wohltemperierten Ruheraum, wo auf die Wohlhabenderen unter ihnen bereits ihre Sklavinnen warteten, um die Herrin in Tücher einzuhüllen und sie zu dem vorbereiteten Lager aus Kissen und Decken zu führen, auf dem sich die Badende von den vorangegangenen Strapazen erholte. Freundinnen kämmten sich gegeseitig das nasse Haar, rieben es mit Rosen- und Orangenblütenwasser ein und flochten sich kunstvolle Zopffrisuren. Es wurde geplaudert, konspiriert, gelacht und gestritten, man strickte und stickte, man rauchte und trank dazu kalte Getränke oder Kaffee, und vor allen Dingen wurde reichlich und kalorienhaltig gegessen. Wie in den arabischen Ländern war man auch hier davon überzeugt, daß der Genuß bestimmter Speisen nach dem Bad fett mache, und eine gewisse Leibesfülle entsprach durchaus dem gängigen weiblichen Schönheitsideal. Kinder tollten um ihre Mütter herum – auch die kleinen Söhne, die so lange mit ins Frauenbad genommen wurden, bis sie begannen, ›verständig‹ zu werden und dann für immer aus dieser intimen Frauenwelt verbannt wurden – und die Kleinsten schliefen in eigens für sie im Ruheraum aufgestellten Wiegen.

Während die Männer sich höchstens eine halbe oder eine ganze Stunde im Ruheraum aufhielten, um sich abzukühlen, dehnten die Frauen diesen Teil des Badehausaufenthalts so lange wie möglich aus; bereits Lady Montagu hatte scharfsinnig bemerkt, das Frauenbad sei das Kaffeehaus der osmanischen Damen.

All die für das öffentliche Frauenbad beschriebenen kosmetischen Prozeduren wurden auch von den Bewohnerinnen des herrschaftlichen Harems vorgenommen: unter der Assistenz ihrer Sklavinnen von den Haremsdamen in ihren Privatbädern und von den Ikbals und allen anderen Bewohnerinnen des Harems in den Gemeinschaftsbädern. Daß das Bad der Sultaninmutter und der Kadıns eine ruhige und gemessene Angelegenheit war, kann als sicher gelten. Aber auch in den Gemeinschaftsbädern ist es wohl nie so lebhaft und ungezwungen zugegangen wie in den öffentlichen Frauenbädern. Man lebte in der förmlichen Atmosphäre des Herrscherpalastes, und es wird sich wohl immer eine der Meisterinnen dazu berufen gefühlt haben, die Befolgung des allgegenwärtigen Stille- und Ruhegebotes auch in den Bädern des herrschaftlichen Harems durchzusetzen.

Essen, Trinken und Rauchen

Das Konsumieren von Nahrungs- und Genußmitteln gehörte unbestreitbar zu den Freuden des Haremsalltags. Was und wie im Lauf des Tags gegessen, getrunken und geraucht wurde, zeigt erneut die Vorliebe für Luxus und Aufwand, für schöne, phantasievolle Details und gezierte Formen – Aspekte, die das höfische Leben und das Leben der osmanischen Oberschicht insgesamt prägten. Gleichzeitig wiesen diese Tätigkeiten, wie andere Alltagsverrichtungen auch, ausgeprägt förmliche und zeremonielle Züge auf.

Die Osmanen kannten drei Hauptmahlzeiten: das Frühstück, ein frühes Mittagsmahl und kurz vor Sonnenuntergang ein ausgiebiges Abendessen. Im Gegensatz zu gewöhnlichen Haushalten, wo man morgens lediglich ein Getränk zu sich nahm, wurde bei Hof reichhaltig gefrühstückt. Es gab Brot, Schafskäse und halbfeste Sahne und im 19. Jh. kamen in Anlehnung an europäische Gepflogenheiten noch Honig, Marmelade und Eier hinzu.

Alle drei Hauptmahlzeiten für die Herrscherfamilie, die Haremsbelegschaft und die oberen Ränge der Palastbediensteten wurden in der riesigen Palastküche zubereitet. Im Topkapı Sarayı bestand die Palastküche aus zehn Doppelküchen, großen rechteckigen Kuppelbauten mit 20 gewaltigen Rauchabzügen. In jeder dieser Küchen agierten

Meister ihres Fachs. Die einen waren auf das Kochen von Suppen und Schmortöpfen spezialisiert, andere waren für die Zubereitung der Pilaws zuständig – in Fleischbrühe gegarte Reisgerichte mit Hühnchen- und Lammfleisch –, wieder andere für größere Braten und so fort – insgesamt ein über 1000köpfiges Küchenpersonal von Köchen, Bäckern, Konditormeistern und Bediensteten.

Zu den Essenszeiten brachten Küchengehilfen die Speisen zum *Tor des Essens* im dritten Palasthof und stellten die Schüsseln und Tabletts auf Marmorbänken ab, von wo sie von Sklavinnen und Eunuchen in die Abteilungen des Harems gebracht wurden.

Inzwischen waren in den Suiten der Haremsdamen Vorkehrungen getroffen worden, das Mahl zu servieren. Auf Anweisung hatten Sklavinnen des Gefolges als Eßtische dienende runde Tabletts mit niedrigen Untergestellen darunter dort aufgestellt, wo die Herrschaften gerade zu speisen wünschten. Wahrscheinlich nahmen die ersten Damen des Harems die Hauptmahlzeiten gemeinschaftlich zu sich. Jedenfalls war dies nach den Beschreibungen von Leyla Saz im 19. Jh. der Fall. Zu dieser Zeit aßen die Frauen des Ha-

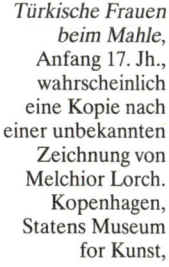

Türkische Frauen beim Mahle, Anfang 17. Jh., wahrscheinlich eine Kopie nach einer unbekannten Zeichnung von Melchior Lorch. Kopenhagen, Statens Museum for Kunst,

rems nach Statusgruppen getrennt, wobei die Frauen der Herrscherfamilie unter sich blieben.

Vor Beginn der Mahlzeit hatten die *Ibriktar usta* und ihre Assistentinnen ihren Auftritt: In der linken Hand eine Schüssel, in der rechten ein Gefäß mit Wasser traten sie an die Damen heran, die sich, wie es der Sitte entsprach, vor dem Essen die Hände wuschen. Dann ließen sich die Damen auf Sitzpolstern um die Tabletts herum nieder. Dabei setzten sie sich so, daß das rechte Knie angewickelt hochstand, während das linke flach auf dem Boden lag. Auf diese Weise fanden bis zu zwölf Personen Platz an einem Tablett, das nicht größer war als 90 cm im Durchmesser. Servietten wurden verteilt, eine größere, die über dem Schoß ausgebreitet wurde, und eine kleinere, die dem Abwischen der rechten Hand während der Mahlzeiten diente. Die letzte Vorbereitung vor dem Essen war das Aufschlagen des rechten Gewandärmels bis an den Ellenbogen. Die ranghöchste der Frauen sprach das *Bismillah* (Im Namen des Herrn), und das Mahl begann.

Obwohl eine jede einen flachen Teller vor sich hatte, aßen doch alle gemeinsam aus einer großen Schüssel, die in der Mitte des Tabletts abgestellt war. Man bediente sich der Fingerspitzen der rechten Hand, um die Speisen zu sich zu nehmen. Die linke Hand lag entspannt auf dem Schoß. Sie zu benutzen galt als gänzlich unschicklich, da mit der linken Hand die Toilettenhygiene vorgenommen wurde.

Auf die Etikette legte man im Osmanischen Reich beim Essen größten Wert. Im herrschaftlichen Harem gehörte das Erlernen feiner Tischmanieren zur Grundausbildung der Sklavinnen. Sie formten den Reis zwischen Daumen, Zeige- und Mittelfinger der rechten Hand zu einem kleinen Klümpchen und führten es wie die Fleischhappen und Gemüsestückchen mit einer zierlichen Bewegung zum Mund. Bei Suppen und Speisen ähnlich flüssiger Konsistenz benutzte man den Löffel, den man mit der rechten Seite bis zur Hälfte in die Schüssel tauchte und mit der linken Seite an die Lippen führte, wobei Schöpf- und Eßseite streng voneinander zu trennen waren. Gerade da sich alle aus der Gemeinschaftsschüssel bedienten, wurde auf größte Hygiene von Fingern und Löffeln geachtet. Auch sonst ging es gesittet zu: Aufstoßen und Eßgeräusche waren verpönt.

Das Mittag- und das Abendessen scheinen gleichermaßen üppig gewesen zu sein. Die Schüsseln mit den verschiedenen Gängen wurden in schneller Folge aufgetragen: Pilaw in vielen Variationen, Gefügel und Täubchen, entbeint und so durchgebraten, daß die gewünschten Portionen sich leicht entnehmen ließen, zerteiltes Lamm-, Rind- und Kalbfleisch, geschmorte und gefüllte Tomaten und Auberginen, gefüllte Weinblätter, eingelegtes Sauergemüse, Suppen und Ragouts und weitere Köstlichkeiten der türkischen Küche mehr. Mittags gab es noch grüne Salate und abends wurden zur Erfrischung Früchte der Saison gereicht. Man aß rasch, konzentriert und schweigend. Wasser und Sorbets, die nach den stark gewürzten Speisen den Durst löschten, nahm man erst zum Schluß der Mahlzeit zu sich.

Franz Anton Bustelli, *Türkenpaar beim Kaffee*, Porzellan, Nymphenburg 1775, Zürich, Johann Jacobs Museum. So typisch der Kaffe-Genuß auch für das Osmanische Reich des 18. Jh. war, zeugt diese Porzellanfigurine doch von der mangelnden Kenntnis der Europäer um das Verhältnis zwischen Mann und Frau im muslimischen Harem.

Ein kurzes *Bismillah* markierte des Ende der Mahlzeit. Während Sklavinnen die Tabletts entfernten, wuschen sich die Damen unter Mitwirkung der Ibriktar usta und ihrer Assisteninnen die Hände und ließen sich auf niedrigen Kanapees und auf Kissen nieder, denn nach dem ernsten und förmlichen Mahl entspannten sie sich nun bei Kaffee und dem Genuß von Tabak.

Osmanische Chronisten berichten erstmals 1555 vom Auftauchen des anregenden Heißgetränks aus Wasser und gerösteten und pulverisierten Kaffeebohnen. Die Sitte des Kaffeetrinkens hatte sich vom Jemen in Südarabien aus im ganzen Vorderen Orient verbreitet. Ähnlich wie später beim Tabak, mit dem die Osmanen um 1600 Bekanntschaft machten, gab es im streng islamischen Osmanischen Reich zunächst erhitzte Debatten unter den Rechtsgelehrten, ob das Trinken von Kaffee im Einklang mit dem religiösen Gesetz stand oder ob Kaffee als berauschendes Getränk dem verbotenen Wein gleichzusetzen sei. Der wegen seiner Härte und Grausamkeit gefürchtete Sultan Murat IV. (1623-40) ließ 1632 gar alle Kaffeehäuser, die im Zusammenhang mit der Verbreitung des Tabaks überall im Reich wie Pilze aus dem Boden geschossen waren, schließen und zerstören, um so beiden Übeln einen Riegel vorzuschieben. Das Rauchen wurde unter Todesstrafe gestellt, und mancher nikotinsüchtige Osmane büßte damals seinen Gesetzesbruch mit dem Leben. 1688 wurde das Rauchverbot schließlich wieder aufgehoben.

Trotz drakonischer Strafen hatte man es nie ganz durchsetzen können, denn Rauchen war den Osmanen mehr als hastiges und gestreßtes Ziehen an einer Zigarette; geraucht wurde Pfeife, entweder der Tschibuk, eine langstielige Bodenpfeife, oder die Wasserpfeife, und das hingebungsvolle Inhalieren des berauschenden parfümierten Tabaks, den man mit zurückgelehntem Kopf und geschlossenen Augen genoß, war ein Stück Alltagsphilosophie, entsprach dem gemächlichen Lebenstempo der Zeit.

Auch die Damen des herrschaftlichen Harems frönten dem Tschibuk und der Wasserpfeife. Eine Sklavin stand bereit, die Pfeife zu reinigen und nachzustopfen, wann immer die Herrin es wünschte. Die Verrichtungen im Zusammenhang mit dem Rauchen kamen einem Zeremoniell gleich: Nach dem Reinigen und Stopfen der Pfeife faßte die Sklavin mit der rechten Hand das juwelenbesetzte Rohr des Tschibuks, legte die linke mit einer Ehrfurchtsgeste über ihren Leib und setzte den Kopf der Pfeife in eine Messingschale, die die kostbaren Teppiche vor Versengungen schützte, auf den Boden. Dann schwenkte sie die Spitze mit einer eingeübten Bewegung sacht an die Lippen der Herrin und bewegte sich rückwärts zur Wand, wo sie ihrer erneuten Inanspruchnahme harrte.

Die Wasserpfeife (*Nargile*) hatte ihre eigenen Reize. Ihr parfümierter Rauch war kühl, wenn er, durch den langen Schlauch geführt, das Bernsteinmundstück erreichte, und zur Steigerung des optischen Vergnügens wurde eine Kirsche oder Rosenblätter in den wassergefüllten Glasbehälter gelegt, die bei jedem Zug an der Pfeife auf der Wasseroberfläche tanzten. Viele osmanische Damen waren starke Raucherinnen. Dies hatte den unschönen Effekt, daß ihre Zähne nicht selten nikotingeschwärzt waren. Die, die sich nicht an das Rauchen gewöhnen

Rauchende türkische Frau, Stich in Ferriol, *Recueil de cent estampes,* Paris 1714, Staatsbibliothek zu Berlin, Sammlung Preußischer Kulturbesitz

konnten, kauten Mastix aus Chios, der ihrem Atem einen angenehmen Duft verlieh.

Um sich zwischen den Mahlzeiten zu erfrischen, aßen die Haremsdamen gern Obst, oder sie tranken Sorbets. Sorbet war damals ein ausgesprochenes Luxusgetränk, weil Eis oder Schnee als Grundbestandteil des Kaltgetränks in großen Mengen aus den Bergen herbeigeschafft werden mußte. D'Ohsson berichtet in seinem »Tableau général de l'Empire othoman« aus dem 18. Jh., wie die Sorbets zubereitet wurden: »Die Sorgfalt, die sie bei der Zubereitung der Sorbets walten ließen, war ebenso groß wie die der Franzosen beim Keltern von Wein. Sorbets bestanden zumeist aus verschiedenen Fruchtsäften, die mit Essenzen von Blumen wie Rosen, Gardenien, Stiefmütterchen, Lindenblüten und Kamille versetzt und mit Moschus, Ambra und Aloe gewürzt wurden.« Neben den fruchtigen Sorbets gab es auch ausgesprochen blumige Getränke, die aus Veilchen- und Rosenwasser gewonnen wurden. Eine anregende Variante war ein mit Nelke, Zimt und Rosenblüten gewürztes Sorbet aus Kaffee.

Auffällig ist auch hier wieder der vielfältige Einsatz von Blüten- und Duftessenzen, deren kostbarer Wohlgeruch im Herrscherpalast so geschätzt wurde, daß man nicht nur Räume, Kleidung und Körperöle mit ihnen parfümierte, sondern sich darüber hinaus die in den Essenzen konzentrierte Schönheit mit der Nahrung und den Getränken ›einzuverleiben‹ suchte. So wurden auch die Süßspeisen und Gebäcke, die im Harem zwischen den Hauptmahlzeiten in großen Mengen konsumiert wurden und mit denen sich die Damen ihr Nichtstun versüßten, mit Duftölen parfümiert. Prinzessin Mirza Riza Khan Arfa, die in ihrem Roman »Der Gesang der dunklen Wasser« ein schönes Kapitel der phantasievollen osmanischen Kochkunst widmete, schreibt zu dem Gebäck *Hand der Jungfrau*: »Sie ist ganz sanft und lieblich: ein glückliches Zusammentreffen von Butter und weißem, fein gesichtetem Mehl, duftend nach Anis- und

Rosenöl mit einer Ahnung von Muskat und einem Hauch von Rosmarin, gemischt mit den kernlosen Sultaninen, garniert mit den schwarzen Augen der Korinthen und den elfenbeinweißen Ovalen der süßen Mandeln.«

Im Palast waren Hunderte von Konditormeistern und Gehilfen damit beschäftigt, den Heißhunger des Herrscherhaushalts auf Süßes zu befriedigen. Aber die Haremsdamen begaben sich mit ihren Sklavinnen auch des öfteren selbst an Herd und Backofen, um die süßen Kreationen aus Mehl, Butter, Gewürzen, Duftessenzen und Honig mit solch poetisch-plastischen Namen wie *Lippen der Schönheit, Damenschenkel* und *Frauennabel* oder auch den berühmten *Türkischen Honig* zuzubereiten. Denn eigens für die Herstellung von Süßspeisen und Gebäcken und anderen Zwischenmahlzeiten waren in unmittelbarer Nähe zu den Suiten der Kadıns Haremsküchen eingerichtet, die den Sultanskonkubinen auch Gelegenheit boten, den Herrscher mit ihren Koch- und Backkünsten zu beeindrucken.

Die Süße der Gebäcke und Speisen wurde mit Honig oder Traubensirup erzielt. Oft wurden die kalorienreichen Imbisse zusätzlich mit einer dicken Crème aus Kuhmilch übergossen, denn die Angst vor dem Dickwerden war den osmanischen Damen unbekannt. In der Jugend galt eine gewisse Leibesfülle als Ideal weiblicher Schönheit, und bei der reifen Frau korrespondierte ein imponierender Körperumfang mit der Macht und Wertschätzung, die eine Mutter von Söhnen in der islamischen Familie genoß.

Alltagsleben, Feste und Ausflüge

Alltagsleben im Harem

Das Leben der Haremsbewohnerinnen aller Ränge war nicht besonders abwechslungsreich. Ihre Bewegungsfreiheit war stark eingeschränkt, und nur selten durften selbst die Sultanskonkubinen den Harem mit Genehmigung des Herrschers und seiner Mutter verlassen, um sich in den Palastgärten zu vergnügen, um an den »Süßen Wassern Europas und Asiens«, zwei beliebten Ausflugsorten der Istanbuler Oberschicht, Picknicks zu veranstalten oder um Ausflüge aufs Land zu machen. Davon später.

Besuche von außerhalb des Harems zu empfangen war auch den Sultanskonkubinen in der Regel nicht erlaubt. Die meisten der Kadıns und Ikbals waren sklavischer Herkunft, und sie konnten sich, da sie oft bereits im Kindesalter ins Reich verschleppt oder verkauft worden waren, kaum noch ihrer Heimat und Familien erinnern. Aber auch Verwandte, die die Spur ihrer Töchter und Schwestern aufgenommen hatten, wurden vor dem Palast abgewiesen, wenn sie um Besuchserlaubnis nachsuchten; wie es heißt, um ihren Bitt- und Bettelgesuchen vorzubeugen. Eine Ausnahme galt für die Ziehmütter von Sultanskonkubinen, Frauen aus den Familien der osmanischen Oberschicht, die dem Sultan die spätere Konkubine als Sklavin geschenkt hatten und von denen materielle Forderungen wohl nicht zu erwarten waren. Informationen über Leben und Ereignisse in der Stadt, die über die flüchtigen Eindrücke hinausgingen, die die Saraylis bei ihren seltenen Ausflügen in die Umgebung gewinnen konnten, gelangten nur mittels der Bündelfrauen und Eunuchen in den Harem. Eine weitere Informationsquelle waren die Prinzessinnen, die als verheiratete Frauen außerhalb des Harems lebten und den Palast anläßlich von Familienfesten und hohen religiösen Feiertagen aufsuchten.

Der Lebensradius und die Vorstellungswelt der einfachen Sklavinnen beschränkte sich auf den Mikrokosmos des Harems: auf die Aufregungen, die soziale Ereignisse wie Aufstieg und Fall von Sultanskonkubinen verursachten, auf die Beobachtung und Kommentierung der Beförderungen von Kolleginnen innerhalb der Haremshierarchie und auf die Anteilnahme am Ausscheiden langjähriger Schicksalsgenossinnen, die nach der Absolvierung ihrer Dienstzeit in eine Ehe mit einem osmanischen Würdenträger entlassen wurden. Ansonsten bestimmte die Alltagsroutine ihr Leben: ihre Pflichten in den Arbeitsgruppen und Gefolgschaften, unterbrochen von Gebetspausen und Mahlzeiten.

Die Frauen, die durch die sexuelle Zuwendung des Sultans geadelt waren, die Sultanskonkubinen, die im Zentrum der allgemeinen Aufmerksamkeit standen, diese Frauen waren sicher sehr oft allein mit ihren Hoffnungen, Sorgen und Nöten um ihr persönliches Schicksal und, sofern sie Mütter waren, um das ihrer Kinder. Sie hofften auf eine Schwangerschaft, fieberten ihrer Niederkunft entgegen, waren, unterstützt von Ammen, beschäftigt mit der Erziehung ihrer königlichen Töchter und Söhne.

Der Alltag der Haremsdamen war mit einer Vielzahl gesellschaftlicher Verpflichtungen ausgefüllt. Man traf sich zu den gemeinsamen Mahlzeiten, stattete der Sultaninmutter Pflichtbesuche ab, suchte die Frauen auf, die im Wochenbett lagen, kam Einladungen von Prinzessinnen und Mitkonkubinen nach oder nahm selbst Gastgeberinnenpflich-

Musizierende und tanzende Frauen im Harem, Illustration einer türkischen Handschrift, Venedig, Museo Correr

ten wahr. Bei diesen wechselseitigen Besuchen wurden die eingeladenen Frauen bewirtet und mit musikalischen und tänzerischen Einlagen von Sklavinnen unterhalten. In jedem Gefolge gab es Sklavinnen, die sich auf das Spielen von Instrumenten oder auf Tanz verstanden. Die Damen erfreuten sich an den Darbietungen, beschäftigten sich mit ihrer Handarbeit, rauchten, tranken Kaffee oder Sorbet und aßen Süßigkeiten. Manchmal vertrieben sie sich die Zeit auch mit Spielen. Im Herrscherharem kannte man Dame, Backgammon und ein Spiel, bei dem Seemuscheln geworfen wurden. Im 19. Jh. erweiterten Domino und Kartenspiele das Repertoire.

Förmlich wurde es, wenn der Sultan das Bedürfnis nach Familienleben verspürte und die Gesellschaft der Frauen suchte. Das Geplauder erstarb, sobald die Ankunft des Herrschers angekündigt wurde. Die Frauen nahmen Haltung an und wurden vom Sultan eine nach der anderen begrüßt, wobei er jeder seiner Kadıns die gleiche höfliche Zuwendung zukommen lassen mußte. Oft zog sich der Sultan bald nach den offiziellen Begrüßungsritualen wieder zurück, um die besonders bei Festen bisweilen recht ausgelassene Stimmung unter den Frauen nicht zu stören. Manchmal begab er sich dann an ein vergittertes Fenster, hinter dem verborgen er das ungezwungene Treiben verfolgte. Da konnte er dann beobachten, wie die Haremsfrauen sich von Bauchtanzdarbietungen zu Beifallsstürmen oder zum Mitmachen hinreißen ließen. Oder wie junge Sklavinnen, die kaum dem Kindesalter entwachsen waren, untereinander spielerische Turniere austrugen, die manches Mal, wenn die älteren Frauen nicht entschieden einschritten, in wilde Balgereien ausarteten.

Mitte des 19. Jh., als sich die Sultane nicht mehr hinter Gitterfenstern verbargen, hielten sie sich bei Familienfesten zumindest abseits der Frauen, um diese und ihre Besucherinnen »nicht einer allzu offiziellen Atmosphäre auszusetzten«, wie Leyla Saz erklärt. Männer wie Frauen waren in der traditionellen islamischen Gesellschaft in ihrem Verhalten zueinander strengen Reglementierungen unterworfen, und der Sultan in seiner Doppelrolle als Familienvater und Herrscher war in besonders starkem Maß aus der intimen Wärme der Familie ausgegrenzt.

Die Einladung des Harems in den Thronsaal

In der Regel Freitags, dem Feiertag der Muslime, und anläßlich großer islamischer Feste lud der Sultan die Haremsdamen und ihre Gefolgschaften zu sich in den großen Thronsaal. Diese Zusammenkünfte hatten einen sehr festlichen und formellen Charakter. Der erhöht sitzende Sultan in scharlachroter, mit Zobel eingefaßter Robe beherrschte optisch die Szene. An seiner Seite funkelte ein diamantenbesetzter Dolch, und auf dem Haupt trug er einen Turban, an dessen Vorderseite eine Reiherfeder mit einer großen, diamantengefaßten Rubinbrosche befestigt war. Auch die Frauen der Herrscherfamilie und die Sultanskonkubinen pflegten sich und ihr Gefolge zu diesen Gelegenheiten auf das Prächtigste herauszuputzen.

Die Mutter des Sultans, die Töchter und Schwestern hatten die Ehre, auf Sofas an der erhöhten Schmalseite des Raums Platz zu nehmen. Vor ihnen auf Kissen saßen die Konkubinen. Schwarze Eunuchen und Sklavinnen der Gefolgschaften säumten stehend die Wände des festlich erleuchteten Saals. In Kupferbehältern glomm Weihrauch, in dessen Aroma sich der Duft ambergewürzten Kaffees mischte. Ein solch stimmungsvolles Bild jedenfalls zeichnet Penzer von den Zusammenkünften des Harems im Thronsaal.

Das Unterhaltungsprogramm anläßlich dieses Ereignisses bestand aus musikalischen Darbietungen, die oft von Gesang und Tanz begleitet wurden, aus pantomimischen oder aus *Karagöz*-Vorführungen, *Karagöz* ist das eher volkstümliche und recht derbe traditionelle Schattentheater.

Im Topkapı Sarayı gab es ein Palastorchester, und wenn die Musiker vor den Frauen spielten, wurden ihnen

Sultansgemahlin in großer Robe, aus dem zweiten Band eines Kostüm-Albums, Istanbul, um 1780, London, British Museum

aus Gründen der Schicklichkeit die Augen verbunden. Es gab aber auch ein aus Palastsklavinnen bestehendes Haremsorchester. Alle Sklavinnen wurden im Harem nach Eignung auf einen bestimmten Beruf hin erzogen. Die Mädchen, die besondere musische Neigungen und Talente zeigten, erhielten über die allgemeine Grundausbildung hinaus Unterricht in Musik, Gesang und Tanz. Unter den Sultanen Selim III. (1789-1807) und Mahmut II. (1808-39), die beide große Musikliebhaber waren, wurden Palastsklavinnen unter Aufsicht in die Häuser berühmter Musiker geschickt, um dort die Instrumente Violine, Flöte, Zither, Tamburin und eine Art Laute spielen zu lernen. Während der Regentschaft Mahmuts II. begann sich die osmanische Oberschicht auch in bezug auf den Musikgeschmack europäischen Einflüssen zu öffnen. Mahmut selbst förderte diesen Trend, indem er den Italiener Giuseppe Donizetti nach Istanbul holte. Unter anderem unterrichtete Donizetti auch die Mitglieder des Haremsorchesters in europäischer Musik. Eine Besonderheit dieser Mädchenkapelle, die zur Zeit von Mahmuts Nachfolger Abdül Meçit I. (1839-61) 80 junge Musikerinnen umfaßte, bestand darin, daß die Mädchen als junge Männer verkleidet aufzutreten hatten. Sie trugen eine reichbestickte, mit goldenen Knöpfen und Tressen geschmückte Uniform aus dunkelrotem Samt und auf dem kurzgeschnittenen Haar saß ein Fez. Unter Abdül Meçit war man auch dazu übergegangen, die Ausbildung der Musikerinnen in den Palast zu verlegen. Damit die Schicklichkeit gewahrt blieb, durften die Auszubildenden ihren Lehrern nur verschleiert gegenübertreten. Diese Maßnahme konnte allerdings nicht verhindern, daß sich heftige Romanzen zwischen Palastsklavinnen und ihren Musiklehrern abspielten, wovon Leyla Saz in ihren Memoiren ausführlich zu berichten weiß.

Die Darbietung türkischer Musik im Thronsaal wurde häufig von Tanz begleitet. Entweder traten zu diesen Gelegenheiten ausgebildete Palastsklavinnen auf, oder es wurde eine in der Regel aus zwölf Tänzerinnen bestehende professionelle Gruppe von außerhalb verpflichtet. Unter der Leitung einer Managerin und deren Assistentin führten die jungen Frauen türkische Formationstänze auf.

Es ist sehr unwahrscheinlich, daß der Sultan in Anwesenheit der weiblichen Mitglieder seiner Familie und der Konkubinen Bauchtanzvorführungen veranlaßte. In der osmanischen Oberschicht ließ der Hausherr seine männlichen Gäste häufig durch seine persönlichen Sklavinnen oder durch professionelle Tänzerinnen mit Bauchtanz unterhalten, und auch bei formellen und informellen Zusammenkünften von Frauen freuten sich die Teilnehmerinnen, wie europäische Reisende vielfach beobachten konnten, an den Hüftschwüngen ihrer Geschlechtsgenossinnen. Angesichts der Förmlichkeit, die die Anwesenheit des Hausherrn und Familienvaters immer und überall bei den Frauen bewirkte, erscheinen Bauchtanzvorführungen mit ihrem offenkundig erotischen und intimen Charakter bei den Zusammenkünften des Harems im Thronsaal undenkbar.

Ausflüge in die Palastgärten und die Istanbuler Umgebung

Die Palastfrauen waren in ihrer Bewegungsfreiheit auf die Räumlichkeiten des Harems beschränkt. Da war die Freude besonders groß, wenn der Sultan im Frühling und Sommer gelegentlich allen Haremsbewohnerinnen die Erlaubnis zu einem ganztägigen Ausflug in die Palastgärten erteilte. Selbst diese relativ bescheidenen Ausflüge erforderten einen großen organisatorischen Aufwand. Kissen, Decken, Getränke und Imbisse wurden in den Garten geschafft, den alle Gärtner vor der Ankunft der Frauen zu verlassen hatten. Der Garten wurde von Militärposten umstellt. Erst nach diesen Vorbereitungen überbrachten die Haremseunuchen ihren Herrinnen die Nachricht, daß der

Park nun zu ihrer Verfügung stehe. Die Frauen begaben sich mit ihren Kindern und Gefolgen in den Garten, ließen sich in Gruppen oder einzeln an schattigen Plätzen nieder und genossen Natur und Freiheit.

Leyla Saz berichtet von den kindlich-naiv anmutenden Spielen, zu denen sich die Frauen der osmanischen Oberschicht unter freiem Himmel hinreißen ließen. Da gab es verschiedene Variationen von Fangspielen, wie die *Sklavenjagd, Mein Milanjunges fängst du nicht* oder *Schulbesuch*. Großes Vergnügen fanden die Damen an dem Spiel *Istanbuler Efendi*, bei dem einer Mitspielerin ein Bart und Schnurrbart aus Ziegenfell angeheftet und die Augenbrauen stark geschwärzt wurden. Auf ihren Kopf setzte man eine Wassermelone oder einen Kürbis, was einen Turban vorstellen sollte. Dann steckte man sie verkehrt herum in einen Pelzmantel und setzte sie rittlings auf einen sattellosen Esel. Mit einer Hand umklammerte sie den Schwanz des Esels, in der anderen hielt sie eine Gebetskette aus aufgereihten Zwiebeln. In dieser Weise als ›Istanbuler Efendi‹ gekleidet, mit riesigen Pantoffeln an den Füßen, wurde der Esel mit ihr auf dem Rücken zum Galoppieren gebracht, und die Frauen und Kinder verfolgten das verschreckte Tier und die um ihre Balance kämpfende Frau darauf mit lautem Geschrei. Bei einem anderen Spiel wurde eine Frau in ein Wasserbecken gestoßen und anschließend daran gehindert, wieder herauszusteigen. Gelang es ihr schließlich, das Becken zu verlassen, trieb man das Opfer in der tropfnassen Kleidung im Garten umher.

Ob die Palastdamen die ungewohnte Bewegungsfreiheit in ähnlicher Weise feierten oder ob sie ihre füllig gewordenen Leiber genüßlich auf Kissen und Decken ausstreckten und das Tollen den jungen Sklavinnen überließen, davon berichtet Leyla Saz leider nichts.

Die Hauptmahlzeiten wurden unter großem zeremoniellem Aufwand in einem der Gartenkioske serviert. Manchmal erschien dann auch der Sultan, der ansonsten nie mit

den Haremsdamen speiste, und nahm an einer der Mahlzeiten teil.

Zur Zeit der Tulpenära im frühen 18. Jh. fanden das
Herrscherhaus und die Istanbuler Oberschicht großen Gefallen an der europäischen Mode der Ausflüge und Picknicks. Diesen Ausflugsvergnügungen ging man vornehmlich
freitags nach. Daß daran auch Frauen teilnehmen konnten,
verdankten sie dem Umstand, daß mit der Einführung der
Kutsche im 17. Jh. ein Transportmittel zu Verfügung stand,
in dem die Damen ungesehen von einem Ort zu anderen
befördert werden konnten. Wenn die Palastfrauen zu einem dieser Ausflüge aufbrachen, stiegen sie noch vor Mor-
gengrauen am Equipagentor des Harems in verhängte Kut-

Jean Brindesi,
*Les eaux douces
d'Asie*, aus *Souve-
nirs de Constanti-
nople*, Paris um
1860,
Staatliche Museen
zu Berlin, Preußi-
scher Kulturbesitz,
Kunstbibliothek

schen, die von sechs Pferden, machmal auch von einem weißen Ochsengespann gezogen wurden. Das Ziel des von berittenen Eunuchen eskortierten Konvois war Sadabad am Goldenen Horn oder die ländliche Umgebung Istanbuls. Häufig aber wurden die Frauen in den Kutschen nur durch das Palastareal bis zum nahegelegenen Yalı Köşkü befördert, wo sie in Boote umstiegen, um zu den Prinzeninseln oder zu anderen auf dem Wasserweg zu erreichenden Ausflugsorten gerudert zu werden. Der Bootskonvoi mit den Palastdamen wurde von anderen Booten abgeschirmt, um Neugierige fernzuhalten. Im 19. Jh. allerdings, als auch die Damenkutschen nicht mehr verhängt wurden und offene Gefährte für die Beförderung von Frauen in Gebrauch kamen, scheint die Abschirmung der Ruderboote mit den Saraylis ebenfalls nicht mehr so streng gehandhabt worden zu sein. So fand der Brite Charles White Gelegenheit, eine Bootspartie der Sultaninmutter Besma Allem und ihrer Gefolgschaft zu beobachten:

»Im ersten, reich ornamentierten 14rudrigen herrschaftlichen Boot, saß die Valide auf bestickten Kissen, die auf einem violettfarbenen, mit Gold eingefaßten Teppich ausgebreitet waren. Ihr gegenüber, den Rücken zu den Bootsleuten, saßen ihre *Khet Khoda* (Verwalterin oder erste Frau) und ihre *Khasnadar* (Schatzmeisterin oder zweite Frau). Zwei junge *Lalas* saßen auf dem Hinterdeck, über das man einen reichen persischen Teppich gebreitet hatte. Ein dritter *Lala* hatte sich in den Bug des Bootes gesetzt, das von einem herrschaftlichen Steuermann geführt wurde. (...)
Die anderen fünf Boote, außen schwarz mit gelben Verzierungen, wurden von je fünf Paar Ruderern gerudert. Im ersten saß der *Harem Ağası* (Obereunuch). Gegenüber von ihm saßen der *Oda Lalası* (Aufseher der Zimmer) und der *Khasnadar Ağa* (Schatzmeister), und hinter ihm zwei junge *Lalas*, von denen einer einen karmesinroten Schirm über das breite Gesicht und die verunglückte Figur seines Chefs hielt. Die vier anderen Boote waren alle gleich be-

setzt. In jedem saßen auf karmesinroten, goldgefaßten *Ihrams* (Tüchern) sieben Damen, ein Siebengestirn der Jugend und Schönheit. Sie wurden von zwei schwarzen *Ağas* begleitet, deren Pflicht es war, die fröhlichen Gruppen mit großen Sonnenschirmen vor Wind und Sonne zu schützen. Einige der Damen hatten aber auch als ungewöhnliche Neuerung kleine Sonnenschirmchen bei sich.«

Zu den beliebtesten Ausflugszielen, zu denen die Palastdamen mit dem Boot gelangten, gehörten die *Süßen Wasser Europas und Asiens*. Bereits im 16. Jh. hatten die Sultane und die osmanische Aristokratie die landschaftliche Schönheit der Uferwiesen an diesen zwei malerischen Zuflüssen des Bosporus für sich entdeckt. Die Herrscher ließen an beiden Flußufern kaiserliche Gärten anlegen. Hier blühten zwischen schattenspendenden Pinien, Palmen und Zedern Magnolienbäume und Oleander. Rosen und Tulpen säumten die Wege, und auf den mit Marmor eingefaßten Teichen prangten Seerosen. Den kleinen Lustschlössern, die die Herrscher inmitten der Gärten bauen ließen, folgten bald die *Yalıs*, luftig gebaute, reich verzierte Holzhäuser, die von Mitgliedern der Herrscherfamilie und der Aristokratie insbesondere während der Sommermonate genutzt wurden. In der Ausflugssaison während der Frühlings- und Sommermonate herrschte auf den Uferwiesen reger Betrieb. Die königlichen und aristokratischen Ausflügler zogen neben vielen Kleinhändlern und Schaustellern auch gewöhnliches Volk und Bettler an.

An den ganztägigen Ausflügen zu den Süßen Wassern nahm nie der ganze herrschaftliche Harem teil, sondern nach einem bestimmten Rotationsprinzip hatte eine jede der Damen das Anrecht auf die Teilnahme an einem Freitagsausflug pro Saison. Jede der Teilnehmerinnen einer Partie wurde zuvor mit einem Ausgehmantel, Schmuck und einer kleinen Tasche ausgestattet, die die unentbehrlichen Ausflugsutensilien enthielt: ein Taschentuch, Trinkgeld, Almosen für die Armen und einen Handspiegel »zum Ordnen des Yaşmak«, wie Leyla Saz berichtet. Am Ausflugsort angekommen entstiegen die Saraylis mit ihren Kindern den Booten und ließen sich – abgeschirmt von den Eunuchen – in einigem Abstand zum gewöhnlichen Volk nieder. Während die Eunuchen und Sklavinnen das Picknick vorbereiteten – es gab Lamm am Spieß und gekochte Maiskolben, Früchte und Joghurt – brachen die Frauen zu kleinen Spaziergängen ans Flußufer auf oder beobachteten von fern das Treiben auf den Wiesen. Es gab viel zu sehen: Da traten zwischen den Gruppen der Ausflügler Akrobaten, Puppenspieler und Musiker auf, es gab Tanzbären zu bewundern, Händler gingen umher und verkauften Getränke und Imbisse.

Die Erlebnisse eines solchen abwechslungsreichen Tages in ungewohnter Freiheit boten den Haremsdamen noch tagelang Gesprächsstoff.

Zeit des Umbruchs

Das 19. Jh. brachte dem Osmanischen Reich dramatische Umwälzungen. Der unaufhaltsame ökonomische Niedergang, die Erosion der überkommenen Verwaltungs- und Herrschaftsstrukturen und die Abspaltungstendenzen in den Provinzen machten überdeutlich, daß das riesige Vielvölkerreich sich in einer tödlichen Krise befand. In zahlreichen kriegerischen Auseinandersetzungen bereits zu Anfang des Jahrhunderts mußten die Osmanen erkennen, daß sie im militärisch-technischen Bereich dem Westen völlig unterlegen waren. In der Übernahme westlicher Verwaltungsmethoden und westlicher Technologie sah man bald den einzigen Weg, dem Verfall des Reichs Einhalt zu gebieten. So wurde, wie für andere nahöstliche Reiche auch, das 19. Jh. für das Osmanische Reich das Jahrhundert der Öffnung zum Westen. Man holte westliche Experten ins Land, richtete Verwaltungsschulen nach westlichem Vorbild ein und schickte junge Osmanen zum Studium in die europäischen Metropolen.

Treibende Kraft in diesem Modernisierungs- und Öffnungsprozeß waren seit der Regentschaft Mahmuts II. (1808-39) die Osmanensultane selbst. Um seinem Reformbestrebungen ein äußeres Zeichen zu setzen, erließ Mahmut eine neue Kleiderordnung. Die Beamten hatten die farbenfrohen Gewänder und den Turban abzulegen und sich in den schlichten schwarzen Stambulin, schmale Hosen und den roten Fez zu kleiden. Auch der Sultan tauschte seine Prachtrobe gegen den Stambulin, und er verlor für europäische Besucher durch diese nüchterne Tracht viel von seiner exotischen Entrücktheit, ebenso wie die Eunuchen, die die Haremsdamen auf ihren Ausflügen begleiteten, in dieser Kleidung ihr zuvor bedrohlich fremdartig wirkendes Aussehen einbüßten.

Istanbul, durch die tolerante Minderheitenpolitik der Sultane immer schon eine der kosmopolitischsten Metropolen Europas und Asiens, begann mehr und mehr sich zu verändern. Während noch europäische Maler sich in den kleinen Gassen, auf den Märkten und in den Dampfbädern herumtrieben, um orientalisches Kolorit einzufangen, wurde das aufstrebende Europäerviertel Pera zum neuen kulturellen Zentrum der Stadt. Hier siedelten sich nun neben der alteingesessenen christlichen Bevölkerung und europäischen Diplomaten viele europäische Geschäftsleute und Geldverleiher an, die sich in der Hauptstadt des Osmanischen Reichs einen unersättlichen Markt für westliche Importwaren und für Geldgeschäfte erschlossen.

Der wachsenden Bedeutung des Europäerviertels verdankt sich auch der Standort des neuen Herrscherpalasts, den Sultan Abdül Meçit I. (1839-61) Anfang der 50er Jahre in der Nähe Peras am Bosporus erbauen ließ. Der Topkapı Sarayı, dessen labyrinthisch-verwinkelte Räumlichkeiten so viele Jahrhunderte der Herrscherfamilie als Residenz gedient hatten, war nur mehr Regierungssitz. Seine geschichtsträchtige Haremsanlage wurde zum Altersruhesitz für in die Jahre gekommene Haremsfrauen degradiert.

Nach dem Willen Abdül Meçits sollte der Dolmabahçe-Palast alles in den Schatten stellen, was der Westen an zeitgenössischer Herrschaftsarchitektur vorzuweisen hatte. Kaiserin Eugénie, die 1869 auf ihrer Anreise zur Eröffnung des Suezkanals der Sultaninmutter einen Besuch abstattete,

Eine Dame aus dem osmanischen Herrscherharem, um 1867. An dem Foto, das eine der Konkubinen des Sultans Abdül Aziz zeigt, wird überdeutlich, wie weit die Realität orientalischer Herrscherharems im 19. Jh. und die zeitgleiche europäische Aufbereitung des Themas Harem auseinanderklafften.

war von dem pompösen Bau tief beeindruckt. Er sei von einem Luxus, schrieb sie an ihren Gatten Napoleon III., von dem der Westen keine Vorstellung habe.

Aller äußeren Orientierung am Westen zum Trotz: Auf einen umfangreichen Harem zu verzichten, kam auch Abdül Meçit nicht in den Sinn. So war ein Flügel des Palasts der Sultaninmutter, den Prinzessinnen und den Konkubinen des Herrschers vorbehalten, die nach alter Sitte von einem fast 1000köpfigen Sklavinnenheer bedient und von Eunuchen abgeschirmt wurden. Aber bereits Sultan Abdül Meçit sah sich dem im Verlauf des Jahrhunderts noch wachsenden westlichen Druck ausgesetzt, die Sklaverei – und damit die Essenz des Haremswesens – in seinem Herrschaftsgebiet abzuschaffen. Als Zugeständnis an die westlichen Interventionen erließ der Sultan 1847 das Verbot der öffentlichen Sklavenmärkte. Da aber die Herrscherfamilie und die osmanische Oberschicht weiterhin Großabnehmer von Sklavinnen und Eunuchen blieben, blühte der Sklavenhandel inoffiziell weiter. Noch um die Jahrhundertwende war Istanbul das Zentrum eines schwunghaften Handels mit Tscherkessinnen, die man von hier aus auch an die Herrscherharems im ganzen nahöstlichen Raum verkaufte. Erst mit der Jungtürkischen Revolution 1909 fand die Sklaverei ein Ende.

Abdül Meçit ließ die althergebrachte Einrichtung des Harems unangetastet, aber während seiner Regierungszeit gelangten westliche Einflüsse immer stärker in die Frauengemächer. Freilich blieben diese Einflüsse im wesentlichen auf die Übernahme westlicher materieller Kultur und westlichen Kunstgeschmacks beschränkt.

Jahrhundertelang hatten die ersten Frauen in den Harems der Sultane in Räumen gelebt, die durch gedrechselte Holzgitter vor den Fenstern in schattiges Halbdunkel getaucht waren, hatten in ihren Suiten geplaudert, musiziert, gegessen und geruht, wo sie gerade Lust dazu verspürten. Nun wohnten sie in großen, lichtdurchfluteten Appartements mit freiem Blick auf den Bosporus. Die Möblierung der Räume gab ihre Nutzung als Schlaf- oder Eßzimmer oder als Salon vor, wo häufig Klaviere standen. Statt alttürkischer Klänge untermalten jetzt Werke europäischer Komponisten die Unterhaltungen der Damengesellschaften.

Nicht nur die Einrichtung der Haremsräumlichkeiten war im neuen Palast kaum noch von der in den Salons französischer Damen zu unterscheiden. Auch in bezug auf die Mode orientierte man sich nun mehr und mehr an Europa. Die bequeme Kombination von weiter Pumphose und losem Hemd verschwand gänzlich aus dem Bekleidungsrepertoire, und von dem alten Haremskostüm hielt man nur noch an dem zuvor über Hemd und Hose getragenen *Entari* fest. Dieses Kleid, stellt eine Autorin fest, sei das Trojanische Pferd gewesen, das die Garderobe der osmanischen Oberschichtsfrau im Verlauf des 19. Jh. revolutionieren sollte. Mit einem Korsett und dem durch einen Puff gebauschten Rock näherte sich die Silhouette des Entari bald völlig der europäischen Damenmode an und zwang die Trägerin, eine unnatürlich gerade und steife Haltung einzunehmen. Anschauungsmaterial in Sachen Mode lieferten insbesondere die französischen Journale, die von den Haremsdamen eifrig studiert wurden. Eine nachhaltige Wirkung hatte auch der bereits erwähnte Besuch der französischen Kaiserin Eugénie im Sultanspalast. Die Haremsdamen, die zuvor ihr Haar in langen Flechten getragen hatten, begannen sich nach westlichem Vorbild zu frisieren. Sie ließen sich von ihren Sklavinnen das Haar scheiteln, am Hinterkopf zu einem Knoten zusammenbinden und seitlich mittels einer Brennschere in Locken legen. Blond war der begehrte Farbton fürs Haar, und wo die Natur es anders gewollt hatte, half man mit Bleichmitteln nach.

Unberührt von diesen eher optischen Neuerungen blieb die überkommene rigide Haremshierarchie weiterhin bestehen. Der Alltag verlief für die ersten Frauen des Harems wie auch für ihre Gefolgschaften weitgehend in den alten Bahnen. Aber die Haremsmauern waren im Zug der allgemeinen Liberalisierung durchlässiger geworden, die Abschließung der Frauen war seit der Zeit Abdül Meçits nicht mehr ganz so streng. Ausflüge in die Palastgärten, aufs Land oder an die Süßen Wasser Asiens und Europas bedeuteten eine Auflockerung der Haremsmonotonie. Die Frauen der Herrscherfamilie und verdientes Haremspersonal durften mit Genehmigung des Sultans den Palast zu Kuraufenthalten auf dem Land verlassen. Abdül Meçits Nachfolger Abdül Aziz (1861-76) erbaute an den Ufern des Bosporus die Paläste Beylerbey und Çirağan, und wenn er sich in einem dieser Sommerpaläste aufhielt, ließ er sich von den Prinzen und einem Teil der Haremsbelegschaft Gesellschaft leisten. Eine weitere Möglichkeit, dem Alltagseinerlei zu entkommen, boten auch gelegentliche Basarbesuche. Allerdings galt es nach wie vor als undenkbar, daß die ersten Frauen des Harems persönlich mit den Basaris feilschten. Statt dessen ließen sie sich im Innenhof einer Moschee in der Nähe des Großen Basars von ihren Eunuchen die gewünschte Ware zur Auswahl vorlegen.

Saraylis in leuchtend bunten Umhängen, die Gesichter kaum durch transparente Schleier verhüllt, kleine Sonnenschirmchen kokett in den Händen haltend, die in offenen Kutschen zum Basar oder zu einem Ausflug fuhren: Auch das war eines der neuen Elemente im Istanbuler Straßenbild. Dieser Anblick wirkte auf europäische Besucher so gar nicht mehr ›orientalisch‹. Der Harem der Osmanensultane wie auch die anderer nahöstlicher Herrscher waren dabei, viel von ihrer geheimnisvollen Aura abzustreifen – und das zu derselben Zeit, als europäische Maler dem Geheimnis lockend-dunkler Weiblichkeit gerade in orientalisierenden Haremsdarstellungen auf die Spur zu kommen suchten.

Das Ende des großen Herrscherharems

Abdül Hamit II. (1876-1909) war der letzte große Osmanensultan. Sein Sturz, der Sieg der Jungtürkischen Revolution und die Aufhebung der Sklaverei 1909 bedeutete zugleich das Ende des osmanischen Herrscherharems. Abdül Hamits facettenreicher Charakter hat den Historikern viele Rätsel aufgegeben. In ihm vereinigten sich die widersprüchlichsten Wesenszüge. Er wird als klug und charmant, weltoffen und herzlich, bescheiden und im Vergleich zu seinen Vorgängern als fast volkstümlich beschrieben, zugleich aber als außerordentlich autokratisch und mißtrauisch. Mit zunehmendem Alter nahm seine Angst vor Verrat und Anschlägen fast paranoide Züge an. Seine Herrschaft fiel in eine innen- wie außenpolitisch für das Reich sehr schwierige Zeit. Zudem hatte das Schicksal seiner unmittelbaren Vorgänger Abdül Aziz und Murat V., die beide gestürzt worden waren, erneut gezeigt, daß in Zeiten politischer Wirren zwar die Dynastie Osman, nicht aber der jeweilige Herrscher als unantastbar galt. Am Ende sollte auch Abdül Hamit seinen Thron verlieren.

Seine neue Palastanlage, Yıldız, der »Stern«, der den Herrscherharem bis zu seiner Auflösung 1909 beherbergte, spiegelte ganz den widersprüchlichen Charakter des Sultans. Die Anlage bestand aus einer losen Ansammlung von kleineren Palästen, Pavillons und Gebäuden in einem Landschaftspark mit künstlichen Seen und vielen Spazierwegen. Der Harem, in dem um 1900 noch etwa 500 Sklavinnen dienten, erschien in seiner Anlage und wegen der üppigen Holzdrechselarbeiten an den Giebeln wie die osmanische Version eines Schweizer Chalets. Morgens ging der Sultan im Park spazieren und kaufte sich seinen Morgenkaffee an einem Kaffeekiosk. Die eher idyllisch als herrschaftlich wirkende Anlage und die um Normalität ringenden Gewohnheiten des Sultans täuschten darüber hinweg, daß Yıldız gesichert war wie eine Festung. Die einzelnen Gebäude waren durch unterirdische Gänge miteinander verbunden, und ein Großteil des Personals war für den Wachdienst abgestellt oder bestand aus Spitzeln.

Ein Salon im Yıldız-Palast, Foto, Ende 19. Jh.

Im Harem im Kreis seiner Familie gab sich der Sultan bescheiden und sehr höflich. Aber er schränkte die Bewegungsfreiheit der Frauen nach Jahrzehnten einer liberaleren Praxis wieder ein, und seine Furcht, die ihn stets zwei Pistolen mit sich führen ließ, lag wie ein Schatten über den Bewohnern des Palastes.

Als am 24. April 1909 Truppen der Jungtürken den Yıldız Sarayı stürmten, wurde für Abdül Hamit ein Alptraum Realität. Seine Person ließ man unangetastet, aber er wurde zur Abdankung gezwungen und außer Landes gewiesen. Nur einige seiner Konkubinen, zwei Söhne und 13 Bedienstete stiegen mit Abdül Hamit in den Zug, der ihn in die Verbannung nach Saloniki brachte.

In Yıldız herrschte inzwischen das Chaos. Viele Diener, Wachpersonal, Eunuchen, Spione und die Astrologen, mit denen sich der Herrscher umgeben hatte, waren geflohen. Der verhaßte Obereunuch und einige Männer, die man für Spitzel hielt, hängte man an Laternen der Galata-Brücke.

Zurück blieben mehrere Hundert verängstigte Frauen und Sklavinnen des Herrscherharems, deren Existenz die Jungtürken vor ein ernstes Problem stellte. Was sollte mit diesen Frauen geschehen? Zunächst brachte man sie in den alten Harem des Topkapı Sarayı. Das konnte aber nur eine Zwischenlösung sein. Da die Jungtürken gegen den Sklavenhandel vorgingen, konnten sich die Frauen nicht selbst als Sklavinnen in den Haushalten der osmanischen Oberschicht weiterverdingen, und für junge, unverheiratete Frauen ohne familiären Hintergrund, ohne die Protektion von Vätern und Brüdern gab es in der streng muslimischen türkischen Gesellschaft keinen Platz.

So kam das, was westliche Beobachter als Befreiung dieser Frauen aus der Sklaverei in die langersehnte Selbstbestimmung begrüßen mochten, für die meisten der Betroffenen einer persönlichen Katastrophe gleich. Gewiß hatten sie im Harem mit Leib und Leben ihren jeweiligen Herrschaften gehört, hatten sich strengen Regeln zu unterwerfen und waren in ihrer Bewegungsfreiheit eingeschränkt. Die Haremsmauern hatten ihren physischen und geistigen Horizont abgesteckt. Aber als Angehörige des herrschaftlichen Harems waren sie zugleich Angehörige der Sultansfamilie gewesen, für deren Zukunft gesorgt war. Dienend hatten sie am Glanz und Reichtum des Hauses Osman teilgehabt, und den Ehrgeizigsten unter ihnen stand der Aufstieg an die Spitze der Gesellschaft offen.

Die Revolution entließ diese Frauen in die Freiheit, und diejenigen von ihnen, die nicht als Bedienstete in den nun wesentlich geschrumpften Haushalten ihrer vorherigen Herrschaften unterkommen konnten, in eine höchst ungewisse Zukunft.

Die Jungtürken erkannten das Problem. Sie versuchten, durch Zeitungsannoncen und die Entsendung von Abordnungen in die Sklavengebiete im Kaukasus die Familien der ehemaligen Haremssklavinnen ausfindig zu machen. Diejenigen Bergbewohner und Bauern, die ihre Töchter und Schwestern unter den Ex-Sklavinnen im Topkapı Sarayı vermuteten, wurden auf Kosten der Regierung nach Istanbul gebracht. Aber nicht von allen Frauen erschienen Verwandte, die sie mit sich zurück in die inzwischen fremd gewordene kaukasische Heimat nahmen, zurück in ein karges und ärmliches Leben. Diejenigen, für die niemand gekommen war, blieben im alten Harem. Nur die Wagemutigsten versuchten, sich nun auf eigene Faust in einer Welt zurechtzufinden, auf die sie nicht vorbereitet worden waren.

Kurz nach diesen dramatischen Ereignissen gab es in Wien Merkwürdiges zu bestaunen. Es war die Zeit, als sich in den Metropolen der westlichen Welt sogenannte Völkerausstellungen großer Beliebtheit erfreuten. Clevere Agenten schlugen aus der verbreiteten Lust auf Exotisches Kapital und führten dem schaulustigen Publikum gegen Eintrittsgeld Menschen aus den ›unzivilisierten‹ Teilen der Welt vor: Eskimos, Indianer, Südseebewohner. In Wien wurden Frauen und Eunuchen aus dem letzten Harem der

Das Ende des großherrlichen Harems, Foto, um 1900. Frauen und Eunuchen aus dem 1909 aufgelösten Harem Sultan Abdül Hamits II.; freigelassen, aber ohne ökonomische Absicherung, ließen sich diese Menschen in europäischen Großstädten gegen ein Eintrittsgeld besichtigen.

Osmanensultane ausgestellt. Den sensationslüsternen Besuchern allerdings bot sich ein enttäuschender Anblick. Die vermummten und ernst dreinblickenden Frauen und die in ihren streng geschnittenen Anzügen eher komisch wirkenden Eunuchen hatten so gar nichts gemein mit dem Bild, das sich der Westen von Odalisken und Haremswächtern gemacht hatte.

Schlußbemerkung

Mit der Auflösung des Harems der Osmanensultane schließt der Versuch, an einem konkreten Beispiel die innere Struktur und lebensweltliche Aspekte orientalischere Herrscherharems zu beleuchten.

Die Auflösung des Osmanenharems 1909 stellte zugleich den Anfang vom Ende der dynastischen Massenharems im Vorderen Orient dar. Teils fegten die politischen Ereignisse in den folgenden, für die Region so turbulenten Jahrzehnten die islamischen Dynastien hinweg, und an die Stelle der Monarchie traten neue Regierungsformen. Teils verzichteten junge, westlich gebildete Monarchen bei der Thronübernahme auf die Anlage eines Harems. Mit der weltweiten Ächtung der Sklaverei durch die Menschenrechts-Konvention von 1948 war das Schicksal der islamischen Herrscherharems endgültig besiegelt. Dennoch dauerte es weitere 15 Jahre, bis auch in Saudi Arabien die Sklaverei verboten und der letzte dynastische Massenharem aufgelöst wurde.

Widerstand gegen den Harem als Institution der Beschränkung der islamischen Frauen auf den häuslichen Bereich hatte sich allerdings bereits viel früher geregt. Seit Mitte des 19. Jh. orientierte sich die nahöstliche Oberschicht kulturell am Westen. Es galt als schick und modern,

die Kinder in den Genuß westlicher Bildung kommen zu
lassen. Junge Aristokratinnen wurden von englischen und
französischen Gouvernanten in europäischen Sprachen
und westlichem Gedankengut unterrichtet, lasen europäische Bücher und Journale. Sie erfuhren von einer Welt, in
der die Frauen lebten und doch um noch mehr gesellschaftliche und politische Gleichberechtigung mit den Männern
kämpften. Unter den jungen Aristokratinnen, die am rigi-
desten von der Haremisierung betroffen waren, wuchs der
Unmut darüber, das Schicksal ihrer Mütter und Großmüt-
ter teilen und wie diese ihr Leben hinter Haremsmauern
verbringen zu sollen. Die Frauen, die sich nun zu Wort mel-
deten und mehr Freiheiten und Rechte einklagten, erhielten Schützenhilfe von westlich gebildeten, nationalistisch
orientierten Intellektuellen. Diese sahen in der traditionellen Rolle der Frau ein ernstes Hindernis für die Modernisierung der islamischen Länder. Frauen, als Mütter Erzie-
herinnen der nachfolgenden Generation und damit zu-
kunftsbestimmend, dürften nicht länger vom geistigen und
öffentlichen Leben ausgeschlossen sein, argumentierten sie.

Die heftigsten Gegner der Emanzipationsbestrebungen
waren die *Ulama*, die die Änderungen gerade in diesem
zentralen Bereich als schweren Verstoß gegen die gottge-
wollte islamische Gesellschaftsordnung ansahen. Da die
Neudefinition der Frau nicht gegen das religiöse Establish-
ment und die tiefverwurzelten religiösen Überzeugungen
der Bevölkerung durchzusetzen waren, bemühten sich die
islamischen Reformer und Feministen sowie die Anführe-
rinnen der Frauenrechtsbewegungen darum nachzuweisen,
daß die bisherige Geschlechterpraxis eine Fehlinterpreta-
tion des Koran und der Sunna dargestellt hatte. Die Ein-
bindung der Frau ins öffentliche Leben stehe durchaus im
Einklang mit einer zeitgemäßen Interpretation des Islam.
Heute, mehr als ein Jahrundert, nachdem nahöstliche Feministen und Feministinnen erstmals die Rolle der Frau in
den islamische Ländern thematisierten, sehen sich Frauen-

rechtlerinnen mehr denn je genötigt, diese auf den Islam bezogene Argumentationsstrategie zu verfolgen. Einigen Erfolg hatten die am westlichen Muster der Gleichberechtigung orientierten Emanzipationsbestrebungen in der Vergangenheit ohnehin nur in den islamischen Ländern, in denen von der politischen Führung eine stärkere Trennung von Religion und Staat durchgesetzt werden konnte, insbesondere in der Türkei, in Ägypten, in Syrien, im Irak und in Tunesien. Aber auch dort waren es lange Zeit fast ausschließlich Frauen der städtischen Oberschicht, die das Privileg einer höheren Schulbildung und einer Tätigkeit in lukrativen, angesehenen Berufen genossen.

Die erfolgreiche Ausweitung des Bildungsangebots auf weitere Bevölkerungsteile und die zeitgleiche massive Integration des Nahen Ostens in den Weltmarkt waren wesentliche Faktoren für die große Resonanz, die die fundamentalistische Botschaft der iranischen Revolution in den ökonomisch und kulturell zerrütteten Ländern dieser Region fand. Verstört von der Ausstrahlung westlicher Erfolgsserien à la »Dallas« und »Denver Clan«, die sich einzig um Promiskuität, Geld- und Machtgier drehen, gleichzeitig ausgeschlossen von den ›Segnungen‹ westlicher Konsumgüter und ohne Aussicht auf einen ihrem Ausbildungsgrad angemessenen Beruf greifen immer mehr Studentinnen und junge Akademikerinnen zum Schleier. Sie suchen ihr Heil in einem Gesellschafts- und Geschlechtermodell, dessen rigide Normen ihnen mehr Sicherheit und weibliche Würde versprechen als die fragwürdige Freiheit der Frau in einer materialistischen Konsumkultur. Mit dem geschärften Blick der Ausgeschlossenen, aber blind für eigene Beschränkungen streuen fundamentalistische Feministinnen Salz in unsere Wunden: Die Frauen in den westlichen Gesellschaften seien nur scheinbar dem Gefängnis der Männerdominanz entkommen; sie müssen sich, wenn sie in der weiterhin männerdominierten Welt erfolgreich sein wollen, dem männlichen Blick unterwerfen; die Frauen seien in der sexistischen westlichen Konsumkultur, in der der weibliche Körper der Werbeträger Nummer eins ist, auf Sexualobjekte reduziert.

Mit dieser Kritik am Geschlechterverhältnis in den westlichen Gesellschaften schließt sich der Kreis, dessen Ausgangspunkt der verengte Blick des Abendlands auf die islamische Kultur war. Die Ironie liegt darin, daß die islamischen Fundamentalisten heute das Strereotyp umdrehen, auf das das Abendland den Orient über ein Jahrtausend verkürzt hatte: Nun sieht sich der Westen mit Stimmen aus den islamischen Ländern konfrontiert, die seiner Kultur Hedonismus, Unmoral und Lasterhaftigkeit vorwerfen.

Anhang

Zeittafel

Ausgewählte Daten zur islamisch-arabischen und osmanischen Geschichte

um 570	Geburt Mohammeds
622	Hedschra, Emigration Mohammeds und seiner Anhänger nach Medina; Beginn der islamischen Zeitrechnung
630	Eroberung Mekkas
632	Tod Mohammeds
632-661	Zeit der »Vier Rechtgeleiteten Khalifen« (Abu Bakr, Omar, Othman, Ali)
661-750	Herrschaft der Omayyaden; Ausbreitung des Islam über Nordafrika und die Iberische Halbinsel im Westen bis zum Indischen Subkontinent im Osten
740-1258	Herrschaft der Abbasiden
786-809	Harun ar-Raschid; der Abbasidenkhalif mit Sitz in Bagdad erlangte im Westen durch die Erzählungen aus »Tausendundeiner Nacht« Berühmtheit.
1096-1099	Erster Kreuzzug; Kreuzfahrer erobern Jerusalem.
1252-1517	Herrschaft der Mamluken in Ägypten; das Khalifat wird von Bagdad nach Kairo verlegt.
1281-1326	Osman I., turkmenischer Stammesfürst in Bithynien und Begründer der Dynastie Osman
1326-1360	Orhan I.
1346	Bündnis mit dem byzantinischen Thronanwärter Johannes Kantakuzenos verschafft den Osmanen

	den Zugang zum Balkan; Orhan heiratet Theodora, die Tochter Johannes'.
1360-1381	Murat I.; Aufstellung der Janitscharentruppe
1389-1402	Beyazıt I.; erster *Brudermord* in der Geschichte der Dynastie
1396	Der Khalif in Kairo verleiht Beyazıt den Sultanstitel.
1402	Sieg Timur Lengs über Beyazıt I.
1402-1413	Osmanisches Interregnum; Beyazıts Söhne kämpfen gegeneinander um die Macht.
1413-1421	Mehmet I.
1421-1451	Murat II.; Einführung der Devşirme
1451-1481	Mehmet II. Fatih (der Eroberer); in einem ihm zugeschriebenen Gesetzeswerk findet sich der »Brudermord-Erlaß«.
1453	Eroberung Konstantinopels; es wird als Istanbul neue Hauptstadt des Osmanischen Reichs.
1481-1512	Beyazıt II.
1512-1520	Selim I.
1516-1517	Die Osmanen erobern Ägypten und Syrien; das Khalifat wird nach Istanbul verlegt; die Osmanensultane bekleiden nun auch das höchst religiöse Amt der Muslime.
1520-1566	Süleyman I. der Prächtige; seine Gattin Roxelana erlangt großen politischen Einfluß.
1566-1574	Selim II. der Säufer
1574-1595	Murat III.; der Sultan zieht sich in den Harem zurück; Beginn der *Herrschaft der Frauen*, die erst Mitte des 17. Jh. ihr Ende findet
1579-1590	Mit der Eroberung des Kaukasus und Aserbaidschans erreicht das Osmanische Reich seine größte territoriale Ausdehnung zu einer Zeit, als die staatlichen Strukturen bereits im Verfall begriffen sind.
1595-1603	Mehmet III.
1603-1617	Ahmet I.; Ende der Brudermordpraxis und Einrichtung der *Prinzenkäfige*

1617-1618	Mustafa I. zum ersten Mal Sultan
1618-1622	Osman II.
1622-1623	Der geisteskranke Mustafa II. wird zum zweiten Mal zum Sultan ernannt.
1623-1640	Murat IV.
1640-1648	Ibrahim I.
1648-1687	Mehmet IV.
1656-1661	Großwesir Mehmet Köprülü; er geht gegen den politischen Einfluß des Harems vor und macht der *Herrschaft der Frauen* ein Ende.
1683	Niederlage der Osmanen vor Wien
1687-1691	Süleiman II.
1691-1695	Ahmet II.
1696-1703	Mustafa II.
1703-1730	Ahmet III.; in seine Regierungszeit fällt die sogenannte *Tulpenära*.
1730-1754	Mahmut I.
1754-1757	Osman III.
1757-1789	Abdül Hamit I.
1789-1807	Selim III.; seiner Herrschaft wird von einer Janitscharenrevolte beendet.
1807-1808	Mustafa IV.
1808-1839	Mahmut II.
1826	Janitscharenmassaker; Beginn der modernen osmanischen Reformen
1839	Die Ägypter schlagen das osmanische Heer bei Nizip; die *orientalische Krise* wird durch das Eingreifen europäischer Mächte beendet.
1839-1861	Abdül Meçit I.
1861-1876	Abdül Aziz I.
1839-1876	In die Zeit der Regentschaft von Abdül Meçit und Abdül Aziz fällt die sogenannte *Tanzimat-Periode* der osmanischen Reformen.
1854	Auslandsanleihen bei England und Frankreich
1867	Abdül Aziz unternimmt als erster Osmanenherrscher eine Reise nach Europa.

1875	Osmanischer Staatsbankrott
1876	Murat IV.
1876-1909	Abdül Hamit II.
1876	Proklamation der neuen osmanischen Verfassung, die von Abdül Hamit aber wenig später wieder außer Kraft gesetzt wird
1888-1940	Die Deutsche Bank baut die Bagdadbahn.
1896-1908	Aufstieg der Jungtürken-Bewegung; auf Druck der Jungtürken setzt der Sultan die Verfassung wieder in Kraft.
1909	Fehlschlag des konservativen Versuchs, die Macht des Sultans wiederherzustellen; am 26. April wird der Sultan abgesetzt und wenig später ins Exil geschickt. Der Herrscherharem wird aufgelöst.
1909-1918	Mehmet V.
1914-1918	Die Türkei wird auf seiten der Mittelmächte in den Ersten Weltkrieg verwickelt.
1918	Zusammenbruch der osmanischen Armee
1918-1922	Mehmet VI.
1919	Mustafa Kemal, der spätere Atatürk, eröffnet den türkischen Widerstand gegen die Alliierten.
1922	1. November: Abschaffung des Sultanats
1922-1924	Abdül Meçit II.; das letzte Oberhaupt der Osmanen hat nur noch das Amt des Khalifen inne.
1923	13. Oktober: Ankara wird neue Hauptstadt.
	29. Oktober: Proklamation der Türkischen Republik unter Mustafa Kemal
1924	Abschaffung des Khalifats; alle Mitglieder der Familie Osman müssen die Türkei verlassen.

Glossar

Ağa: wörtlich »älterer Bruder«, im Osmanischen Reich Bezeichnung für Offiziere und höhere Würdenträger

Devşirme: »Knabenlese«, Rekrutierungssystem im frühen Osmanischen Reich. Die Söhne christlicher Bewohner des Reichs wurden entweder durch Zwang oder als Tributzahlung an den Hof nach Istanbul geholt, dort ausgebildet und zum Islam bekehrt. Da sie auf die Gnade des Sultans angewiesen waren und keine mächtigen Familienclans hinter sich hatten, wurden sie bald zur Militär-, aber auch Verwaltungselite des Landes.

Diwan: Der Begriff bezeichnete ursprünglich Rechnungsbücher, wurde aber später auf ganze Kanzleien und schließlich auf den Staatsrat des Osmanischen Reichs, d.h. die Versammlung der nach dem Sultan und dem Großwesir bedeutendsten Würdenträger des Staats, erweitert.

Dschinn: im Volksglauben des islamischen Verbreitungsgebiets Teufel, böser Geist oder Dämon

Fatwa: Rechtsgutachten der islamischen Theologen, der Ulama. Solche Gutachten mußten auch vom Sultan eingeholt werden, wenn seine Absichten im Widerspruch zu den Vorschriften des Koran standen (etwa beim Brudermord).

Hadith: Sammlung von Aussprüchen und Taten des Propheten Mohammed. Der Hadith ist nach dem Koran die wichtigste Glaubensquelle des Islam, und er wird häufig zur Interpretation dunkler Stellen des Korans zu Rate gezogen.

Huri: im Paradies lebende Jungfrauen von unvergänglicher Schönheit, die sich um das leibliche Wohl der Verstorbenen kümmern

Ikbal: allgemeine Bezeichnung für eine als Konkubine des Sultans dienende Sklavin

Kadın: »Frau«, zunächst Bezeichnung für eine der bis zu vier rechtmäßigen Ehefrauen des Sultans; später, als die Sultane in der Regel keine Ehen mehr eingingen, nur noch Ehrentitel seiner meist bis zu vier favorisierten Konkubinen

Khalif: »Nachfolger des Propheten«, weltliches und religiöses Oberhaupt der gesamten islamischen Gemeinde, der Umma

Khedive: persisch »Herr«, 1867-1914 Titel des Vizekönigs von Ägypten

Mameluken: »Sklaven«. Ähnlich wie die Janitscharen im Osmanischen Reich waren Mameluken gefangene christliche Kinder die zum Islam bekehrt und als Soldaten ausgebildet wurden. Sie regierten in Ägypten 1252-1517 und erwarben sich in der islamischen Welt vor allem dadurch Ruhm, daß sie in der Schlacht von Ain Dschalut 1260 den Vorstoß der Mongolen aufhielten und Palästina 1292 endgültig von den Kreuzfahrern zurückeroberten.

Sipahi: Reitersoldat in der osmanischen Armee

Sultan: wörtlich »Herrschaft«, vor allem in der sunnitischen Welt unter dem Einfluß der Turkvölker höchster Titel eines weltlichen Herrschers nach dem Khalifen

Sunna: »Herkommen, Brauch«, Überlieferung der Worte und Taten des Propheten, die im Hadith festgehalten sind. Nach ihr nennen sich etwa 92% der Muslime Sunniten, während sich die Schiiten auf eine andere Sunna berufen, in deren Mittelpunkt der vierte der Rechtgeleiteten Khalifen, Ali, steht.

Timar-System: eine Art Lehnssystem. Verdiente Offiziere der osmanischen Armee wurden mit einem Timar, einem Lehen, ›bezahlt‹: In dem Gebiet durften sie Steuern erheben und eintreiben und mußten einen Teil davon an den Sultan abführen.

Ulama: »Gelehrte«, Singular: »Alim«, islamische Theologen, die allerdings anders als im Christentum keine institutionalisierte Kirche bilden

Umma: Gemeinschaft aller Muslime. Nach islamischer Auffassung sind Staat und Religion eins. Der Führer der Umma, der Khalif, ist somit gleichzeitig das Oberhaupt der islamischen Gemeinde. Die Idealauffassung des muslimischen Staatswesens brach allerdings schon bald, unter den Omayyaden, zusammen. Dennoch gab es bis ins 20. Jh. immer wenigstens ein nominelles Oberhaupt der Umma, auch wenn dieser Khalif häufig keinerlei tatsächliche Macht besaß.

Weiterführende Literatur

Akşit, Ilhan, Topkapı, Istanbul o.J.

Alloula, Malek, The Colonial Harem, Minneapolis, Mn, 1986, zuerst Paris 1981

Arfa, Prinzessin Mirza Riza Khan, Der Gesang der dunklen Wasser. Ein Buch von Konstantinopel, aus dem Schwedischen von Heinrich Goebel, Tübingen 1927

Babinger, Franz, Mehmed der Eroberer. Weltenstürmer einer Zeitenwende, München 1987, zuerst München 1953

Barber, Noel, Die Sultane. Die Geschichte des Osmanischen Reiches – dargestellt in Lebensbildern, Frankfurt a.M., Berlin, Wien 1975, zuerst New York 1973

Battuta, Abu Abd Allah Muhammad Ibn, Travels in Asia and Africa 1325-1354, übersetzt von H.A.R. Gibb, New York 1929

Blunt, Lady Fanny, The People of Turkey. By a Consul's Daughter and Wife, 2 Bde., herausgegeben von Stanley Lane-Poole, London 1878

Clot, André, Harun al-Raschid, Khalif von Bagdad, München und Zürich 1990, zuerst Paris 1896

Croutier, Alev Lytle, Harem. Die Welt hinter dem Schleier, München 1989, zuerst New York 1989

Dallam, Thomas, Early Voyages and Travels in the Levant, London 1893

Davey, R.P.B., The Sultan and his Subjects, London 1907

Davis, Fanny, The Ottoman Lady: A Social History from 1718-1918, New York und London 1986

Dilger, Konrad, Untersuchungen zur Geschichte des osmanischen Hofzeremoniells im 15. und 16. Jahrhundert, München 1967

Elias, Norbert, Die höfische Kultur. Untersuchungen zur Soziologie des Königtums und der höfischen Aristokratie, Frankfurt a.M. 1983, zuerst Darmstadt und Neuwied 1969

Flasch, Kurt (Hrsg.), Logik des Schreckens: Augustinus von Hippo. Die Gnadenlehre von 397, lateinisch-deutsch, übersetzt von Walter Schäfer, Mainz 1990

Foucault, Michel, Der Wille zum Wissen. Sexualität und Wahrheit 1, Frankfurt a.M. [3]1989

Fuchs, Eduart, Illustrierte Sittengeschichte vom Mittelalter bis zur Gegenwart: Die galante Zeit, Fulda o.J., zuerst Berlin 1910

Ğauziyya, Ibn Qayyim al-, Über die Frauen. Liebestheorien und Liebeserfahrung aus dem arabischen Mittelalter, übersetzt und kommentiert von Dieter Bellmann, München 1986

Grotzfeld, Heinz, Das Bad im arabisch-islamischen Mittelalter. Eine kulturgeschichtliche Studie, Wiesbaden 1975

Grunebaum, G.E. von (Hrsg.), Der Islam II. Die islamischen Reiche nach dem Fall Konstantinopels, Fischer Weltgeschichte, Bd. 15, Frankfurt a.M. 1971

Hammer-Purgstall, Joseph Freiherr von, Audienz beim Sultan 1799, in: Istanbul, herausgegeben von Esther Gallwitz, Frankfurt a.M. 1981, S. 218-220

Hanum, Prinzessin Djavidan, Harem. Erinnerungen der früheren Gemahlin des Khediven von Ägypten, Neuauflage der Originalausgabe von 1930, Berlin 1988

Jullian, Philippe, The Orientalists. European Painters of the Eastern Scenes, Oxford 1977, zuerst Fribourg 1977

Kai Ka'us Ibn Iskandar, Prince of Gurgan, A Mirror for Princes, the Qabus Nama, übersetzt von Reuben Levy, New York 1951

Kappert, Petra, Die osmanischen Prinzen und ihre Residenz Amasya im 15. und 16. Jahrhundert, Leiden 1976

Kissling, Hans Joachim, Zur Geschichte der Rausch- und Genußgifte im Osmanischen Reiche, in: Südost-Forschungen, Bd. 16, 1957, S. 342-356

Kleinlogel, Cornelia, Exotik – Erotik. Zur Geschichte des Türkenbildes in der deutschen Literatur der frühen Neuzeit (1453-1800), Frankfurt a.M., Bern, New York, Paris 1989

Der Koran, übertragen von Max Henning, Stuttgart 1960

Koppelkamm, Stefan, Das 19. Jahrhundert, in: Exotische Welten – Europäische Phantasien, Ausstellungskatalog, Stuttgart 1987, S. 346-361

Kopplin, Monika, Turcica und Turquerien. Zur Entwicklung des Türkenbildes und der Rezeption osmanischer Motive vom 16.

bis 18. Jahrhundert, in: Exotische Welten – Europäische Phantasien, Ausstellungskatalog, Stuttgart 1987, S. 150-159

Kremer, Alfred von, Kulturgeschichte des Orients unter den Chalifen, 2 Bde., Aalen 1966, Neudruck der Ausgabe Wien 1877

Kunze, Karl, Das Osmanische Reich – Weltmacht auf drei Kontinenten, in: Alte Völker, neue Staaten. Die außereuropäische Welt im 17. und 18. Jahrhundert, herausgegeben von Heinrich Pleticha, Gütersloh 1989, S. 22-47

Lacoste-Dujardin, Camille, Mütter gegen Frauen. Mutterherrschaft im Maghreb, Zürich 1990

Levy, Reuben, The Social Structure of Islam, Cambridge 1969

Lewis, Raphaela, Everyday Life in Ottoman Turkey, London und New York 1971

Mansel, Philip, Sultans in Splendor. Monarchs of the Middle East 1869-1945, New York und Paris 1988

Matuz, Josef, Das Osmanische Reich. Grundlinien seiner Geschichte, Darmstadt 1985

Mernissi, Fatema, Geschlecht, Ideologie, Islam, München 1983, zuerst Paris 1983

Mernissi, Fatema, Der politische Harem. Mohammed und die Frauen, Frankfurt a.M. 1989

Mez, Adam, Die Renaissance des Islam, Hildesheim 1968, reprographischer Nachdruck der Ausgabe Heidelberg 1922

Minai, Naila, Schwestern unterm Halbmond. Muslimische Frauen zwischen Tradition und Emanzipation, München ⁴1991, zuerst New York 1981

Moltke, Helmuth von, Unter dem Halbmond: Erlebnisse in der alten Türkei, 1835-1839, Stuttgart ³1984

Montagu, Lady Mary Wortley, Briefe aus dem Orient, Stuttgart 1962, zuerst London 1763

Montesquieu, Charles, Perserbriefe, übersetzt und mit Anmerkungen und einem Nachwort von J.V. Stackelberg, Frankfurt a.M. 1988

Motraye, Aubrey de la, Travels through Europe, Asia, and into Parts of Africa, 2 Bde., London 1723

Müller, Hans, Die Kunst des Sklavenkaufs: nach arabischen, persischen und türkischen Ratgebern vom 10. bis zum 18. Jahrhundert, Freiburg i.Br. 1980

Müller-Wiener, Wolfgang, Der Hof des Großherrn, in: Türkische Kunst und Kultur in osmanischer Zeit, Bd. 1, Recklinghausen 1985, S. 71-74

Nochlin, Linda, The Imaginary Orient, in: Exotische Welten – Europäische Phantasien, Ausstellungskatalog, Stuttgart 1987, S. 172-179

Odenthal, Johannes, Istanbul, Bursa und Edirne; Byzanz – Konstantinopel – Stambul; eine historische Hauptstadt zwischen Morgen- und Abendland, Köln 1990

Ohsson, Ignatius Mouradgea d', Tableau général de l'Empire othoman, Bde. 1-4, Paris 1791, Bde. 5-7, Paris 1824

Omar, Kaplan, Sexualität im Islam und in der türkischen Kultur, Frankfurt a.M. 1989

Pape, Maria Elisabeth, Die Turquerie in der Bildenden Kunst des 18. Jahrhunderts, Köln 1987

Pape, Maria Elisabeth, Turquerie im 18. Jahrhundert und der »Recueil Ferriol«, in: Europa und der Orient, herausgegeben von Gereon Sievernich und Hendrik Budde, Gütersloh und München 1989, S. 305-323

Penzer, N.M., The Harem. An Account of the Institution as it Existed in the Palace of the Turkish Sultans with a History of the Grand Seraglio from its Foundation to Modern Times, London [3]1967, zuerst London 1936

Rautenbach, Liselotte, Fatime. Als Hofärztin im Harem König Ibn Saud's, Hamburg 1958

Rodinson, Maxime, Mohammed, Luzern und Frankfurt a.M. 1975, zuerst Paris, 1961

Rodinson, Maxime, Die Faszination des Islam, München 1985, zuerst Paris 1980

Sagaster, Börte, Im Harem von Istanbul. Osmanisch-türkische Frauenkultur im 19. Jahrhundert, Hamburg 1989

Said, Edward W., Orientalismus, Frankfurt a.M., Berlin, Wien 1981, zuerst London und Henley 1978

Saz, Leyla, Harem in Icyüzü, Istanbul 1974

Scarce, Jennifer, Das osmanisch-türkische Kostüm, in: Türkische Kunst und Kultur in osmanischer Zeit, Bd. 2, Recklinghausen 1985, S. 221-226

Schätze aus dem Topkapi-Serail: Das Zeitalter Süleymans des Prächtigen, Berlin 1988, zuerst London 1988

Schreiber, Georg, Osmanisches Reich im 19. Jahrhundert – Kultur und Geschichte, in: Fürstenhöfe und Fabriken. Die Welt im Zeitalter des Imperialismus, herausgegeben von Heinrich Pleticha, Gütersloh 1990, S. 122-133

Schweigger, Salomon, »Daß er also kniend dem Kaiser den Rock küssen mußte«, in: Istanbul, herausgegeben von Esther Gallwitz, Frankfurt a.M. 1981, S. 204-209

Şeni, Nora, Symbolische Bedeutung der Frauenkleidung um die Jahrhundertwende. Am Beispiel der Istanbuler Satire, in: Aufstand im Haus der Frauen. Frauenforschung aus der Türkei, herausgegeben von Ayla Neusel, Berlin 1991

Stent, Carter, Journal of the Royal Asiatic Society, North China Branch, o.O. 1877

Tuchelt, Klaus, Blick hinter die kaiserliche Pforte, in: Merian 2/28, 1975, S. 40-43

Uluçay, M. Çağatay, The Harem in the 18th Century, in: Akten, 24. Internationaler Orientalistenkongreß, München und Wiesbaden 1959, S. 394-398

Ursinus, Michael, Die Eß- und Trinkgewohnheiten der Osmanen, in: Türkische Kunst und Kultur in osmanischer Zeit, Bd. 1, Recklinghausen 1985, S. 155-158

Wachmeier, Günter, Istanbul. Mit Bosporus, Prinzeninseln, Bursa und Edirne, überarbeitete und erweiterte Auflage, München ²1989

Walther, Wiebke, Die Frau im Islam, Stuttgart, Berlin, Köln, Mainz 1980, zuerst Leipzig 1980

Watt, W. Montgomery, Muhammad at Medina, Oxford 1956

Weisweiler, Max, Arabesken der Liebe, Leiden 1954

Weisweiler, Max, Die früharabischen Liebesgedichte und ihr hiostorischer Hintergund, in: Saeculum, Bd. 9, 1958, S. 163-175

White, Charles, Three Years in Constantinople, London 1846

Bildnachweise

Archiv für Kunst und Geschichte GmbH, Berlin   14
Barisch, Klaus (Dächer des Topkapı Sarayı)   222/223
Bibliothek der Universität Istanbul   194, 228
Bibliothèque nationale, Paris   44, 173, 178, 225, 231
Bildarchiv Preußischer Kulturbesitz, Berlin   47, 68, 133, 145, 250
Deutsches Archäologisches Institut, Istanbul   217, 260
DuMont Buchverlag, Köln   65, 114
Freer Gallery of Art, Smithsonian Institution, Washington, D.C.
   92
Graphische Sammlung Albertina, Wien   28, 32
Johann Jacobs Museum, Zürich   237
Kunstmuseum Düsseldorf im Ehrenhof, Düsseldorf   199
Kuzgunzuk-Istanbul, Istanbul   213
Mathaf Gallery, London   151, 154
Musée d'Orsay, Service de documentation photographique de la
   Réunion des Musées nationaux, Paris   34
Musée des Augustins, Toulouse   152
Musée des Beaux-Arts, Marseille   29
Musée des Beaux-Arts et d'Archéologie, Besançon, Ch. Choffet   40
Musée des Beaux-Arts, Marseille, J. Bernard, Aix-en-Provence   150
Musée des Beaux-Arts, Nantes, P. Jean   149
Musée des Beaux-Arts, Nizza, M. de Lorenzo   153
Musée du Louvre, Service de documentation photographique de
   la Réunion des Musées nationaux, Paris   36, 148, 229
Musée du Petit Palais, Photothèque des Musées de la Ville de Pa-
   ris, Paris   27
Museo Correr, Venedig, Osvaldo Böhm   182, 244

Personenregister